LEYENDAS
URBANAS

Alberto Granados (Madrid, 1965). Periodista y escritor, trabaja desde 1997 en la Cadena SER, donde dirige y presenta los programas *A vivir que son dos días Madrid* y *Ser curiosos*. Es autor de los libros *Leyendas urbanas* (2007), *¿Es eso cierto?* (Aguilar, 2009) y coautor de *Titanes de los fogones* (2005). Su último libro es *Leyendas urbanas ilustradas* (Aguilar, 2010).

tusleyendasurbanas@yahoo.es

Alberto Granados

Leyendas
urbanas

punto de lectura

© 2007, Alberto Granados
© De esta edición:
2010, Santillana Ediciones Generales, S.L.
Torrelaguna, 60. 28043 Madrid (España)
Teléfono 91 744 90 60
www.puntodelectura.com

ISBN: 978-84-663-2472-4
Depósito legal: B-5.150-2010
Impreso en España – Printed in Spain

© Diseño de portada: Más!Gráfica

Primera edición: marzo 2010

Impreso por Litografía Rosés, S.A.

Índice

I

Terroríficas

Aunque la mayoría evite reconocerlo, todos en alguna situación determinada sentimos miedo. Ante una tormenta, al escuchar un trueno, al ver un relámpago... ¿No ha notado cómo la boca se le secaba? ¿Cómo su corazón latía mucho más deprisa y se aceleraba su respiración? Es simplemente nuestro cerebro avisándonos de que debemos tomar precauciones. Ante el temor, el ser humano se prepara para huir o protegerse. Nuestro cuerpo se pone en alerta y comienza a generar sus propias defensas: el corazón se acelera, los músculos se tensan y la sangre se dirige con rapidez hacia las piernas para facilitarnos la huida; empezamos a sudar... ¡Hasta el cabello se nos eriza!

El problema viene cuando este miedo se torna incontrolable, cuando nos supera, cuando llega a extremos inimaginables. Ante esto, las reacciones de nuestro organismo comienzan a ser preocupantes: taquicardias, opresión en el pecho, temblores... es cuando entramos en lo que los expertos diagnostican como... ¡pánico! Pero... ¿dónde se encuentra la frontera entre el miedo y el pánico? ¿Qué situaciones nos provocan terror?

Los creadores de leyendas urbanas conocen desde hace tiempo la respuesta. Por un lado: callejones oscuros, cementerios lúgubres, casas abandonadas; en definitiva, parajes solitarios e incomunicados que logran provocar nuestra ansiedad. Por otro, todo lo que pertenece a otra dimensión, a la de lo desconocido: espectros, espíritus, ánimas... He aquí los ingredientes ideales para una terrorífica leyenda urbana.

Algunas las reconocerá el lector al instante porque nos han acompañado durante varias generaciones; otras en cambio son más modernas, están adaptadas a los tiempos actuales porque para inspirar terror hay un elemento que resulta imprescindible... ¡Deben parecer reales!

Bienvenido al capítulo de las leyendas terroríficas.

VERÓNICA

El frío les sorprendió aquella noche y a pesar del fuego que encendieron no conseguían entrar en calor. Añadieron algunos troncos más para templar algo la estancia. Habían imaginado aquel instante en numerosas ocasiones, ya desde los tiempos del instituto, y por fin se había hecho realidad. Según lo acordado, todos traían una historia que contar. Comenzaron los relatos, casi todos con contenidos terroríficos, asesinatos, cementerios..., la tensión iba en aumento.

Por fin le llegó el turno a Isaías. Se levantó, adoptó una expresión seria y comenzó a relatar una leyenda con voz grave mientras se escuchaba el crepitar de la hoguera y los demás atendían sus palabras casi sin mover ni una pestaña:

Sucedió en nuestro instituto hace algunos años. Me la contó el conserje, Félix, ese hombre tan siniestro que sólo su presencia atemoriza. Por cierto, ¿sabéis que dicen que asesinó y despedazó a un alumno? Bueno, esa historia ya os la contaré otro día —Isaías estaba consiguiendo asustar al grupo—. Ésta le ocurrió a unos chavales hará unos siete años, cuando decidieron jugar a la ouija en el gimnasio. Unieron sus manos sobre el vaso y comenzaron a moverlo... «Espíritu ¿estás ahí?». «Espíritu ¿estás ahí?». No se sabe muy bien lo que sucedió, pero el vaso se desplazó hasta la casilla del SÍ, alguien gritó y el pánico comenzó a apoderarse del grupo, estaban atemorizados, sólo había una excepción: ¡Verónica! Una chica de cabello rizado y pelirrojo que nunca se tomaba nada en serio. Se levantó entre bromas: «¡Esto no hay quién se lo crea!», se la escuchó decir mientras se dirigía hacia la puerta con la intención de marcharse. El caso es que sin darse cuenta —ninguno supo explicar después cómo sucedió—, tropezó con algún objeto del gimnasio y se precipitó contra la estantería en la que se apilaban las pesas de musculación. El mueble osciló y varias se estrellaron contra el suelo, con tan mala suerte que una de ellas se empotró en la cabeza de Verónica. La chica quedó paralizada, exánime, hasta que un delgado hilo de sangre comenzó a recorrer su cara. Los ojos, entornados, se le quedaron en blanco y se derrumbó como si tuviera las piernas de barro. Esa noche cambió la vida de aquellos muchachos; de hecho Félix me contó que varios de los chicos siguen aún en tratamiento psiquiátrico y uno de ellos, Israel, que al parecer llevaba unos meses saliendo con Verónica, ni siquiera ha podido recuperar el habla desde el trágico incidente. En el instituto se rumorea que el espíritu de Verónica sigue vagando por los pasillos, y que si una joven se coloca sola frente a un espejo con una vela encendida y repite tres veces el nombre de la infortunada, puede contemplar su propia muerte a través del cristal.

—¡Tú estás de coña! —exclamó jocosa Elvira.

—¡Esto no hay quien lo crea!... ¿Y dices que sucedió en nuestro instituto?

—De coña, ¿dices? —contestó Isaías, acaso tocado en su orgullo. —Pues si verdaderamente estás convencida de que se trata de una mentira, quizá lo podamos comprobar. Yo estoy seguro de que todo lo que he contado sucedió realmente. ¿Qué te parece si alguna de estas tardes, cuando el instituto esté vacío, nos colamos, entras sola en el baño y repites frente al espejo tres veces el nombre de Verónica?

—¡¡Uuuhhhh, qué mieeeedoooo!!! ¡Pues claro que lo haré, no soy una cobarde como tú y los demás! —exclamó con aire de superioridad.

A la semana siguiente el mismo grupito se concentró en la parte trasera del instituto. Casi todos conocían un pequeño recoveco por el que, en alguna ocasión, se colaban en el recinto para fumar o simplemente para esconderse. Con el convencimiento de que nadie les observaba avanzaron, localizaron la ventana que previamente habían dejado entreabierta y, sin muchos esfuerzos, entraron en el edificio ahora vacío. Elvira iba a la cabeza del grupo; del bolsillo trasero de su vaquero sobresalía la vela que pensaba encender. Cuando todos estuvieron dentro, Isaías apoyó la mano en el hombro de Elvira y le susurró:

—Bueno, amiga... ¡Es hora de ser valiente! Te esperamos en el vestíbulo de entrada.

15

Elvira recorrió el pasillo en penumbra para dirigirse al cuarto de baño. Lo que al principio se planteó como un juego inocente, ahora, mientras caminaba por aquel recinto solitario, le pareció una banalidad a la que no se tenía que haber prestado. Pero a lo hecho, pecho. No podía ya echarse atrás y quedar como una miedosa frente al grupo.

Entró en los servicios, y al pulsar el interruptor descubrió con fastidio que no funcionaba la luz. Sólo se colaba algo de claridad a través de las ventanas.

—¡Mierda, esto ya no me está gustando nada!

Con cierto nerviosismo sacó de su bolsillo la vela y un mechero. La prendió delante del espejo.

—Verónica...

La primera vez que pronunció el nombre, muy bajito, sintió que tenía la boca seca, con un regusto amargo.

—¡Verónica!

Esta vez intentó pronunciar el nombre con más fuerza:

—¡¡Verónica!!

Súbitamente quedó paralizada frente a la imagen que le devolvía el espejo. Pudo verse a sí misma dentro de un ataúd rodeada de algunos familiares. Lo más terrorífico era que el aspecto que ofrecía era idéntico al actual, al presente. Era ella, y no daba la impresión de que hubiera pasado mucho tiempo. Aquella visión la dejó helada y de repente todo cambió. Pasó de la incredulidad al miedo en apenas unos segundos. Notó cómo sus piernas dejaron de responderla, le faltaba el aire, se apoyó sobre el lavabo intentando mantenerse en pie. Abrió el grifo del agua para mojarse la cara... ¡Necesitaba reaccionar!:

—¡No puede ser! ¡No puede ser!

Al levantar la cabeza, Elvira quedó aterrorizada. Observó que en el vaho que había cubierto el espejo algo o alguien había escrito una fecha: 27 de abril de 2006.

—Pero... eso es... ¡mañana!...

Presa de un ataque de pánico, el cuerpo de Elvira dejó de responderla; perdió el conocimiento y se desvaneció. El estruendo de la caída alertó a sus amigos, que se precipitaron hacia el baño. Lo que allí descubrieron les sobrecogió: Elvira al caer se había golpeado en la sien con un extremo del lavabo y yacía en el suelo en medio de un charco de sangre. En el espejo aún se podía leer la fecha del día siguiente, justo cuando Elvira... ¡descansaría en su ataúd!

Desde tiempos remotos los espejos han despertado un gran respeto. Se afirmaba que eran puertas a lo divino, a lo espiritual, a lo desconocido... a otro mundo, en definitiva.

En la Edad Media romper un espejo era considerado como un insulto a las fuerzas divinas. El que tenía la mala fortuna de hacerlo era maldecido con siete años de mala suerte.

Esta leyenda presenta numerosas variaciones; de hecho, en Estados Unidos cambian el nombre de la protagonista y de la historia, que se conocen como la «leyenda de Bloody Mary» o «de Mary Worth». En dicha versión, la joven debe repetir frente al espejo las frases «María sangrienta» o «infierno de María».

En nuestro país también circulan multitud de versiones: en unas se explica que hay que colocar varias velas frente al espejo; en otras es preciso estar desnudo al invocar; en algunas más se recomienda repetir el nombre entre tres y doce veces; aunque el final es casi siempre el mismo: la protagonista podrá contemplar en la imagen que le devuelve el espejo el espectáculo tenebroso de su propia muerte.

Esta leyenda es una de las muchas relacionadas con el juego de la ouija. Su objetivo es convencernos de que practicar con el maldito tablero no es una buena idea. También quiere advertirnos de que realizar cierto tipo de rituales o conjuros sólo puede acarrear consecuencias funestas.

VESTIDA DESDE EL MÁS ALLÁ

Las cinco amigas habían decidido pasar dos días juntas, un fin de semana diferente. A todas les encantaban las historias de miedo y por eso se habían animado a alquilar aquella casa rural en el centro de un pueblecito medio abandonado. Aquella localidad tuvo gran relevancia en otras épocas lejanas, pues estaba situada en las inmediaciones de un castillo medieval, centro neurálgico de poder en los tiempos de la aristocracia feudal.

Alguien les comentó que aquel viejo caserón destacaba de entre todas las construcciones y que su aspecto se asemejaba más al de un castillo encantado que al de una casa rural. Al parecer, la dueña de la casa era lo más parecido a un ama de llaves de las películas de terror. Estos argumentos les parecieron inmejorables, y el decorado, muy adecuado para vivir un fin de semana terrorífico.

Las cinco amigas quedaron gratamente sorprendidas cuando conocieron la lúgubre vivienda y a su enigmática custodia. Realmente la inquietud se respiraba en cada rincón, y aunque buscaban emociones fuertes, por alguna causa desconocida procuraron no separarse las unas de las otras. Deshicieron juntas las maletas, iban al baño de dos en dos, cenaron pegadas y también en grupo se sentaron frente a la chimenea encendida para tomar un té y calentarse un poco en aquella noche especialmente gélida. Mientras charlaban animadas se apagaron las luces de la casa. La luz de las llamas proyectaba extrañas y caprichosas formas en las paredes y en el techo... De repente la puerta chirrió con un sonido penetrante y se abrió de golpe. Seguidamente entró la dueña. Su cara se deformaba por las sombras que salpicaban su rostro causadas por un candelabro oxidado que sujetaba entre sus manos huesudas.

Ninguna de las cinco pudo evitar un grito agónico y entrecortado que les provocó la inesperada aparición.

—¡Por favor, chicas, no os asustéis! —susurró la extraña mujer con la intención de tranquilizarlas—. ¡No ha sido más que un apagón! En este pueblo sucede a menudo. Por cierto... ¿Todo es de vuestro agrado?

Las jóvenes se acurrucaron unas contra otras limitándose a asentir.

—Ya que estáis todas juntas... ¿Qué os parece si os cuento una leyenda? ¿Os gustan las historias de miedo?

Se miraron entre sí, y una actuó de portavoz del grupo:

—No estaría mal. ¿Se sabe alguna?

—¿Alguna? —contestó la dueña dejando escapar una sonrisa irónica—. Claro que sí. Conozco... ¡La Historia! —exclamó enfatizando estas últimas palabras. Una ráfaga de viento avivó el fuego y la sala se iluminó de súbito.

—Os he dicho que se trata de «La Historia» porque transcurrió aquí, en el interior de esta humilde casa. Entre estas paredes vivía una joven de lo más agraciada, lo tenía todo: guapa, alta, de figura delicada... ¡Qué curioso! ¡Tendría más o menos vuestra edad! En cierta ocasión fue invitada a un baile que celebraba el hijo de una de las familias más pudientes de la zona. Al parecer, el joven se había fijado en la muchacha y tras localizar su dirección decidió mandarle una invitación para la fiesta. ¡Imaginaos qué contenta se puso aquella joven! Sería su oportunidad de conocer un mundo muy diferente al suyo y hasta ¿quién sabe?, tal vez podría enamorar a aquel muchacho y llegar a convertirse en su mujer. Entre sueño y sueño, la joven se percató enseguida de un detalle: carecía de un vestido apropiado que lucir aquella noche y tampoco tenía dinero para derrocharlo de esa forma. Una de sus amigas, al verla tan triste le dijo: «¿Y por qué en vez de comprar un traje de baile, no lo alquilas? Seguro que es mucho más barato». La joven se acercó hasta la modista del pueblo y por una cifra razonable consiguió para la fiesta un precioso modelo, digno de una princesa, y que además se ajustaba a su cuerpo como un guante. Estaba realmente guapa y distinguida y fue la sensación de aquella velada. No paró de seguir el compás de la música en toda la noche mientras los pretendientes hacían cola y se la disputaban. Ella estaba radiante y pensaba que su suerte iba a cambiar. Exhausta por el baile, comenzó a marearse, se acercó hasta una ventana intentando que el aire fresco la reanimara. ¡No funcionó! Cada minuto que transcurría iba encontrándose peor. Reuniendo las escasas fuerzas que le quedaban, regresó a su hogar, o sea, esta casa, y se tumbó en el sofá, justo en ése en el que ahora estáis sentadas.

Una de las amigas dio un respingo instintivamente. Otra se levantó para sentarse en el suelo y poder escuchar la historia, más de cerca sin perderse detalle.

—Como os decía, la muchacha se encontraba realmente mal; su madre, alarmada, le colocó paños fríos en la frente para intentar calmar aquel desasosiego. La chica, entre sudores, no dejaba de gritar que una mujer se le aparecía gritándola: ¡Devuélveme el vestido!, ¡devuélveme el vestido!... ¡Pertenece a los muertos! La madre estaba cada vez más angustiada escuchando a su hija, viendo cómo sus ojos iban perdiendo vida, cómo se consumía lentamente. A las pocas horas la joven falleció ahí mismo, en el sofá. Con gran consternación y extrañeza, el forense que realizó la autopsia del cadáver descubrió que la muchacha había muerto envenenada ¡con productos de embalsamar! Al parecer, restos del citado líquido depositados en el vestido habrían penetrado a través de los poros de su piel a medida que su cuerpo iba calentándose por el baile. La policía inició las investigaciones pertinentes y se presentó en la casa de la modista. La dueña se vio obligada a declarar que un enterrador se lo había vendido a su ayudante. Sin duda, debía de haberlo robado del cuerpo sin vida de una joven justo antes de que cerraran definitivamente el féretro.

Inesperadamente retornó la luz a la estancia. Las amigas gritaron de nuevo, lo estaban pasando realmente mal.

—¡Venga, chicas, tranquilas! ¡Que ya llegó la luz! Bueno, espero que os haya gustado la historia —aquella enigmática mujer se levantó y volvió a coger el candelabro—. Y ahora os dejo, ¡mañana tengo que madrugar! ¡Que paséis buena noche!... ¡Ah! Y si veis a una joven con un precioso vestido de fiesta en medio del pasillo... ¡no os asustéis!

La dueña salió de la estancia riéndose de su propio sarcasmo y las jóvenes decidieron también irse a dormir... Eso sí, ¡todas juntas en una habitación!

La cazadora

—¡En qué hora se me ocurriría coger la moto!

Roberto se quejaba mientras la lluvia caía sin interrupción sobre el asfalto. Aparcó junto al acceso principal de una discoteca donde, todos los fines de semana se dejaba caer para tomarse algunas copas. Mientras colocaba el candado en la rueda la vio aparecer: una joven de largos cabellos humedecidos, ataviada con un vestido primaveral que apenas si cubría sus formas y que llevaba los brazos cruzados sobre el pecho, como si quisiera retener el poco calor que le quedaba en su cuerpo. Roberto, conmovido por la escena, comprendió que no la podía dejar marchar en aquellas condiciones:

—¡Eh, espera! —gritó. Se quitó su cazadora de cuero para ponérsela a la joven sobre los hombros.

—¡Mírate, estás empapada y congelada! ¡Ven, pasa conmigo, te invito a tomar algo!

La joven accedió y entraron juntos en la discoteca. No se separaron en toda la velada, charlando, bebiendo y divirtiéndose. Roberto se ofreció para acompañar a la muchacha, que dijo llamarse Yolanda, hasta la puerta de su casa.

El amanecer era muy frío, y aunque ya había dejado de llover, el ambiente era húmedo y gélido. Montaron en la motocicleta y ella se aferró fuertemente a su cintura, él notaba sus temblores. Roberto se dirigió en la dirección que la joven le había indicado. Conocía con detalle cada metro de la carretera, se anticipaba a cada curva y en todas le suplicaba que disminuyera la velocidad, tenía mucho miedo a sufrir un accidente. Cuando llegaron, Roberto detuvo la moto junto a la acera. Yolanda bajó a la calzada e hizo el ademán de devolverle la cazadora.

—No te preocupes, ahora no siento frío; si te parece, mañana me paso y la recojo. ¿Cuál es tu piso? ¿Te viene bien a eso de las cinco? —preguntó Roberto.

Yolanda asintió con la cabeza, sin emitir palabra alguna y besó fugazmente sus labios. Inmediatamente desapareció.

A la mañana siguiente el joven regresó ilusionado a la casa de su nueva conquista. Una señora de pelo cano abrió la puerta.

—Hola, ¿cómo está? Esto... yo... había quedado con Yolanda para recoger mi cazadora y tomar algo.

La mujer dejó caer el vaso que llevaba en su mano; Roberto se asustó con el ruido de los cristales al estallar en mil pedazos. El rostro de la mujer se demudó:

—Pero... ¿Qué broma es ésta?

—Esto es en serio, señora. Ayer le dejé mi cazadora a Yolanda y quedamos en que vendría a recogerla hoy.

La señora se puso muy nerviosa y pidió a Roberto que describiera a la joven. A medida que escuchaba las explicaciones su expresión se fue tornando aciaga, amarga, y entonces estalló en un llanto desconsolado. Cuando pudo recuperar el aliento alcanzó a decir:

—Justo así era Yolanda, mi hija, pero ella... ¡murió hace cinco años! Un día de mucha lluvia, mientras conducía hacia la discoteca su moto derrapó, su cuerpo quedó destrozado en una curva... ¡Fue horrible! En el cementerio, aquí muy cerca, hay una foto de mi hija incrustada en la lápida. Es la única que conservo. Acompáñame si no me crees.

Fueron ambos hasta el cementerio, a cinco minutos escasos de la vivienda. Roberto, aún escéptico, seguía a aquella mujer que le precedía deslizando sus pies trabajosamente por el peso de la tristeza.

A Roberto le faltó poco para quedarse allí clavado, convertido en una piedra más. Tal como le advirtió la madre de Yolanda, la fotografía, aunque desfigurada por el paso del tiempo, mostraba la imagen de Yolanda tal y como la conoció aquella noche. No podía ser de otra. La joven le sonreía desde la lápida con complicidad. Fue en ese preciso momento cuando Roberto se quedó paralizado. Su cazadora se encontraba apoyada sobre la tumba. No había duda... Era la misma que le había prestado a Yolanda la noche anterior.

. . .

Muchos consideran que esta leyenda urbana es una versión moderna de la chica de la curva. Tiene su origen en Estados Unidos y se trasladó posteriormente a Europa. En España el relato tiene una ubicación específica: la discoteca *Androides*, situada en la calle Alfares de la localidad de Talavera de la Reina, en la provincia de Toledo. Un local de moda allá por la década de 1980 y envuelto en infinidad de misterios. Se rumoreaba que se escuchaban sonidos muy extraños: gritos, lamentos, sollozos... También que se habían producido sorprendentes apariciones, e incluso, que de la pared alicatada de los lavabos en ocasiones había manado lo que parecía sangre. Ésta es una de las pocas leyendas que es posible situar en un local determinado. Al igual que en la leyenda de la chica de la curva, la enseñanza que nos quiere transmitir es que tenemos que estar mucho más atentos en la conducción, en este caso de motocicletas, y sobre todo en los días lluviosos.

LA ÚLTIMA NOVATADA

—Un, dos... un, dos... un, dos...

El sargento marcaba el paso autoritariamente y todos los reclutas lo acompañábamos, poniendo mucha atención para no cometer ninguna equivocación. La semana estaba siendo especialmente dura porque los veteranos no dejaban de molestar e importunar con sus inaguantables novatadas. Yo ya había padecido unas cuantas, aunque por suerte no fueron muy macabras; la peor parte la llevaba Gerardo, el buenazo de la unidad, un gigantón con un corazón que no cabía en su pecho, y que aguantaba estoicamente una broma tras otra.

Después de la instrucción nos dirigimos rápidamente hacia las duchas. Teníamos que estar listos lo antes posible. Eso significaba más tiempo para disfrutar en la cantina. Cuando nos disponíamos a marchar algunos veteranos se acercaron a nuestro grupo. La cosa no pintaba nada bien.

—Venga, Gerardo, vente a dar una vueltecita con nosotros —le ordenaron amenazantes.

—¡Dejadle tranquilo! ¡Ya está bien, no paráis de hacerle cosas! —les increpé indignado a riesgo de que se ensañaran conmigo.

—¡Tú cierra el pico, recluta, o serás el próximo! —amenazaron. Parecían hampones dispuestos a cualquier cosa. Gerardo, para que la sangre no llegara al río, intentó calmarme:

—¡Tranquilos amigos, no pasa nada, estaremos de vuelta en un ratito!

Los veteranos lo montaron en un Jeep y lo condujeron con los ojos vendados a un pabellón vacío. Al parecer le tenían preparada una buena novatada. Uno de ellos, entre lágrimas y con la voz temblorosa me lo relató horas después:

—Gerardo —le dijeron—. Vamos a ver lo valiente que eres y de lo que eres capaz. Te voy a hacer un corte en la muñeca y te sacaremos un poco de sangre, aguanta como un hombre y será la última broma que te hagamos. A ver, chicos... ¡El cuchillo y un cubo para recoger la sangre! Todos nos miramos y aguantamos la risa. Gerardo, con los ojos tapados, estaba muy angustiado, no sabía muy bien lo que estaba sucediendo. Le tumbamos en una gran mesa y le atamos fuertemente. Él forcejeó para liberar su brazo, pero no fue posible, estaba bien amarrado. Su cara comenzó a ponerse morada por el esfuerzo. Una mordaza le impedía gritar. Pusimos el cubo bajo su brazo y, como en otras ocasiones, el cabo deslizó el canto de un cuchillo por la muñeca del aterrado chaval haciéndole creer que le producíamos un corte perfecto. Uno de nosotros ya tenía el agua caliente preparada y se la empezamos a echar sobre la muñeca... ¡Gerardo se revolvía como un cochino al escuchar cómo goteaba sobre el cubo lo que él creía su sangre! A continuación, con un dosificador fuimos vertiendo gota a gota el agua sobre la muñeca de tu amigo. ¡Lo habíamos hecho tantas veces!... ¡Bueno, Gerardo, en un rato volvemos! ¡Aguanta y será la última vez! Nos marchamos, dejándole allí solo, amordazado y con los ojos vendados, pensando que se desangraba poco a poco. Nos dio tiempo a tomarnos dos o tres botellines. Cuando regresamos Gerardo estaba quieto.

A cada frase el veterano se veía obligado a detenerse para limpiarse las lágrimas que ya salían a borbotones. Narraba el suceso realmente emocionado.

—¡Venga, chaval, prueba superada! —le dijimos para tranquilizarle. Nuestras carcajadas se podían oír desde muy lejos.

—¡Vamos, grandullón, ya te habrás desangrado! —dijo el cabo. Pero Gerardo seguía inmóvil. El cabo se puso inquieto:

—¡Este cabrón se ha quedado roque!, se va a enterar.

Pero al quitarle las ataduras descubrimos que Gerardo... ¡estaba muerto! El resto ya lo conoces: el forense ha dicho que fue un ataque al corazón, al parecer sufría una malformación desde pequeño. Estamos a la espera de que un jurado militar dictamine si hay culpa o se trató de un accidente. Pero sea como fuere, te puedo asegurar que jamás volveré a dormir tranquilo.

EL CLAVO

La cita se formalizó: ¡A las doce en las afueras del pueblo! Los cuatro amigos habían decidido que esa noche, precisamente ésa, fuera la elegida. ¡Por fin iban a demostrarse unos a otros el valor del que en tantas ocasiones habían pavoneado!

El cielo amenazaba lluvia, y los rayos, como azotes eléctricos, conseguían que el cielo se iluminara a cada instante con destellos metálicos. Todo el pueblo estaba en tinieblas. La central eléctrica había sufrido una inoportuna avería. En ocasiones similares, el fluido eléctrico se había interrumpido durante horas. Se trataba, pues, de la situación perfecta. La noche presentaba su peor cara. Enfundados en sus prendas de abrigo, los amigos iban apareciendo en el sitio acordado. Cada uno trajo el objeto exigido: un martillo y un clavo con una muesca personalizada que lo distinguiera de los demás.

Para demostrar su valentía, nada mejor que, en medio de la noche, saltar la tapia del cementerio y como prueba de hombría, incrustar el clavo en una de las muchas sepulturas.

—¡Venga! ¡Comencemos de una vez! ¿Quién se atreve a ser el primero?

—¡Yo mismo! —Alberto se levantó las solapas de su abrigo; apretó con determinación los puños dentro de sus bolsillos y se encaminó hacia el cementerio.

Pasó el tiempo. Los que aguardaban estimaron que su compañero tardaba demasiado. Alberto apareció de entre las sombras asegurando haber cumplido con la misión encomendada. Fernando fue el siguiente, y Jesús el tercero. Ya sólo quedaba Fermín, el más pequeño, con el que siempre se metían, y al que a cada momento le recordaban lo cobarde que era. Fue el que más dudó.

—Chicos... esto... creo que me voy a casa... ¡Como mis padres descubran que me he escapado me la voy a cargar!

—Sí, claro, ¡venga, cobarde!, ¡a saltar esa tapia! —le increparon los demás.

Fermín fue consciente de pronto de que esa noche no valdrían las excusas. Resignado, se encaminó hacia el cementerio. El silencio era espeluznante. Sólo el aullido del viento podía romperlo, o los truenos entrecortados a lo lejos, que hacían a su vez retumbar la tierra. Con mucho esfuerzo consiguió saltar la tapia. El espectáculo que se encontró en el interior era aterrador. Cada fogonazo de los rayos recortaba la silueta de las tumbas. En cuestión de segundos todo se iluminaba para enseguida dejar paso a la total oscuridad. Fermín sintió que sus rodillas temblaban mientras se dirigía hacia una de las tumbas para realizar su cometido. Se sentó en una de las lápidas, el frío de la losa le penetró instantáneamente hasta los huesos. Sacó el martillo aterrorizado.

La mano temblorosa y poco firme hizo que el clavo se le cayera al suelo. A oscuras, Fermín comenzó a palpar el terreno para encontrarlo, pero de repente emitió un feroz alarido. Creía haber tocado algo parecido a un esqueleto humano. El resplandor de un rayo le acercó la realidad: sólo eran las raíces de un árbol sobresaliendo de la tierra. Al siguiente destello, lo localizó. Se sentó nuevamente sobre la tumba. Su respiración se hizo más pesada, y los latidos de su corazón se tornaron incontrolables. Volvió a intentarlo...

—¿No está tardando mucho? —comentó Alberto—. ¡No teníamos que haber obligado a Fermín! Hubiese sido mejor que no hiciera la prueba, ya sabéis lo cobarde que es.

—Sí, será todo lo gallina que tú quieras —contestó Fernando defendiendo al pequeño— pero también él ha saltado la tapia y está dentro del cementerio.

Ante la demora excesiva, el grupo decidió ir a la búsqueda de Fermín. Entraron en el cementerio y buscaron entre las lápidas. Quedaron horrorizados al hallarlo tendido junto a una de las tumbas con un trozo de su abrigo clavado al mármol de la sepultura. La expresión de su cara no dejaba lugar a dudas: había sufrido una muerte angustiosa, hasta su pelo se había cubierto de canas.

El forense confirmó que la muerte del chico se produjo por los efectos letales de un paro cardiaco, sobrevenido después de una violenta crisis de pánico y ansiedad. Seguramente Fermín pensó que algún difunto le agarraba del abrigo para llevárselo con él al más allá, como pago por su osadía. En el caso de que fuera así, desde luego que lo había conseguido.

. . .

Existe otra versión de esta leyenda. La protagoniza una joven a quien aseguran que, si clava una soga en una tumba cualquiera, podrá conocer a la persona con la que se ha de casar. Para que esto funcione debe ir sola al cementerio por la noche, sin decírselo a nadie. Después de mucho pensárselo a causa del pánico que le producían los cementerios, la joven acude por la noche al camposanto. Es entonces cuando, al disponerse a clavar la cuerda, el bajo del vestido se engancha en la lápida. Al percatarse de la situación y creyendo que alguien o algo la retiene, la joven muere de un ataque al corazón provocado por el pavor a lo desconocido.

Esta leyenda podría situarse en Estados Unidos, allá por la década de 1940, cuando apareció reflejada en varias publicaciones de la época. Con el tiempo, la leyenda fue mutando y sufriendo variaciones aunque con el mismo final: la ropa del protagonista se engancha y termina muriendo de un infarto producido por un ataque de pánico. Claramente, el fondo de esta historia tiene como meta concienciar a la juventud de los riesgos de salir de noche, sobre todo sin contar con el permiso de los padres. También nos alerta acerca de los peligros que puede esconder un cementerio vacío, intentando evitar que los jóvenes acudan allí de noche, algo muy popular en el pasado entre adolescentes con ganas de vivir una experiencia arriesgada.

LA FÁBRICA DEL DEMONIO

Las linternas proyectaban su haz de luz en la nave desierta. Los dos vigilantes escudriñaban el rincón donde uno de ellos había escuchado un ruido.

—¿Ves algo?

—No, nada. Creo que empiezas a estar obsesionado.

—Es porque tú eres nuevo, Marcos, seguramente si supieras lo mismo que sé yo...

—¡Cuenta, cuenta! —le apremió el novato.

Enrique bajó el tono de voz y le informó a su compañero:

—¿Sabías que llevamos, entre los que hacemos esta ronda, más de seis bajas por depresión?

26

Marcos puso tal rostro de sorpresa, que su compañero comprendió que no debía estar al corriente de la situación. Enrique prosiguió relatando la historia...

—Antonio, por ejemplo, me comentó que padecía estrés debido a los ruidos que se oían por la noche; parecían los lamentos de un hombre que, a veces, derivaban en silbido... Pero lo más traumático llegó cuando escuchó la respiración de una persona muy cerca de su oído y hasta llegó a sentir el calor de su aliento.

—¡Joder, Enrique!... ¡Es para acojonarse! Pero bueno, ¡sigue!, ¡sigue! —Marcos estaba cada vez más inquieto.

—¿Tú sabías que en esta fábrica estuvieron mucho tiempo sin sufrir ningún robo? Lo más curioso es que siendo uno de los barrios más peligrosos, no tenían a nadie para protegerla. Según una leyenda que circula desde hace tiempo, el dueño de la fábrica hizo un pacto con el diablo nada menos, para que no ocurriese nada en estas naves. Al parecer, Lucifer aceptó el trato y envió un perro horrible, con las fauces de un monstruo y la envergadura de un caballo que arrastraba sus mugrientas pezuñas por cada rincón de este horrible lugar. El trato no fue gratuito. A cambio, Lucifer exigió el alma de un vigilante al año. Cada doce meses el propietario de la fábrica contrataba a un guarda nocturno y a los pocos días... ¡Lo encontraban muerto!

—Lo único que me dijeron al respecto es que la empresa ha cambiado de dueño... ¿Es verdad? —preguntó Marcos intrigado.

—Sí, en efecto, y por eso hace dos años que no encuentran el cadáver de uno de los nuestros, pero lo cierto es que los extraños sonidos se siguen escuchando.

Un nuevo ruido alertó a Enrique que, automáticamente, dirigió hacia ese punto el foco de luz de la linterna intentando descubrir de dónde provenía. Se acercó al rincón iluminado pero no advirtió nada anómalo. El silencio reinante comenzó a inquietarle.

—¿Marcos? ¿Estás ahí?

Nadie le respondía. Enrique enfocó un bulto en el suelo, justo en el lugar donde estuvieron unos segundos antes. Al acercarse descubrió con horror que los ojos de su compañero miraban al vacío. Le cogió la muñeca derecha para comprobar el pulso. No cabía duda. ¡Marcos estaba muerto! Lo que más impresionó a Enrique es que su compañero estaba cubierto de rasguños y rasgaduras. Era como si una enorme bestia lo hubiera atacado con sus afiladas garras.

¡No enciendas la luz!

A Margi se le hacía cada día más pesado tener que ir a dormir al colegio mayor. Compartía habitación con Susi, una veinteañera empollona y arisca con la que no llegaba a congeniar. Por eso, cuando su novio Alex le pidió que se quedara a dormir esa noche con él no se lo pensó dos veces. Aunque era un poco tarde, no tuvo más remedio que ir al colegio para recoger algunos objetos de aseo personal, el pijama y una muda.

Alex se quedó en el coche esperando.

—Te prometo que no tardaré —le aseguró Margi mientras salía del auto.

Subió hasta la habitación, y por no despertar a su compañera ni siquiera encendió la luz. A tientas, en medio de la oscuridad, recogió todo lo que necesitaba y bajó apresuradamente las escaleras.

Al día siguiente, cuando asomó por la escuela, descubrió que había un gran revuelo cerca de la puerta de su habitación. Muchos curiosos y varios policías entrando y saliendo de su cuarto. Un agente uniformado se le acercó:

—Disculpe, señorita —dijo el policía en tono serio—. ¿Vive usted en esta habitación?

—Pues sí. ¿Ocurre algo? —le respondió inquieta.

—¿Entró usted anoche en este cuarto? —preguntó nuevamente el policía.

—Siiií —respondió— estuve aquí a eso de la una, pero sólo para recoger un par de cosas, enseguida me marché porque mi novio se encontraba abajo y no quería hacerle esperar.

—¿No notó nada raro? ¿No encendió usted la luz?

—No, ¿por qué? —Le faltaba el aire a causa de la angustia.

El policía, compuso una sombría expresión:

—Su compañera de cuarto ha aparecido esta mañana apuñalada, el desalmado que lo hizo primero la violó y luego la mató, pensamos que estaba aquí escondido cuando usted entró; hemos encontrado una enigmática pintada en la pared de su habitación hecha con pintalabios; dice así: «¡Suerte que no encendiste la luz!».

. . .

Esta leyenda lleva circulando más de cuatro décadas por Estados Unidos, sobre todo por universidades y colegios mayores. Obviamente, jamás se ha tenido constancia de ningún hecho similar ni se ha interpuesto denuncia alguna por asuntos parecidos.

Este relato esconde un mensaje moral donde se alerta de las funestas consecuencias que puede acarrear el incumplimiento de las normas o saltarse las reglas. Seguramente este tipo de historias fueron una creación de la dirección de algún colegio mayor, al tener constancia de que grupitos de alumnas se fugaban para pernoctar fuera del recinto universitario.

LA SALSA AMERICANA

La abuela saludó con impaciencia al cartero, que aparecía en la aldea tres veces por semana. El pueblo era pequeño, y el volumen de correspondencia no justificaba tener abierta una oficina de correos.

—¡Hola, Mariano!, ¿cómo va todo? ¿Esta vez tengo suerte?, —alzó la voz la anciana desde la entrada de su vivienda.

—Pues sí, hoy tiene suerte, señora Antonia; además se trata de un paquete de su sobrino americano —le contestó el cartero mientras descendía del todoterreno que utilizaba para el reparto.

—¡Hay que ver cómo es este muchacho!, siempre enviando cosas. La última vez me llenó una caja con paquetes de galletas de diferentes sabores, no te puedes imaginar el atracón que me di, —dijo la anciana aproximándose.

—Bueno, y ¿cómo anda la familia? ¿Hace mucho que no ve a sus hijos? —quiso saber amablemente el cartero.

—Un tiempecito ya, pero este fin de semana vienen todos a casa, les estoy preparando una comida especial. —La abuela rebosaba alegría. Viendo su semblante no cabía duda de que se sentía feliz.

—¡Qué envidia que me dan! Un día de éstos me tengo que quedar a comer con usted porque me da que hace una comida impresionante. ¡Vaya hambre me está entrando! ¡Así que me voy, señora Antonia! ¡Hasta el lunes! —El cartero hizo un ademán de despedida, se subió al vehículo y arrancó.

—¡Adiós, hijo! ¡Que pases un buen fin de semana y ten mucho cuidado con el coche!

La señora Antonia entró en la vivienda y procedió a desembalar el paquete. Dentro sólo encontró un bote de cristal con unos polvos de color grisáceo. Giró el bote, lo contempló por todos los lados y no encontró ninguna descripción.

—¡Este chico!... ¿Qué serán estos polvos? Seguro que alguna especia americana. Probaré a echarlos a las albóndigas de mañana; los chicos se van a chupar los dedos.

Al día siguiente, la casa de la señora Antonia era un hervidero de gente. Habían acudido sus tres hijos con sus respectivas mujeres acompañados por una cuadrilla de nietos tan numerosa, que no era capaz siquiera de recordar el nombre de cada uno.

—¡Uhmmm! ¡Siempre huele genial en tu cocina, mamá! ¡Se me hace la boca agua! —le dijo Alberto, el mayor de sus hijos.

—Tú, que eres un glotón y todo lo que guiso te gusta. —Antonia se sentía orgullosa de esa mano tan especial que tenía para la cocina.

—¡Vamooooossss! ¡A comeeeeer!

Aquel entorno se había transformado en una especie de cuartel alocado. Todos comenzaron a acomodarse como pudieron, y después de las ensaladas, los embutidos y las verduras, aparecieron las humeantes albóndigas.

—¡Uhmmm! ¡Esto está de cine mamá! —Alberto, el más locuaz, se erigió en portavoz de la familia, los demás se limitaban a asentir—. Pero digo yo... ¿les has puesto algo nuevo? ¡Saben de forma diferente!

—¡Desde luego que sí! —dijo la madre orgullosa— ¡no se te escapa una! Les he puesto una especia que me ha enviado vuestro primo desde América.

—¿Y qué clase de especia es? ¿De la zona de donde él vive? —dijo Alberto, intrigado.

—No lo sé, cariño. En el paquete que recibí ayer sólo venía el tarro, no encontré nada más, ninguna carta.

La familia dio buena cuenta de toda la comida. Después llegaron la tarta, el café, los licores. Sentados en el salón, prolongaron la tertulia hasta que la noche se hizo presente. Sólo entonces la casa comenzó a quedarse vacía.

—Bueno, mamá, hasta pronto. ¡Gracias por todo!, Ya hemos visto que sigues siendo la mejor cocinera del mundo. Cuando lleguemos a casa te llamamos. ¡Cuídate!

Cuando se fueron todos, Antonia recogió la cocina y guardó las albóndigas sobrantes; pensaba darle una sorpresa el lunes al cartero. Siempre que encontraba una oportunidad, éste le recordaba las ganas que tenía de probar algún guiso suyo, y ése en particular le había salido exquisito.

Como todos los lunes, Mariano hizo sonar el claxon de su to-doterreno. Hoy había tenido una mañana muy complicada, por lo que la entrega se había demorado hasta casi el mediodía. Era el momento de la comida.

—¡Señora Antonia! ¡Carta de Estados Unidos!

Antonia esta vez lo hizo pasar y sentarse a la mesa.

—¡No quiero excusas! Hoy te comes un plato de albóndigas que he preparado con todo mi cariño, y además te van a sorprender, porque las he aderezado con el bote de especias que me envió mi sobrino desde América. Le han dado un gusto diferente, pero te aseguro que están exquisitas.

—¡De acuerdo! —en el fondo el cartero se sentía en la gloria—. Con su permiso, llamo a casa y le digo a mi mujer que no me espere.

Mientras el cartero disfrutaba con las sabrosas albóndigas, la anciana comenzó a leer en alta voz la carta con membrete de una firma desconocida de abogados.

Querida señora:

Nos ponemos en contacto con usted con la ingrata tarea de informarle del fallecimiento de su sobrino Andrés Jimeno tras un fatal accidente de tráfico.

Tal y como era su deseo le hemos enviado un recipiente con sus cenizas para que las esparzan por el pueblo donde nació y vivió.

No obstante, nos pondremos en contacto con usted y su familia en unos días para hacerles saber la lectura del testamento.

Sin más, aprovechamos la ocasión para expresarles nuestro más sincero pésame junto con un cordial saludo.

Firmado: Juan Antonio Fonseca y Diez
Abogado de Fonseca & Smith

El rostro de ambos cambió del embobamiento al horror. Mariano, con la mano en la boca, intentó llegar al cuarto de baño pero no lo consiguió y vomitó en pleno pasillo. La anciana cayó desplomada en el sofá.

Una vez recuperaron el aplomo, y las náuseas y turbaciones cesaron, acordaron tácitamente no revelar a la familia de la señora Antonia lo acontecido, a fin de que no tuvieran que soportar el trauma que podría acompañarles el resto de sus vidas.

Como es de suponer, ninguno de los dos volvió a degustar jamás un guiso con albóndigas.

. . .

No se conoce a ciencia cierta la procedencia de esta leyenda, si se trata de un cuento popular o de una broma intencionada. Lo cierto es que empezó a difundirse concluida la Segunda Guerra Mundial, cuando muchos europeos recibían paquetes de parientes y allegados residentes en Estados Unidos.

Son innumerables las leyendas urbanas referidas a restos humanos perdidos, y múltiples las versiones que hacen referencia a este macabro tema. En muchas de ellas, los restos o cenizas del fallecido cambian de envase y terminan en un bote de café, cacao o similar, dando lugar a una terrible y desagradable confusión.

En casi todas las historias de este tipo la carta no suele llegar a tiempo. En ocasiones, debido a la demora habitual de los servicios de correos, o simplemente porque se pierde durante algunos días, de modo que el envase con los restos suele llegar antes a destino que la carta.

LA MIRADA PERDIDA

¡Ningún día lograba terminar a mi hora! Aunque no me lo propusiera, algún documento de última hora conspiraba para que me viera obligada a salir tarde de la oficina; y de verdad que me lo proponía, sobre todo porque no me gusta coger el metro cuando ha caído la noche. La estación suele estar semivacía, y los vagones apenas transportan una decena de viajeros.

Lo primero que hacía al llegar al andén era comprobar el tiempo que faltaba para que circulara el siguiente tren (en este caso, había tenido suerte porque faltaban dos minutos) y a continuación, echaba un rápido vistazo al andén para no encontrarme con desagradables sorpresas, aunque siempre había algún individuo cercano que me helaba la sangre. La mayoría de veces te desnudaba insolentemente con su mirada obscena.

En esta ocasión, no sé si se trataba de buena suerte o no, el andén estaba vacío y ya se escuchaba el metro aproximándose. Como cada día, me colocaba a la altura del último vagón, justo frente al pasillo de salida en mi estación.

Las puertas se abrieron. Sólo había tres personas en el interior del vagón, una mujer y dos hombres. A simple vista no me parecían sospechosos, por lo que me senté frente a ellos.

No se habían ni cerrado las puertas cuando ya tenía abierto el libro que leía en ese momento. No podía esperar más, aquel libro de Íker me tenía completamente enganchada.

[...] Contrariado, seguí caminando, con mil historias peleándose en mi mente, hasta que ya en las lindes de un barrio menos exclusivo me topé con las puertas de madera de Can Faba, lugar que, a primera vista, me pareció idóneo...

El mundo oscuro de la novela luchaba por hacerse hueco en mi mente, pero esa noche no podía concentrarme. La chica sentada frente a mí mantenía fija su mirada en mi cara, como si quisiera transmitirme algo. La situación me producía tensión.

Cada pocos renglones yo la observaba de reojo por si podía detectar algo, pero por mucho que yo la interrogara con la vista, ella sólo clavaba en mí sus ojos.

[...] Un menú del día abundante, buen café y poca gente. Un cóctel perfecto. La hora avanzada me proporcionaba silencio gracias a la ausencia de comensales. Y así, acurrucado en la esquina, junto al ventanal.

Volví a mirarla pero...

—¡Nada! ¡Que tía tan extraña! ¡Vaya un descaro que tiene! —pensé.

En la siguiente parada se subió un hombre trajeado que, tras titubear unos instantes, vino a sentarse junto a mí ¡Lo que me faltaba, todo el vagón vacío y se tiene que pegar a mi lado! Yo intentaba proseguir con la lectura, pero concentrarme así me resultaba bastante complicado. De pronto, cuando quedaba poco para llegar a la siguiente estación, mi compañero de asiento me susurró al oído:

—¡Por favor, disimule! ¡No diga nada y bájese conmigo en la próxima parada! ¡Es por su bien!

Aquel hombre se levantó con normalidad, y se colocó para salir en la puerta cercana. Dudé un poco, pero su aspecto me ofrecía seguridad, así que me coloqué a su lado.

Nos apeamos en la estación, y sólo cuando las luces traseras del metro fueron engullidas por el túnel, el hombre me dijo con horror:

—Se preguntará por qué he actuado de esta manera tan misteriosa, pero, verá usted, soy médico y estoy acostumbrado a detectar la muerte... y créame, esa mujer sentada enfrente de usted... ¡estaba muerta! Se lo puedo asegurar por experiencia, en mi larga carrera profesional he tenido que ver muchos cadáveres. Aquellos dos hombres la mantenían sujeta. Tenía la obligación de prevenirla.

No supe qué decir, superada por lo siniestro de la situación. Él mismo se encargó de alertar por el teléfono de andén a los vigilantes de las siguientes estaciones.

Durante muchas noches me desperté sobresaltada, empapada en sudor, recordando aquella penetrante mirada clavada en mis ojos.

EL EXAMEN FINAL

En aquel internado se sentía presionada. En otros colegios por los que había pasado, destacó siempre como alumna modélica, y su padre (un influyente empresario) estaba orgulloso de ella. Pero allí, últimamente, las cosas no le salían muy bien. El trimestre pasado había sido un desastre, a pesar de haberse esforzado más que nunca. Era lógico que se sintiera desmotivada: cada trabajo que entregaba o prueba que realizaba no reflejaba en absoluto sus esfuerzos. Esta absurda situación la había arrastrado a jugárselo todo en un examen.

Estas demoledoras reflexiones se las formulaba al mismo tiempo que los examinadores apilaban las hojas de los exámenes corregidos sobre la mesa. Eva estaba nerviosa y notaba sus manos húmedas. Cuando cotejó los resultados, no lo podía creer: las primeras pruebas habían salido bien pero la última, la que más puntuaba, había sido un desastre... ¡Qué iba a decirle a su padre!

Sintió vértigo, su cabeza comenzó a girar a gran velocidad. Eva recreó de manera obsesiva la vergüenza que experimentaría al entregar la calificación a su padre.

En ese momento, y sin que nadie la observara, extrajo de su plumier dos lápices con la punta afilada. Con decisión, se los introdujo por las fosas nasales. Tomó aire, respiró jadeante, y después se agarró con firmeza a la mesa. A continuación estrelló con todas sus fuerzas la cabeza contra el pupitre. Los lápices atravesaron el cráneo sin encontrar oposición como hubieran hecho dos afilados punzones. La muchacha se desplomó fulminada.

El contrapunto más trágico de esta macabra historia lo aporta el dato de que, una vez acontecidos los hechos, y tras una nueva comprobación, fueron conscientes que hubo un error en la corrección de los exámenes. Eva, había superado el examen sin ninguna dificultad.

LA NOCHE DE HALLOWEEN

Si existe una noche idónea para las historias de terror es sin duda ésta. Brujas, monstruos, vampiros y momias se dan cita en las calles (sobre todo en Estados Unidos) para asustar a los más incautos. Es una noche en la que los rostros se ocultan tras las máscaras, causando un gran temor entre la gente de la calle. De hecho, muchos criminales se aprovechan de celebraciones como Halloween o Carnaval para realizar sus fechorías amparados en el anonimato. A continuación pasamos a relatar alguna de las leyendas más famosas situadas en esta terrorífica noche:

Terror en el campus

Cada año se repite la misma historia. Llega el día de Halloween a la universidad y los estudiantes se encuentran deseosos de realizar una gran fiesta. Unos cuantos días antes circula la noticia de que esa noche ocurrirá una gran masacre. Invariablemente, un asesino en serie avisa de su próxima matanza y suele dar datos orientativos: una universidad cuyo edificio tiene forma de «U»; a veces añade alguna sigla, algún dato geográfico. En ocasiones el número de víctimas (catorce, dieciocho, o bien sólo mujeres). Han llegado incluso a revelar el traje con el que se disfrazaría el asesino (un año se difundió que iría vestido de pastor, prohibiéndose el disfraz en algunas universidades durante cierto tiempo). Obviamente, este tipo de historias crea una gran inquietud, sobre todo entre las chicas jóvenes porque, a veces, el asesino en serie es transmutado en violador.

El ahorcado

Mucho han evolucionado las fiestas de Halloween. En sus inicios bastaba poner en los hogares dos o tres calabazas adornadas o algunas siluetas recortadas de brujas y fantasmas pegadas al cristal. Hoy, sin embargo, sobre todo entre las clases altas, se celebran fiestas en las que la ambientación desempeña un papel fundamental: falsa sangre vertida, ataúdes abiertos, monstruos, e incluso maniquíes a los que les han arrancado la cabeza o les falta algún miembro. Como en Navidad, la ornamentación tiene un papel capital, y se hacen auténticas procesiones de casa en casa para comprobar la originalidad de algunos decorados.

Por todas estas razones es normal que la leyenda que relatamos a continuación se repita cada año y se haya convertido prácticamente en un clásico rumoreado al acercarse la fecha.

Se habla de que una mujer desesperada decidió quitarse la vida en una noche de Halloween. Mientras vagaba de calle en calle abstraída en sus funestos pensamientos se fijó en uno de los árboles frondosos que proyectaba su ramaje por fuera del jardín. Arrastró un cubo de basura que había frente a la puerta y, sin cavilar ni razonar, lo colocó bajo una de las ramas y se encaramó a él. Se quitó después el cinturón, lo ató a la rama del árbol y se lo ajustó al cuello. Sólo tuvo que empujar el cubo con el pie y su vida duró apenas unos segundos más.

El cadáver quedó suspendido y se convirtió en la macabra atracción de aquella noche.

La gente que paseaba por la calle o que circulaba con el coche se quedaba impresionada, todos coincidían en la espectacularidad del montaje; uno de los vecinos le dijo a su mujer:

—¡Esta vez María y Fernando se han superado! ¡Son geniales! ¿Dónde habrán encontrado un maniquí tan perfecto? ¡Da miedo!... ¡Fíjate en su mirada!

Los dueños no regresaron a su casa hasta el día siguiente, pasaron la noche en casa de los padres. Y por eso el cadáver de la pobre mujer ya empezaba a descomponerse cuando lo bajaron de la rama;

había permanecido un día entero suspendido del árbol sin que nadie advirtiera que se trataba de un ser humano y no de un maniquí.

Un mal día

—Bueno, chicos, este año tenemos que hacer algo especial para asustar de lo lindo en la fiesta que celebramos. A ver... ¡ideas! —animó Juanje a todos sus amigos.

—¿Qué os parece si ponemos un armario en el medio de la sala y cuando la fiesta esté animada sale alguien disfrazado y asustando? —dijo Luis.

—¡Tú, con tal de salir del armario! Je, jeee... —Paco por costumbre solía a hacer el chiste fácil a cada comentario.

Santi, que era el cerebrito y al que siempre se le ocurrían las mejores ideas, comentó:

—¿Y si fingimos un ahorcamiento?

—¿Un ahorcamiento? Pero ¿qué dices? —replicó Pablo, temiendo que le tocara ser el conejillo de indias.

—El otro día vi un documental en el que un actor lo realizaba —dijo Santi completamente en serio.

—Es tan sencillo como que el que lo vaya a hacer se ponga un collarín de esos que se usan cuando uno tiene el cuello fastidiado o acaba de tener un accidente de coche. Entonces le colocamos la cuerda, se ahorca, pero el collarín impide que se cierre la soga. ¡Os aseguro que alguno sufre esa noche un infarto!

Todos estuvieron de acuerdo en que era un buen montaje, y por ello decidieron que fuera a Luis (que era el más delgadito) al que se colgara.

Los invitados que comenzaban a llegar a la fiesta quedaban gratamente sorprendidos, los disfraces daban realmente miedo y todo parecía dispuesto. La cuerda pendía del techo en un rincón y debajo colocaron la silla en la que Luis se subiría. Juanje se le acercó con una copa en la mano.

—¡Uuuuhhhhh!!! ¡Qué miedo das, Luisito! Toma, te he traído un cubata para que te ahorques más a gustito, je, je, je... ¿Te has puesto el collarín?

—¡Ya te digo, pollo! —dijo Luis, que se había disfrazado de Drácula para camuflar el collar ortopédico— ¡Si te parece me ahorcáis a pelo!

La música seguía sonando y la fiesta comenzó a desmadrarse. El alcohol se consumía rápidamente y ya no había ni un solo invitado que no estuviera medio ebrio.

Luis se descontroló, todo le daba vueltas. Claramente, había perdido la noción de la realidad, no recordaba el número de cubatas que se había bebido. Sintió su cuerpo estremecerse y sudores fríos recorriendo su frente. Así es que decidió quitarse el collarín que tanto le agobiaba.

De repente sus amigos le rodearon. Hacía tiempo también que habían abandonado el mundo de los cuerdos. Llevaban una borrachera de espanto.

—¡A la horca! ¡A la horca! —gritó uno de ellos.

Alguien quitó la música. Luego apagaron las luces del salón dejando iluminado únicamente el rincón donde se balanceaba la cuerda. Hay que reconocer que la ambientación resultaba cuando menos dramática.

—¡A la horca! ¡Vamos a ahorcar a Luis! —prosiguieron como una jauría humana.

La gente comenzó a espantarse. Los amigos agarraron a Luis y lo llevaron prácticamente en volandas hasta la silla. Luis, presa del pánico, comenzó a resistirse violentamente. ¡Todo parecía tan real!

Sus compañeros nunca llegaron a entender por qué Luis no les avisó que se había quitado el collarín. Seguramente, el alcohol que había tomado anuló su consciencia.

Lo cierto es que le colocaron la soga; se la ajustaron en torno al cuello y, a pesar de sus reiteradas protestas, retiraron la silla.

Nadie había visto en una fiesta nada igual. Cuando Luis dejó de patalear en el aire de forma brutal y hasta ridícula, la música comenzó a sonar. Las luces se encendieron. A continuación, exhaustos por la visión, descolgaron el cuerpo rígido de su amigo Luis.

Alguno necesitó tratamiento psiquiátrico durante muchos meses, y nunca más celebraron la festividad de Halloween. A partir de ese año se juntaban en esa misma noche de Difuntos para llevar al cementerio flores para su amigo Luis. ¡Que en paz descanse!

Caramelos envenenados

En España comienza a arraigar la tradición de celebrar Halloween. Muchos niños y jóvenes han adoptado la fiesta y se dedican —como desde hace años en Estados Unidos— a ir de casa en casa dando a elegir entre «truco o trato» y demandando su premio en forma de caramelos.

En nuestro país no ha dado tiempo siquiera a que se instalen leyendas, que en Estados Unidos llevan circulando muchos años, como aquella en la que algunos desalmados se dedican esa noche a repartir caramelos envenenados o, los más crueles y degenerados, a colocar en su interior restos de agujas o pequeños artilugios punzantes.

En Estados Unidos se han practicado algunas detenciones por hechos de este tipo, y en algunos estados de la unión, tales como Nueva Jersey, se han promulgado leyes específicas con que castigar las fechorías de algunos delincuentes desprovistos de razón que aprovechan Halloween para satisfacer sus bajos instintos criminales.

Con anterioridad a la costumbre de regalar a los niños golosinas se les entregaban manzanas. Y también en el interior de alguna pieza de fruta se encontraron, para preocupación de muchos padres, cuchillas de afeitar.

Obviamente, los tiempos avanzan y en los últimos años corre la leyenda de que las golosinas pueden estar rellenas de narcóticos, o incluso, de sangre infectada con el virus del sida.

Sacrificio de gatos negros

Desde la más remota Antigüedad se ha asociado a los gatos con las fuerzas ocultas. Se pensaba que habían sido seres humanos castigados a convertirse en felinos por sus malas acciones. La superstición medieval también creía que Satanás y los brujos asumían la forma de gatos negros. Se cree que las brujas volaban acompañadas también por gatos negros y la Iglesia declaró a estos oscuros animales como portadores del Maligno. Los celtas, en cambio, creían que estos animales eran sagrados.

Estas mascotas cobran especial significado en este día, donde a veces se las utiliza simplemente como ornamentación para una fiesta. Muchos piensan que queda muy elegante que un enigmático gato negro recorra el salón decorado con motivos terroríficos.

Algunos asimismo aprovechan Halloween para llevar a cabo cruentos sacrificios con gatos negros. En algunas extrañas sectas satánicas se realizan estos rituales de sangre amparados en no se sabe muy bien qué religión o creencia.

Lo que sí está constatado es que, muchas protectoras de animales, los días anteriores al 31 de octubre procuran no dar en adopción a ningún gato negro. Curiosamente, en días posteriores se experimenta un incremento del trabajo de recogida de gatos negros abandonados por sus amos.

El vecino aterrorizado

La policía no podía dar crédito a lo que veía: tumbado en el jardín hallaron el cadáver ensangrentado de un individuo disfrazado igual que el asesino de la película *La matanza de Texas*. De hecho, tuvieron que detener la sierra eléctrica que aún rugía entre sus manos. El sargento que investigaba el crimen observó que el vidrio de una de las ventanas estaba destrozado. Con precaución, se acercó a la vivienda mientras bajo sus pies crujían los fragmentos rotos del cristal.

Su mirada se detuvo en el cadáver de un anciano que sostenía una escopeta de cañones recortados todavía humeante. Cuando entró en la casa comprobó que el arma aún estaba caliente. ¿Qué habría ocurrido?

Esta escena habría llamado mucho más la atención si no se hubiera producido en el día de Halloween, donde muchos criminales utilizan el anonimato del disfraz para encubrir sus delitos. En este caso, la investigación resultó sorprendente: al parecer, el cadáver pertenecía a un hombre que utilizó aquel disfraz con la intención de gastar una broma en la fiesta de un amigo. El guateque se celebraba tres casas más allá, aunque aquel hombre nunca llegó a su destino. Un fatal error de cálculo hizo que se confundiera de casa y que intentara entrar en la del anciano, quien, aterrorizado al ver a un intruso, cogió su escopeta y le disparó tres veces.

El forense dictaminó que aquella tensión produjo un gran choque emocional en el anciano; su débil corazón no pudo reaccionar ante una situación tan fuerte y aterradora.

II

Coches y carreteras

Algo tiene la carretera que nos sigue angustiando, sobre todo, si se trata de una carretera desierta por la que circulamos en medio de la noche sin ninguna otra compañía que nuestra radio. ¿Le suena?

Seguro que más de uno habrá vivido una situación parecida, y quién sabe si hasta ha creído ver circulando delante de su vehículo un coche negro con las luces apagadas. O acaso ha vislumbrado a una mujer rubia, espectacular, detenida en una curva; o ha pasado de largo por una gasolinera desierta en la que ni siquiera se ha detenido para repostar por las malas vibraciones que le inspiraba.

Desde la Antigüedad los relatos de terror se asociaban a los caminos; o a los caballos, carretas, carruajes y diligencias que los recorrían. Se trataba de medios de transporte reservados para unos pocos privilegiados, porque, según algunos decretos muy antiguos, sólo podían viajar en diligencia «las personas intachables de carácter y que no ensuciasen con el atuendo de su oficio».

Los harapientos, aceiteros, carboneros u otros trabajadores considerados «sucios» eran expulsados, y no sólo los que ejercían estos oficios reservados para los más pobres. Tampoco podían acceder a los carruajes los enfermos ni los heridos con destino a hospitales. Así pues, no es extraño que comenzaran a circular las historias y las leyendas del minero o del carbonero que, por no haber podido subir a una diligencia tras una dura jornada, moría a causa del tremendo frío durante una nevada aguardando al carruaje. Todavía hoy, hay quienes aseguran haber visto al carbonero esperando su tardío transporte.

En este capítulo nos vamos a encontrar con todo esto y mucho más. Eso sí, para los más imaginativos tengo malas noticias: la inmensa mayoría de los relatos que se han dado por ciertos son, simplemente, leyendas urbanas. Es decir, historias que jamás ocurrieron pero de las cuales vamos ha encontrar un testigo indirecto, alguien a quien el primo del hermano de su mejor amigo se lo ha contado...

La Pandilla Sangre

¡Por fin podía disfrutar Pedro de una noche libre! Su trabajo en el estudio de cartografía no le dejaba últimamente mucho tiempo libre, pero esa noche iba a ser diferente: había decidido darse un descanso y olvidarse de los planos y los proyectos aún pendientes.

Conducía su vehículo junto a Inma, su sufrida novia, y una pareja amiga que se había apuntado a cenar a última hora. Pedro trabajaba y residía en Toledo, y un compañero de trabajo le había hablado de un restaurante en las afueras donde podían pasar una velada agradable a un precio moderado.

Pedro pensaba recompensar a Inma por estos últimos fines de semana sin salir.

—¿Estás seguro de que es por aquí, Pedro?

A Inma le daba la impresión de que habían pasado por el mismo paraje varias veces.

—Seguro, seguro..., la verdad es que no estoy; ya sabes que por estas carreteras secundarias me suelo perder siempre.

Pedro interrumpió la conversación para concentrarse en algo extraño que acontecía en la carretera. Le pareció ver, aproximándose a gran velocidad hacia ellos, un coche circulando con las luces apagadas. Cuando lo tuvo encima, le lanzó varias ráfagas de luz.

—¡Despierta, tronco! ¡Que vas sin luces, joder!

Automáticamente, aquel vehículo encendió los faros, dio media vuelta y se dispuso a perseguirlos.

Pedro percibió algo raro y comenzó a acelerar, pero todo esfuerzo resultaba infructuoso. Comprobó a través del espejo retrovisor cómo aquel vehículo maldito le perseguía causándole cada vez mas desasosiego.

En una de las pocas rectas que existían en aquella deshabitada carretera el coche perseguidor se colocó en paralelo con el suyo obligándole a frenar. No tuvo más remedio que salirse de la carretera.

Quedaron detenidos junto a la cuneta. Escucharon los portazos del otro coche y pudieron contemplar aterrorizados, cómo se les acercaban cuatro hombres de aspecto latino, con ropajes amplios, gorras de béisbol, armados con cadenas, barras de metal y navajas.

La Guardia Civil no daba crédito, el escenario de los hechos no podía ser más sangriento: aquellos jóvenes habían sido asesinados brutalmente. Dentro del coche yacía una de las parejas, la otra, cien metros más adelante. Era un espectáculo dantesco.

. . .

Ésta podría ser perfectamente la recreación de la leyenda de la Pandilla Sangre.

A finales de 2005 comenzó a circular (sobre todo a través del correo electrónico) la advertencia de que si nos cruzábamos a medianoche con un vehículo con los faros apagados, debíamos evitar darle las luces de advertencia, ya que esta acción tenía como significado el rito de iniciación de una banda conocida como «Pandilla Sangre». Avisar al coche que se nos acercaba de no llevar las luces encendidas era como ordenar la propia muerte, ya que perseguían al vehículo hasta que lo detenían y acababan con la vida de todos los ocupantes.

El e-mail se recibía incluso con un sello de la policía local de Almería (portavoces policiales desmintieron que se tratara de un documento sellado por su comisaría).

Cuando investigamos la historia de la «Pandilla Sangre» para el programa de la Cadena SER, Milenio 3, nos sorprendió el hecho de que, como en otros casos de leyendas urbanas, comenzaron a llegar hasta la redacción testimonios de oyentes asegurando haber vivido un incidente análogo. Fueron muchos los testimonios recogidos. Volvía a quedar patente que, como en otros casos, algunos desalmados se aprovechaban de una leyenda para imitarla e infundir el pánico entre el colectivo social.

La historia, o alguna equivalente, surge en Estados Unidos en la década de 1970. La primera aproximación a la leyenda hablaba de una banda de motoristas (los llamados *Ángeles del Infierno*), que circulaban sin luces por las carreteras secundarias. Al recibir una ráfaga de advertencia por parte de algún vehículo, no dudaban en perseguirlo hasta que, primero lo sacaban de la carretera y luego acababan con la vida de todos sus ocupantes.

La leyenda se trasladó con posterioridad a Los Ángeles, donde los protagonistas eran pandillas latinas y afroamericanas que practicaban sangrientos ritos de iniciación.

Años más tarde, la historia hablaba de las pruebas que debían superar los candidatos a ingresar en alguna de las maras o pandillas guatemaltecas.

Tras pasar por Inglaterra, Francia y Portugal, finalmente la leyenda ha viajado hasta nuestro país con gran repercusión, sobre todo, en la Comunidad andaluza y concretamente en Almería. En cuanto conozcamos el propósito con el que se difundió, comprenderemos por qué en esta localidad se tomó por verdadera.

Posiblemente nos sorprenderá su antigüedad, porque son muchos los convencidos de que se ha creado hace unos meses. Nada más lejos de la realidad: esta historia ha circulado durante mucho tiempo aunque con un texto diferente.

Cuando se inició en Los Ángeles, el objetivo último era atemorizar a la población blanca para que no saliera a determinadas horas y por determinados barrios. No es raro, pues, creer que siempre que resurge lo hace en países que han tenido problemas de adaptabilidad con la inmigración.

En España esta leyenda ha encontrado una especial repercusión en Almería, una de las poblaciones españolas con mayores índices de inmigración y donde los problemas entre algunos vecinos y foráneos han sido noticia de portada en muchos medios de comunicación.

Las vacaciones de la abuela

Al final, Fernando y su mujer no tuvieron más remedio que llevarse a la abuela con ellos de vacaciones. Marina había intentado que alguno de sus hermanos se hiciera cargo de la anciana durante los días que ellos veranearan en la playa, pero con vanos resultados. Tampoco tuvieron éxito sus gestiones para concertar los servicios de un trabajador social, o bien, ser admitida de forma temporal en una residencia para ancianos donde pudieran atenderla aquella quincena. Ahora ya daba igual. El vehículo iba cargado con las maletas, los dos niños, la abuela...

—De verdad, Fernando, que estoy convencida de que tiene que haber otro tipo mejor de vacaciones... ¡Siempre al apartamento que nos deja tu hermano! ¡Siempre al mismo sitio! ¡Qué desesperación!

—¿Me lo dices o me lo cuentas? ¡Lástima no cayera una primitiva!

Los días transcurrían sin muchas emociones: por la mañana, a la playa; al mediodía, chiringuito; por la tarde, paseo, y al acabar el día, terracita, aunque todo cambió a los pocos días...

La abuela comenzó a sentirse mal. Los síntomas parecían similares a los de la gripe, y convinieron que debía descansar. Cuando Marina acudió al cuarto para despertarla de la siesta, descubrió consternada, que su madre no volvería a levantarse jamás.

—¡Fernando! ¡Fernando! ¡Ven enseguida al cuarto de la abuela!...

Fernando corrió a la habitación alarmado por los gritos de Marina.

—¡Dios mío! —gritó alarmado.

Allí descubrió a la pobre anciana pálida y fría como el mármol mientras Marina lloraba aterrorizada.

—¿Qué ha ocurrido? ¡Tenemos que llamar a una ambulancia! —Fernando no sabía muy bien cómo reaccionar.

—¿Y para qué quieres una ambulancia? —le preguntó Marina indignada. ¡Ya no podemos hacer nada! ¡Mi pobre madre está muerta! Tenemos que intentar solucionar su traslado.

—¿Su traslado?

—¡Sssshhhh!, ¡baja la voz! No quiero que se enteren los niños. Debemos ser sensatos y mantener la cabeza fría, Fernando. Por mucho que me duela, llamar en este pueblo a un coche funerario y que la trasladen a Madrid nos puede salir por un ojo de la cara y ahora no tenemos casi ni para pagar el próximo curso de los niños. ¡Ay, Dios mío, mi pobre madre!

—¿Y si la acomodamos en el asiento de atrás y les decimos a los niños que está durmiendo? —Fernando intentaba encontrar una solución.

—¡Tú estás loco! Imagina que se enteran... Padecerían un trauma para toda la vida.

—¡Pues algo hay que hacer, Marina! ¿Y si la envolvemos en mantas y la acomodamos en la vaca del coche? Les diremos a los niños que la abuela se ha quedado unos días más con unas amigas y que nosotros nos tenemos que marchar por alguna razón de mi trabajo.

—¿Y si los niños nos preguntan por el bulto?

—¡Pues decimos que es una alfombra que hemos comprado!

Finalmente, se decidieron por esta última opción. Dos horas más tarde el equipaje estaba cargado en el maletero, y la abuela, bien envuelta con mantas y sujeta a la baca del coche.

De momento, los niños no parecían extrañados. Todo trascurría con normalidad. Pasados unos kilómetros, decidieron parar a descansar.

—¡Venga, chicos! ¡Vamos a buscar una gasolinera y así comemos algo! ¡Seguro que estáis hambrientos!

La familia se dispuso a cenar en una cafetería aledaña a la gasolinera. Bueno, lo de cenar se quedó para los niños, porque Fernando y Marina tenían el estómago comprimido por todo lo acontecido hasta ese momento. Lo único que les aceptó el cuerpo fue una infusión. De regreso al vehículo, recibieron una sorpresa tremenda.

—¡Mira, papá! Os han robado el equipaje que teníais en la baca.

El matrimonio no salía de su asombro: ¡la abuela había desaparecido!

Avergonzados, inquietos y aterrados, no les quedó más remedio que notificar el suceso a la policía, y confesar de esta manera toda la verdad a los agentes.

Fernando, Marina y sus dos hijos siguen visitando todas las semanas al psicoterapeuta para intentar superar el trauma que les quedó de aquellas movidas vacaciones.

Cada día siguen encendiendo una vela en memoria de la abuela desaparecida. Han trascurrido doce semanas y aún no hay noticias de ella.

. . .

Esta leyenda ha sido objeto de múltiples versiones, aunque el resultado es siempre similar: la pérdida o robo de un cadáver, cuando es la familia la que tiene que trasladarlo para evitarse los costes de los servicios funerarios. En ocasiones como en ésta en coche; y otras muchas, en tren, en autocar, haciendo pasar al difunto por borracho o por dormido. Los mal pensados seguro que imaginan que esta leyenda urbana la han debido de inventar las compañías funerarias, aunque no exista constancia de ello.

Aquí el objetivo último es el de darnos una lección de moralidad y aprender las consecuencias que puede acarrear desatender o maltratar a nuestros mayores. Es una leyenda aleccionadora, cuyo propósito es inculcar el respeto a los padres y los abuelos.

EL PELIGRO DE LOS AIRBAG

Hay quien afirma que los dispositivos airbag de los automóviles son peligrosos, en algunos casos se habla de que pueden producir quemaduras, fracturas y lesiones de todo tipo y los hay que aseguran que han sido responsables de alguna que otra muerte misteriosa. No es de extrañar que haya quien aconseje incluso su desactivación.

En Estados Unidos se rumoreó acerca del fallecimiento de varios conductores y achacaban la causa directa de las muertes al erróneo funcionamiento del airbag. Durante algún tiempo se difundió un suceso que tenía como protagonistas a dos policías norteamericanos; la historia verdaderamente estremecía.

> Mucho cuidado si intenta abrir la puerta de un vehículo al que se le han quedado las llaves dentro y esté equipado con dispositivos de airbag laterales.
>
> ¡Al parecer al menos tres agentes han fallecido accidentalmente!
>
> Estos policías, en un intento de ayudar al conductor, han introducido una delgada barra de metal por el borde del cristal para conseguir impulsar la apertura de cierres, con tan mala fortuna que se ha activado el airbag lateral. El resultado no ha podido ser más escalofriante: debido a la fuerza que ha provocado el hinchamiento del airbag, se ha desplazado la barra introducida hacia arriba y con tanta fuerza que ha atravesado la barbilla del agente alojándose finalmente en el cerebro.
>
> Aparte del horror de acabar con una vida, es también importante el daño material que se puede ocasionar en el cableado de la puerta lateral, haciéndose necesario incluso el cambio de todo el tablero de instrumentos.
>
> ...

Desde luego, este tipo de historias macabras y en las que existe un accidente de por medio son las que consiguen que conducir o tener un coche nos tenga atemorizados. Aunque obviamente es una leyenda inventada, y jamás ha muerto ningún agente en circunstancias similares.

Pero no acaban aquí los relatos que relacionan algunos accidentes fatídicos con el funcionamiento de los airbag. Está el caso del conductor que iba succionando una piruleta o chupa-chups mientras conducía y, tras ser golpeado por el dispositivo, el caramelo pasó a convertirse en una improvisada arma mortífera capaz de atravesar la mandíbula del conductor, o en el mejor de los casos, consiguiendo que el accidentado terminara atragantado.

¡Ah! Para terminar de inquietarle con los peligros del airbag no me queda más remedio que avisarle si conduce con gafas. Son muchas las leyendas que circulan sobre personas que han acabado con todos los cristalitos de las lentes clavados en la córnea. ¡Espeluznante!

EL COCHE Y EL TEJADO

Esta noticia la publicó un rotativo norteamericano en el año 1988. El nombre del periódico no se adjunta y tampoco es relevante.

Seguramente es inventado, como la fecha, el lugar, el nombre del personaje, etcétera.

Un técnico montador de antenas, de treinta y dos años, ha sido arrastrado por el coche de su mujer durante casi seiscientos metros. El técnico sufrió numerosas contusiones, una pierna y varias costillas fracturadas y conmoción cerebral.

En principio, esta noticia no tendría nada de excepcional. El cariz extraño del suceso se entrevé cuando el técnico en el hospital cuenta a los periodistas cómo ocurrieron los hechos:

Había conseguido la mejor antena del mercado y estaba impaciente por colocarla en casa ese fin de semana, aprovechando el buen tiempo. Para evitar cualquier caída, me até una cuerda a la cintura, la pasé alrededor de la chimenea y, desde el tejado, le pedí a mi hijo de ocho años que atara el otro extremo a algo seguro. A los pocos minutos yo trabajaba instalando la antena en el tejado; mi hijo, que ya había anudado la cuerda conforme le pedí, jugaba en un parque cercano y mi mujer se disponía a marcharse de compras en su coche.

Ni ella ni yo nos dimos cuenta hasta que fue demasiado tarde.

Al despedirme de mi mujer y verla arrancar el coche, descubrí horrorizado que el otro extremo de la cuerda estaba atado al parachoques del vehículo.

Intenté gritar pero todo ocurrió a tanta velocidad que apenas tuve tiempo ni de gritar, los siguientes minutos, mejor no recordarlos porque fueron angustiosos.

Fui consciente de un gran tirón, después de la caída del tejado, del golpe contra la valla y de lo áspero que estaba el asfalto cuando mi cara lo recorrió; fueron seiscientos metros infernales hasta que se rompió la cuerda.

Nadie fue testigo de la espectacular caída, tan sólo un vecino me encontró pasados unos minutos (que me parecieron horas), tirado allí en el suelo, con el cuerpo magullado y lanzando gritos de dolor. Fue él quien me trasladó hasta el hospital. Mi mujer se enteró del accidente cuando la localizaron en el móvil mientras hacía sus compras.

Fue un accidente horrible que, con sólo recordarlo, consigue que me duelan todos los huesos.

. . .

Esta noticia inventada se podría datar allá por la década de 1960. Seguramente por entonces ocurrió algún suceso muy similar y la historia original se fue transformando con el paso del tiempo. También han variado los personajes: un antenista o un vecino arreglando la chimenea; y las situaciones: cambiando las tejas, dando una mano de pintura... Está situada en Estados Unidos, donde las casas suelen ser construcciones individuales con jardín y chimenea, aunque también se podría situar en cualquier urbanización de casas bajas.

Por un lado, como en muchas otras leyendas, ésta deja entrever un trasfondo machista, una burla al despiste de la mujer, quien no se entera de nada hasta que se lo comunican en mitad de sus compras. También transmite una pequeña moraleja: hay que tener mucho cuidado con a quién se pide cada cosa.

CERDOS EN LA CARRETERA

Dos amigos circulaban por una pequeña carretera cuando su descapotable se cruzó con otro automóvil conducido por una exuberante rubia. Justo a su altura la mujer les gritó:

—¡Cerdos!

El conductor no se lo pensó dos veces, y girando la cabeza, le contestó a gritos:

—¡Tú si que eres una guarra! ¡Hija de puta!

Al salir de la siguiente curva, el piloto se vio obligado a dar un fuerte frenazo. En aquel preciso instante, atravesaba la carretera una piara de cerdos que eran trasladados a una granja cercana.

LLAMANDO A LA CIGÜEÑA

Un verano cualquiera en la ciudad de Nápoles (Italia), los titulares de la prensa se hacían eco de una increíble noticia: una pareja de enamorados demandaba a una compañía aseguradora los gastos de su boda y la manutención de un recién nacido hasta su mayoría de edad. Puesto que la noticia no tenía desperdicio, seguí leyendo...

Al parecer, los novios se encontraban dentro de su Seat Panda en un paraje denominado «Parque del Amor» (un lugar al que las parejas sin muchos recursos y sin apartamento propio acudían para satisfacer sus necesidades amatorias). La noticia narraba que mientras los jóvenes hacían efusivamente el amor, su coche fue golpeado por detrás con tal violencia que el joven eyaculó dentro de la joven debido a la potencia del encontronazo.

Los daños producidos en el accidente fueron varios arreglos de chapa y un embarazo no deseado. Los novios acordaron casarse, tener el niño y demandar a la compañía de seguros del vehículo que los embistió.

UNA GANGA DE VEHÍCULO

El suceso aconteció (o esto es al menos lo que se cuenta) en una carretera poco transitada, a las afueras de una gran ciudad estadounidense.

Un empresario local, agobiado por las deudas, decidió acabar con su vida en el interior de su fastuoso vehículo. Descerrajarse un disparo a quemarropa en la sien fue el método elegido.

Pasaron varias semanas antes de que la policía encontrara el cadáver.

Aquellos días se registraron temperaturas de más de cuarenta grados, por lo que el cadáver del empresario se había casi licuado en el interior del automóvil.

A los pocos meses, y después de que la policía científica retirara los restos del suicida, el automóvil se puso a la venta en un concesionario de la zona, no sin antes haber pasado la revisión preceptiva y un saneado en profundidad tanto del interior como del exterior. El caso es que el auto fue pasando de dueño en dueño y el precio fue bajando a medida que cambiaba de comprador... ¡Era insoportable el hedor que expelía su interior! Por más que se limpiaba, el olor putrefacto y nauseabundo parecía haber sido absorbido por las moléculas de metal de la estructura.

. . .

Ésta es una leyenda nacida en la década de 1940 y que ha derivado en múltiples versiones. La más popular es la que argumenta que es imposible limpiar las manchas de sangre de un coche cuando se ha cometido un crimen en su interior. Igualmente, el vehículo ha ido evolucionando y se han ido adaptando las marcas a través del tiempo. A veces la historia se transforma, y el fantasma del dueño asesinado se va vengando de todos los compradores.

Esta historia trata de demostrar que el que compra barato al final termina pagándolo caro. Nos enseña que no hay que fiarse de las gangas e intenta provocar nuestra inquietud con cada compra que realizamos sin conocer el origen de la mercancía. Son muchos los coches a los que se les ha atribuido algún tipo de maldición, aunque quizás el más conocido, ha sido el Porche del actor James Dean.

Parece ser que el Spyder del actor quedó en un estado lamentable tras el accidente fatal ocurrido en septiembre de 1955. La leyenda apunta que las piezas que se pudieron reutilizar se vendieron en el mercado de segunda mano, y curiosamente, todo el que compraba una tiempo después sufría un aparatoso accidente o incluso fallecía en extrañas circunstancias.

Al igual que con los automóviles, también ha sucedido con las casas, con aquellas que han sido marcadas por haber sufrido en su interior algún episodio macabro o misterioso. Después de que éste saliera han bajado espectacularmente sus precios debido a que nadie quiere vivir en una mansión tocada por la fatalidad.

En España hemos tenido algún ejemplo de casa maldita, como la llamada popularmente «casa de Vallecas» en la calle Luis Marín. Un suceso ocurrido en la vivienda de la familia Gutiérrez Lázaro, en un popular barrio madrileño.

La hija de la familia, Estefanía, comenzó a practicar ouija con sus amigas de clase. Esto le provocó un cambio de carácter que fue derivando en problemas físicos, que desembocaron en un coma y, posteriormente, en una catalepsia severa que acabó con su vida.

Desde el momento que se produce la muerte de Estefanía, la familia se ve envuelta en una serie de fenómenos extraños que provocan incluso la llegada de la policía nacional, que es testigo de un montón de sucesos *poltergeist* y se ve obligada a levantar un atestado. Es de los pocos casos de *poltergeist* documentados por funcionarios policiales. Esa casa quedó marcada para siempre, y ha sido durante muchos años imposible encontrar comprador para ella.

También es el caso de la calle Antonio Grilo, número 3. Este domicilio ha sido testigo mudo de tres horribles crímenes, en especial el de un sastre que en 1962 mató a su esposa y a sus cinco hijos para después suicidarse.

El crimen deja marcadas algunas casas, como la del barrio de Santiago el Mayor en Murcia, donde un joven de dieciséis años asesinó con una catana japonesa a sus padres y a una hermana con síndrome de Down.

La casa de los marqueses de Urquijo sería también una de estas residencias señaladas por la tragedia. En sus habitaciones fueron asesinados violentamente los marqueses el 1 de agosto de 1980, en uno de los sucesos más enigmáticos de nuestra historia criminal. A pesar de los intentos de la familia por venderla, han trascurrido casi treinta años sin que haya podido cambiar de dueños, de hecho, en la actualidad, es el hogar de uno de los hijos.

Fuera de nuestras fronteras, el ejemplo más claro de casas lo encontraríamos en la llamada casa de Amityville. Esta historia tiene como escenario una vivienda situada en el 112 de Ocean Avenue, en Amityville, Nueva York.

Una madrugada de noviembre de 1974, el hijo mayor de la familia DeFeo, de tan sólo diecisiete años, asesinó a sangre fría a sus padres y hermanos con un rifle, dejando un total de seis personas muertas. A los veintiocho días una nueva familia, compuesta por el matrimonio George y Kathy Lutz, ocupó la vivienda. Dieciséis días tardaron en huir precipitadamente, sin siquiera recoger sus enseres, y daba comienzo así la maldición de una casa difícil de vender.

LA CABEZA DEL MOTORISTA

Pese a que toda su familia le aconsejó que no saliera aquella noche, Santiago no lo pudo evitar. Había quedado con Antonia para ir al cine y ése era motivo suficiente. Aquella mujer le tenía absolutamente obnubilado y habría ido a buscarla de rodillas si hubiera hecho falta.

Llovía con virulencia desde las seis de la tarde, con tal intensidad, que más parecía una venganza que un fenómeno meteorológico. Santiago era consciente de que tendría que transitar por una carretera peligrosa hasta llegar al pueblo donde vivía su chica, pero el riesgo no supuso traba alguna. Tampoco le importaba tener que dar gracias a Dios cada vez que arrancaba su automóvil. Cualquier sacrificio merecía la pena, si al final, conseguía disfrutar de su amor.

Se acomodó al volante del vehículo, se santiguó y...

—¡Uf! ¡Arrancó! ¡Gracias, Señor!

A los pocos minutos, ya circulaba por aquella tortuosa carretera, con la mirada fija, intentando adivinar algo del exterior.

—¡Vaya unos limpias! ¡Lo único que hacen es complicarme aún más la visión!

Aquellos pensamientos se esfumaron de súbito cuando escuchó un sonido extraño. Parecía como una detonación... pero no un disparo... más bien una granada... Tras unos cuantos tirones el vehículo se detuvo.

—¡Lo que me faltaba! ¡Maldito coche!

A Santiago, le parecieron una eternidad los diez minutos que transcurrieron hasta que se detuvo un motorista junto a él.

—¿Quieres que te lleve a algún sitio?

—¡Desde luego!, ¡me salvas la vida! Necesito ir al pueblo y ya desde allí mandaré una grúa para recoger la joyita de coche que tengo —comentó Santiago agradecido.

—No hay problema, pero yo te recomendaría que dieras la vuelta a tu cazadora porque si no, con lo que está cayendo, te va a entrar agua hasta en los calzoncillos. Venga, yo te la abrocho por detrás.

Así lo hizo Santiago, aunque aquel modo de ponerse la chaqueta le incomodaba un poco. No obstante, pensó que era la mejor manera de no pasar frío.

Procuró no pegarse mucho al motorista para que no pensara cosas raras, siempre había sentido algo de pudor cuando compartía vestuarios o al recibir el abrazo de algún compañero. Tan separado estaba del piloto, que podrían haber transportado a otra persona entre medias y no se habrían ni enterado.

La lluvia arreció y al conductor le costaba mantener la verticalidad, las balsas de agua dificultaban cada maniobra, y eso unido a que prácticamente no se veía nada, hacía que el conductor no notara ni siquiera la presencia de su acompañante.

Pensó que era muy diferente cuando llevaba a su chica de «paquete» ella nerviosa se aferraba a su cintura con tal fuerza que parecían casi fundirse en uno.

Miró hacia atrás para ver cómo iba su acompañante, y descubrió con asombro... ¡Que no estaba!

—¡Dios! Pero... ¿qué ha pasado? ¿Cuándo se habrá caído?

El motorista, confundido, dio media vuelta con prudencia y volvió a recorrer parte del trayecto. A lo lejos divisó unos faros y, al acercarse, distinguió a algunas personas alrededor de un bulto. Frenó y se acercó corriendo hasta el grupo.

—¿Está bien?

—¡No!, Estamos aterrados —contestó uno de ellos.

—Lo vimos caer de su moto... ¡Menos mal que frenamos a tiempo!... pero casi nos desmayamos al ver que su cabeza estaba del revés, ¡Ha sido terrible! Cuando cayó... ¡miraba hacia su espalda! Rápidamente intentamos volverla a su posición pero escuchamos un crujido y no ha vuelto a dar señales de vida... ¡Es espantoso!

. . .

Esta historia se hizo muy popular en Inglaterra, donde a cada instante la lluvia hace acto de presencia. El mensaje de la historia es poner en evidencia a aquellas personas que, sin saber muy bien, comienzan a ayudar de buena fe y terminan empeorando la situación. Igualmente, de este relato existen varias versiones, algunas con una mujer o un adolescente como protagonistas.

EL DEPORTIVO TRAMPA

Ni los bomberos ni la treintena de curiosos que se habían arremolinado en torno al automóvil deportivo podían creérselo. Dentro del lujoso deportivo rojo se encontraba una pareja —ella recostada en el asiento del conductor y él sobre ella—, semidesnuda y gritando de dolor.

Al parecer los enamorados, eufóricos por un repentino e incontrolado calentón, pararon en la cuneta de una desierta carretera y comenzaron a hacer el amor dentro del pequeño deportivo. El hombre se colocó sobre la conductora, con tan mala fortuna que sufrió un pinzamiento en la espalda. Quedó de esta forma inmovilizado y dolorido. Ella, agobiada por el peso del hombre, comenzó a debilitarse por la falta de oxígeno.

Casi una hora tardaron los bomberos en cortar, con la radial eléctrica, la carrocería del vehículo para poder extraer los cuerpos de la pareja. Los lamentos del enamorado se mezclaron con los gritos de ella:

—¡Me mataaaa! ¡Me mataaaaa!

—¡Cuando mi marido se entere de lo que le están haciendo a su coche!... ¡Me mata!

LA ABUELA

Mati había vuelto a salir rezagada, entre los últimos trabajadores de la fábrica. Se encontraba muy cansada y deseaba llegar a su domicilio cuanto antes. Con paso rápido se dirigió hacia su vehículo, que, para colmo, estaba aparcado más lejos de lo habitual.

Lloviznaba levemente, pero con tanto tesón que las gotas habían empezado a calarla.

Al llegar a su coche descubrió extrañada que en el asiento trasero había sentada una ancianita. Mati abrió el coche e interrogó a la mujer. Pretendía que la llevara hasta su casa. La anciana, empapada por la lluvia y bastante desorientada, no era capaz de explicar a Mati cómo había conseguido introducirse en el coche, seguramente me lo habré dejado abierto, pensó.

La señora, confusa, sólo sabía repetir la dirección de su casa. Mati, convencida de que la pobre estaba trastornada, se apiadó de ella y decidió llevarla a su casa, pero antes salió del coche y telefoneó con el móvil a su marido para avisarle de su tardanza.

—¿Cariño? Soy yo... Esto... voy a llegar un poco más tarde a casa, he encontrado a una ancianita en el asiento de atrás del coche y la voy a acercar hasta su casa... creo que vive por las afueras...

—¿Cómo que si me he vuelto loca?

—¿Qué pretendes? ¿Que la deje irse sola?... ¿A los de seguridad? No creo que haga falta...

—¡Vale, vale!, te haré caso, me invento algo y les aviso.

Mati se excusó diciendo que se había olvidado su monedero en la fábrica, y que en unos segundos regresaría. El vigilante de seguridad le dijo que no podía ayudarla al estar el coche aparcado fuera del recinto de la empresa, por lo que recomendó llamar a la policía. A Mati le resultaba ridícula la idea de telefonear a la policía para una insignificancia como aquélla, pero tampoco le apetecía llevar la contraria a su marido.

Cuando se encaminaba hacia el vehículo, se quedó sorprendida al divisar a lo lejos las luces de un coche de policía que se estacionaba junto a su automóvil. Lo que observó a continuación la dejó perpleja: el forcejeo de los dos agentes con la anciana, quien resultó ser un delincuente disfrazado, de unos treinta años, que llevaba camuflado en una pierna y sujeto con esparadrapo un machete de largas dimensiones. Una vez detenido y esposado, se descubrió que en la parte trasera del vehículo había camuflado un hacha de enormes dimensiones.

Mati no comprendía si estaba más impresionada por el suceso acontecido o por el hecho nada apetecible de comprobar, una vez más, de que su marido llevaba la razón.

SI BEBES, NO CONDUZCAS

La historia más terrible

Un hombre llega a su casa tambaleándose después de haberse citado con varios amigos para tomar unas copas. La mujer escucha cómo sube penosamente las escaleras.

A la mañana siguiente el hombre madruga. Obviamente es la mejor coartada para no enfrentarse al enfado de su esposa, y justo cuando saca el coche su mujer le sale al encuentro para alertarle de que se ha dejado el almuerzo olvidado.

Al situarse delante del vehículo, la mujer cae fulminada como si un rayo la hubiera atravesado de parte a parte. El marido, alarmado, sale del coche, y descubre aterrado que en el parachoques hay incrustada... ¡una niña pequeña!

Cuando le interrogó la policía, aseguró no recordar nada de aquella noche. Tendrá tiempo, a buen seguro, de recordarlo durante los treinta años por homicidio que le impuso el juez.

La del gato

Un conductor circula bajo los efectos del alcohol por una urbanización, de noche y sin respetar ninguno de los límites de velocidad. De repente, ve cruzarse un gato delante de su vehículo y... ¡zas!, se escucha un fuerte golpe en la parte delantera.

El hombre se baja, y justo a sus pies encuentra a un gatito moribundo. Resuelto a que el pobre animal no sufra más por su culpa, lo golpea contra el bordillo varias veces, hasta que el gatito muere.

La escena, casualmente, es contemplada desde la acera de enfrente por dos agentes de la policía que, de inmediato, acuden a detener al enajenado conductor. Estuvo durante varios minutos intentando explicar a los agentes que su intención era que aquel animalito no sufriera. La sorpresa se produjo cuando, a empujones, los agentes lo llevaron hasta la parte delantera de su vehículo, y descubrió horrorizado que allí... ¡había un gato estrellado! ¡El mismo que él había atropellado!

El despiste

En este caso el conductor ebrio es detenido por un coche patrulla y obligado a bajar del vehículo y a caminar sobre una línea imaginaria. Los agentes trataban de comprobar si se encontraba en perfecto estado para continuar con la conducción. En ese preciso momento, y unos metros más adelante, se produce la colisión de dos vehículos. Los agentes, sorprendidos, corren a toda velocidad a comprobar si hay heridos. El detenido aprovecha este momento para montar en el automóvil y huir. Tras saltarse todos los límites de velocidad permitidos y cometer numerosas infracciones, llega a su casa. Deja el coche aparcado de cualquier manera y se tumba en su cama intentando olvidarlo todo, deseando que aquello que acababa de ocurrir fuese una pesadilla.

A la mañana siguiente, los ruidos de las sirenas de los coches de policía y los golpes en la puerta de su casa, lo despiertan.

—¡Mierda, no era un sueño! ¿Cómo me habrán localizado?

Al salir se encuentra con una decena de agentes que le esperan y descubre angustiado que el automóvil que había aparcado en su jardín la noche anterior era... ¡el coche patrulla con el que le habían parado en la carretera y que se había llevado por error!

. . .

Por desgracia, las historias relacionadas con accidentes provocados por el abuso de alcohol en numerosas ocasiones se tornan realidad. Este tipo de leyendas pretende tocar la fibra más sensible de los que, en alguna que otra ocasión, han conducido su vehículo bajo los efectos del alcohol.

En todas las tertulias siempre que sale el tema conducción-alcohol tendremos a alguien dispuesto a contarnos esta historia, asegurando que le sucedió a un primo de un amigo de un vecino. En este tipo de relatos, cuanto más grave sea el resultado del accidente al conducir borracho, más repercusión obtendrá. En este ejemplo la leyenda urbana cumplirá su objetivo: siempre, después de tomarnos una copa y al dirigirnos a nuestro vehículo, sentiremos un cierto desasosiego al recordar la historia.

LA NOTA EN EL PARABRISAS

Me contó el primo de un amigo que la historia en cuestión le aconteció a su hermano justo cuando se dirigía a su vehículo, y descubrió que su coche recién estrenado tenía el lateral completamente abollado. Tuvo incluso que tomar aire para no caerse desmayado.

—¡Diooosss! ¿Quién habrá sido tan cabrón de destrozarme el coche?

No podía creer que tan sólo le hubiera durado intacto un par de semanas; estaba tan indignado que no podía pensar con claridad. De pronto, observó que en el parabrisas habían depositado una nota. Imaginó que el causante del desastre le habría dejado sus datos del seguro. Esto le calmó.

Se acercó al limpiaparabrisas, cogió la nota, comenzó a leerla y fue mudando de color. Decía así:

Querido amigo:

Presionado por los curiosos congregados alrededor del coche, me he visto obligado a escribir esta nota. Seguramente ellos estarán pensando que te dejo mis datos pero comprenderás que no soy tan gilipollas.

Bueno, espero que tengas un buen día y te pido mil perdones por el abollón.

Un saludo cordial.

ESTRENANDO COCHE

¡No lo podía creer! Cumplía dieciocho años y mis padres me regalaban nada menos que... ¡Un coche! Bueno, no se trataba de nada espectacular ni ningún último modelo, pero me hizo una ilusión tremenda. ¡Lástima que todavía no tuviera el permiso de conducir! Aunque eso daba igual, hablaría con Sandra, Yolanda y Elena y lo cogeríamos esa misma noche sin que nadie nos viera. Había un concierto alucinante en un pueblo cerca del nuestro y sería la celebración perfecta para mi cumpleaños.

La idea no terminó de convencer a mis amigas... ¡No se fiaban mucho de mí, y menos de mi forma de conducir! No me quedaba más remedio que sobornarlas; bastó con enseñarles las entradas del concierto y decirles que se las regalaba por mi cumple, para que todas sus dudas se evaporaran.

¡Lo pasamos en grande! La actuación estuvo de primera, conocimos a varios chicos geniales y tomamos unos mojitos deliciosos. ¿Que cómo fue el viaje? Bueno, debo reconocer que el de ida lo hice con mucha precaución, prestando atención a cualquier maniobra que fuera a realizar, aunque, eso sí, estuve a punto de salirme varias veces de la carretera. El de vuelta fue otra historia. No controlamos muy bien la cantidad de mojitos (sobre todo yo, que era quien conducía) y circulábamos por aquel camino secundario partiéndonos de risa y dando bandazos... debía ser el estado en el que íbamos porque mis amigas ya ni me regañaban por lo mal que conducía, es más, a cada bandazo les arrancaba una nueva carcajada...

De pronto, algo se nos cruzó delante del vehículo... no sé... pudo ser un gato... o un conejo... El caso es que no pude hacerme con el coche y caímos dando vueltas y vueltas por un pequeño terraplén. Yo salí despedida.

No recuerdo cuánto tiempo estuve allí tumbada... sólo guardo algunas pocas imágenes en mi memoria. Creo que fui arrastrándome durante unos metros. Me aproximé hasta los restos del automóvil humeante para comprobar cómo estaban mis amigas.

—¡Sandraaa! ¡Yolandaaa!, ¡Elenaaaa!, ¿estáis bieeeennnn?

—ninguna de ellas me contestaba.

Aterrorizada, descubrí que Sandra estaba muerta: fue difícil reconocerla, su cabeza se reventó contra una roca. A Yolanda, algún hierro le había seccionado la garganta, y aunque su corazón había dejado de latir, aún continuaba manando sangre de aquella herida. Y Elena se retorcía en el suelo sangrando abundantemente por la boca; su vida se consumía, haciendo un esfuerzo sobrehumano observé que sus labios se movían, al acercarme escuché:

—Nos la vas a pagar...

Transcurrido un tiempo interminable —o eso me pareció—, vi acercarse las luces de los coches de policía y las ambulancias. Ésos son mis últimos recuerdos antes de desvanecerme para siempre.

Han pasado varios meses desde aquel accidente, y soy consciente de que continúo en el hospital. Aunque nadie parezca darse cuenta a mí alrededor, he descubierto que fui la primera que murió en aquel terrible accidente, pero mi alma, aún no se ha despegado de mi cuerpo. Mis pulmones y mi corazón funcionan automáticamente, a través de una máquina. Oigo el susurro lejano de los pitidos de los aparatos, y creo ser consciente que una sonda me suministra el alimento... No sé cuánto va a durar esta agonía... Por un lado, desearía abandonar mi cuerpo terrenal y descansar definitivamente. He visto el túnel, y la luz me ha proporcionado mucha paz, pero por otro...

Cada noche se presentan ante mí aquellas que fueron mis amigas; su aspecto es el mismo que tenían después del accidente. Sandra provoca mi pánico con su cabeza abollada y su mirada perdida. Me juran, con voces repugnantes, que no son a las que estaba habituada en vida, que cuando muera me arrastrarán de los pelos hasta el infierno, y allí me machacarán hasta que no quede ni un trozo de mis huesos. Las escucho reírse con sus carcajadas huecas.

Éste es el motivo por el que no me puedo morir... ¡Tengo miedo!

¡Sonia se organizaba siempre así de mal! No sabía cómo se las arreglaba, pero lo cierto es que terminaba acumulando gran parte del trabajo hasta el final de la jornada laboral.

¡No fallaba! Cada día, salía más y más tarde, y al quedarse sola, sentía la misma angustia: salir al aparcamiento ya vacío, encontrarse con aquel esperpento de contabilidad que la observaba siempre con una mirada extraña y tenebrosa. Sonia no sabía cómo explicarlo, pero había algo en él que no le gustaba. Al verle, la recorría una gran inquietud. Esa noche tampoco falló. Ahí estaba como un clavo.

Sonia apretó el paso hacia su coche, y seis o siete plazas más adelante, el coche de su compañero... ¡y él allí!, tan sonriente como cada día que ella salía tarde...

—¡Juro que me organizaré mejor! ¡Con tal de no encontrarme a este tío, soy capaz de ordenar mi trabajo! Tiene guasa, lo que no ha logrado mi jefa en muchos meses, lo va a conseguir éste en un momento!

Arrancó a toda prisa su vehículo y aceleró para intentar perderlo de vista, pero curiosamente ocurrió algo singular: en vez de lucir a su paso la amplia sonrisa acostumbrada, hizo una mueca extraña.

—¡Este tío está como una chota!

Pocos minutos después descubrió, al observar por el retrovisor, que el compañero la seguía y que intentaba alcanzarla con su coche. Aquel tipo se aproximaba cada vez más, ahora comenzaba también a realizar señas con las luces, no paraba de enfocarla con las largas.

—¡Déjame en paz, cabrón! ¡Esta vez sí que me estás asustando, no quiero saber nada de ti!

Sonia aceleró el coche por las callejuelas de aquel polígono industrial, mientras su compañero se le iba aproximando más y más. Jadeante y sudorosa, recordó que apenas a un kilómetro había una gasolinera abierta las veinticuatro horas, y allí se dirigió.

El coche del maniático de su empresa seguía pegado al suyo, él haciéndole señas y deslumbrándola con las luces, y ella extenuada por los nervios.

Sonia ni aparcó. En cuanto entró en la gasolinera dejó su coche como pudo junto a un surtidor, y echó a correr, pidiendo auxilio, hacia el puesto de venta. Al llegar a la puerta se volvió y pudo ver cómo se abría la portezuela de su coche. Sorprendida, vio salir de la parte trasera de su vehículo, a un tipo con una pinta lamentable que, con un gran cuchillo, se encaraba a su compañero de trabajo que acababa de aparcar. Suerte que, como si del Séptimo de Caballería se tratara, aparecieron dos coches de policía y entre cuatro agentes, lograron reducir al loco del machete.

—Todavía se me acelera el pulso cada vez que lo pienso, ¡Dios, qué miedo pasé!, y... ¡qué bochorno!

Mi compañero, al parecer, pudo ver a aquel tipo en el asiento de atrás cuando pasé frente a él en el aparcamiento, y de ahí la cara extraña que me puso. Luego intentó a toda costa llamar mi atención para que no subiera al coche y finalmente pudo avisar a la policía para que nos interceptara.

Dicen que no hay mal que por bien no venga... Ahora procuro salir tarde a propósito para encontrarme con mi «salvador». Él, como siempre, se encuentra disimuladamente dentro de su vehículo esperando. Yo, disimuladamente, le saludo, y terminamos tomándonos juntos un café.

La vida me ha cambiado, sobre todo, porque cada vez que entro en mi vehículo no puedo evitar revisar el asiento trasero... ¿Lo haces tú?

. . .

Ésta es una de las leyendas más conocidas y a la que también se atribuyen infinitas versiones. La más repetida nos habla de que es el empleado de la gasolinera quien advierte la incómoda visita del asiento trasero, y hace que la mujer le acompañe a su despacho con alguna excusa para, de este modo, prevenirla.

En la década de 1960 el relato contaba que el dependiente de la gasolinera le ponía pegas a uno de los billetes de la ignorante conductora, y en los ochenta, se hablaba de problemas con la tarjeta de crédito. Más adelante la leyenda evolucionó y el asesino del asiento trasero solía pertenecer a alguna minoría étnica. Era la mejor manera de instalar a la vez, el componente racista en la historia.

Una vez más se nos trata de advertir de lo importante que es revisar el coche cuando nos disponemos a subir. Seguramente esta leyenda la han empleado en más de una ocasión las madres frente a sus hijas. Nada mejor que una historia, supuestamente real, para tratar de inculcar desconfianza y precaución.

LA SOGA

Repasó una vez más el dichoso boleto de quiniela, y volvió a comprobar por enésima vez que sólo había acertado ocho partidos.

—¡Qué mala suerte, al final me va a tocar ir a currar!

Ramón estrenaba trabajo... ¡A sus cincuenta años! Gracias a doña Esperanza, teníamos en Madrid varias carreteras radiales, eso sí, de pago, y debido a ese pequeño detalle, Ramón consiguió trabajo como cobrador en el puesto de peaje de una de las recién estrenadas carreteras.

Lo que más le fastidiaba era trabajar de noche y en una vía muy poco concurrida. Cuando se metió dentro del habitáculo de metal que tenía por caseta, fue consciente de que la jornada iba a ser muy, muy larga.

—¡Si al menos tuviera un compañero con el que charlar!

Pero no, la noche se presentaba fría, solitaria y monótona. Al menos así fueron las cuatro primeras horas, en las que no pasó un alma por aquel abandonado control de carretera.

A eso de las dos de la madrugada, Ramón divisó unos faros a lo lejos.

—¡Por fin viene alguien, casi me quedo dormido!

Cuando el vehículo se acercó, Ramón se alarmó. No le gustó nada el aspecto de aquellos muchachos que parecían sacados de una película de pandilleros: coche tuneado, cristales tintados, gorras de béisbol, pantalones y camisetas anchas...

—¿Cuánto nos va a quitar, eh, jefe?

—Yo nada... pero el peaje vale uno con setenta euros.

—¿Uno setenta? ¡Vaya robo!... ¡Anda, cóbrate!

Cuando Ramón sacó la mano para coger el dinero, el conductor le colocó unas esposas atadas a una cuerda de las que se utilizan para escalar en la montaña. Automáticamente, el vehículo de aquella panda que celebraba con carcajadas la gracieta, se puso en marcha, aceleró y se llevó por delante la valla de control. Sin llegar a entender bien lo que estaba pasando, Ramón escuchaba las risotadas que procedían del coche y miraba, pasmado, cómo salía la cuerda de dentro del vehículo.

De repente, angustiado, lo comprendió todo...

«¡Estos hijos de puta me van a arrancar el brazo!»

Cuando la cuerda llegara a su fin, lo vería saltar por el asfalto, separado del tronco a cuajo. El pánico le hizo arrodillarse y, entre rezos y llantos, suplicar al Señor que fuera una simple pesadilla.

Cuando se esperaba lo peor y se preparaba para el impacto, observó cómo el otro cabo de la cuerda caía desde el vehículo sin que a su brazo le pasara nada. Las luces de freno, y a continuación, la marcha atrás, le advirtieron de que el coche venía de vuelta... Uno de los jóvenes se bajó, y muerto de la risa, le arrojó el euro setenta del peaje.

—¡Que tengas una buena noche, cagón!

Fue la última palabra que escuchó. Poco después despertó en brazos del compañero del siguiente turno que intentaba reanimarle.

. . .

Esta leyenda parte en su origen de Estados Unidos, donde los cientos de kilómetros de carreteras casi desiertas dan para elaborar un buen número de historias diferentes como ésta, aunque no ha sido muy difícil adaptarla a alguna de las autopistas radiales de los alrededores de Madrid.

Como en otros casos, este relato ha tenido diferentes versiones, en una de ellas, el trabajador esposado podía ser empleado de una gasolinera, algún incauto conductor e incluso un policía bastante despistado.

LOS CHULITOS DEL BARRIO

A pesar de ser cuatro o cinco... ¡Tenían atemorizados a todos los vecinos del barrio! Solían beber en la plaza y ocupaban los pocos bancos que había libres. Las madres ya habían dejado de bajar a sus hijos a aquel parquecito porque, o bien se metían con ellas o bien intimidaban a los más pequeños. También los comerciantes estaban hartos. Siempre intentaban llevarse artículos sin pagar, o se liaban a patadas con los cubos de basura, o con las cajas de cartón que apilaban en la puerta. Cada miembro de la pandilla era de su padre y de su madre y sólo tenían algo en común: las botas.

Eran botas con la puntera reforzada de acero, algo que se había vuelto muy popular en aquella época. Para demostrar su hombría, esta pandilla de niñatos jugaban a algo que ellos consideraban muy original y divertido: cada vez que un coche cruzaba por su lado, metían el pie bajo la rueda y el vehículo pasaba por encima; gracias a su puntera reforzada, el automóvil no les hacía nada aunque a los conductores les aterraba pensar que habían atropellado a alguien. Debía parecerles un juego divertido, porque la pandilla lo repetía con asiduidad, con la consiguiente preocupación de los que circulaban por aquella calle.

Una noche volvieron al barrio después de tomarse unas cuantas copas; se encontraban eufóricos y decidieron «lucir» sus hermosas botas: los cubos de basura volaron a su paso. También, a patada limpia, hicieron desaparecer los espejos retrovisores de los coches que estaban aparcados. De repente, el ruido de un motor les disparó la adrenalina. Vieron llegar el camión de la basura, y rápidamente, acudieron a hacer la bravuconada de turno: meter el pie bajo las ruedas. Disimuladamente se pusieron en fila, y esperaron a que el camión estuviera a su altura para poner el pie al paso de las ruedas, el pesado vehículo pasó por encima de la bota de cuatro de ellos; el quinto, atemorizado e indeciso a última hora, decidió retirar a tiempo el pie, evitando el atropello del camión de la basura. Los gritos que se escucharon en el silencio de la noche alertaron a los vecinos próximos, que en pijama y con precaución, se iban asomando a los balcones y ventanas.

El espectáculo resultaba dantesco: cuatro chavales revolcándose en el suelo y dando gritos. El propio conductor del camión de basura llamó a las ambulancias que no tardaron en llegar. Las bonitas punteras de acero de los chicos habían cedido ante el tonelaje del pesado camión.

Aquella noche, a los médicos de urgencia se les acumuló el trabajo en el quirófano: a dos de los jóvenes hubo que amputarles todos los dedos de uno de los pies; otro perdió tres dedos, y el cuarto, tan sólo el dedo gordo, tuvo suerte de que la bota le estuviera un poco grande. Al último tuvieron que atenderle de un desmayo leve motivado, al parecer, por una bajada de tensión.

Lo cierto es que no se les volvió a ver por el barrio. No se sabe si porque se mudaron o porque no se atrevieron a salir durante mucho tiempo de sus casas. Eso sí, la tranquilidad ha vuelto a las calles y los niños han vuelto a jugar felices en el parque.

EL COCHE FANTÁSTICO

Llevaba ya prácticamente un año en la policía local de la ciudad de Marbella. Realizaba todo tipo de misiones, y la verdad, no me podía quejar; aunque últimamente me habían encomendado, junto con otros compañeros, la desagradable tarea de hacer los controles de velocidad en las afueras del municipio. Todos los días se tramitaban cientos de denuncias que, una vez emitidas, iban a parar al cubo de la basura, pues éste es un país donde las influencias tienen su peso.

Para cumplir nuestro objetivo, nos habían comprado unos artilugios con la forma de un secador de pelo, importados directamente desde Estados Unidos; en Miami eran muy populares; allí, la policía los empleaba a diario. Se trataba de artefactos muy sencillos: sólo había que apuntar a los coches que circulaban por la ruta y, automáticamente, te registraban la velocidad a la que conducían.

Lo que nosotros, los policías, hacíamos era agazaparnos en alguna curva del camino con el artilugio en dirección a la carretera; en cuanto un coche pasaba el límite de velocidad permitido, nos alertaba un pitido, era el momento en el que salíamos disparados con las patrullas para detener al infractor y adjudicarle la consiguiente «receta».

Los policías íbamos a comisión de aquellas multas, de modo que nos las ingeniábamos para poner tantas como fuera posible; era una buena manera de sacarnos un sobresueldo.

Mi compañero y yo nos apropiamos de un rincón ideal en una carretera radial no iluminada; los deportivos y los cochazos caían como moscas; en ese tramo oscuro de la carretera, a los ricachones les gustaba apretar el pedal creyendo que no se les controlaba, y nosotros, encantados.

Una noche en que mi compañero y yo estábamos acechando alguna presa, el artilugio detector de velocidad se puso a pitar y marcó 190 kilómetros por hora, ¡qué pasada! Lo raro es que no vimos absolutamente nada. Pensando que el detector podía estar averiado, lo llevamos al día siguiente a revisión. Nos quedamos asombrados cuando nos dijeron que no le ocurría nada extraño, que estaba en perfecto estado y listo para su uso.

Volvimos a nuestro observatorio privilegiado de la curva y estuvimos más atentos si cabe. Hacía una noche espléndida, así que me quedé fuera del coche por si descubría algo sospechoso.

A la misma hora más o menos que la noche anterior, volvió a pitar el detector, y el marcador llegó a los 207 kilómetros por hora. El caso es que noté una brisa de aire, como si algo hubiera pasado a toda velocidad cerca de mí, pero... ¡Nosotros no habíamos visto a nadie!

Al día siguiente, elaboramos un plan simple: colocamos un foco que encenderíamos en cuanto sonara el aviso del radar. Cada minuto duraba lo que cinco y nos acercábamos a la hora en que solía producirse el incidente. De repente, el pitido... rápidamente encendí el foco... Hubiera jurado que pasó un coche negro como una exhalación.

Después de no conseguir resultados positivos para encontrar un infractor, decidimos informar a nuestro capitán, quien, por si acaso, reclutó una patrulla de voluntarios para esa misma noche. Nosotros nos volveríamos a situar en el mismo lugar, y tres coches-patrulla, algo más adelante. En caso de que volviera a sonar el detector, encenderíamos las luces de emergencia. Ésa sería la señal para que se desplegaran los tres vehículos policiales, interceptando el paso de cualquier automóvil que quisiera cruzar.

—¿Te imaginas que hoy no viniera el fantasma? —dije a mi compañero.

—Esperemos que venga porque si no vamos a tener cachondeo durante varios meses con los chicos —contestó.

Al rato, el detector se puso a pitar y el marcador señaló 196 kilómetros por hora. Realicé las señales luminosas según lo convenido, y mis compañeros se desplegaron en el acto y encendieron las luces a su vez. En ese momento, un fuerte frenazo rompió el silencio de la noche. El capitán no salía de su asombro. Jamás, en todos los años de servicio, había visto nada igual.

El frenazo lo dio un Ferrari negro que viajaba sin luces para intentar pasar desapercibido. Llevaba el motor preparado para no hacer ruido, y estaba conducido por un tipo vestido de negro, con gafas de visión nocturna. Al detenerlo y registrar aquel coche fantasma, descubrieron una bolsa bastante pesada con cocaína. Al parecer, era el método que utilizaban para transportarla sin levantar sospechas.

Ya teníamos explicación para los accidentes que, últimamente y de manera absurda, se venían repitiendo en aquella carretera. Curiosamente, siempre de noche.

Aquel bosque tenía algo de misterioso, de hecho, se contaban por decenas los casos de personas que se habían suicidado en esos parajes. Resultaba inquietante atravesarlo por aquella carretera sinuosa que, en medio de la noche, atemorizaba al más valiente.

A Sebastián no le quedaba otro remedio que adentrarse en el maldito bosque. Era representante de farmacia y había recibido la llamada de un cliente solicitando con urgencia un catálogo de los nuevos productos. Estaba claro que una posible venta no se podía demorar. Iba pendiente de cada tramo de la carretera. El firme estaba muy deteriorado, y a esas horas de la noche, con la oscuridad, todo resultaba más dificultoso.

Una silueta surgió de repente en un recodo. Al iluminar con las luces largas, distinguió a una mujer que agitaba los brazos como pidiendo ayuda. Sebastián, a pesar del temor, sintió que debía detener el coche. Paró el vehículo, salió del automóvil y preguntó:

—¡Buenas noches! Dígame, ¿ocurre algo?

La que hablaba era una chica joven. Lo que dijo a continuación le sorprendió.

—¡Por favor, por favor, ayúdeme! Mi novio... Parece que está muerto.

Sebastián, se acercó a la carrera y vio el cuerpo de un joven tendido bajo un árbol.

—Pero... ¿qué ha pasado? ¿Qué hacíais en este bosque y a estas horas?

—Verá... Queríamos acabar con nuestras vidas... Mis padres no están de acuerdo con nuestra relación, nos queríamos casar pero todo iba cada vez peor, incluso nos vigilaban para que no nos viéramos. Decidimos entonces que la única opción era suicidarnos; mi novio se ha tomado dos frascos de pastillas, y yo... al final tuve miedo. ¡Ayúdeme a llevarlo a un hospital!

Entre los dos alzaron al joven y lo introdujeron en el asiento trasero del vehículo. El resto del viaje lo realizaron a toda velocidad. Si el bosque daba miedo, el recorrido en un coche que no bajaba de los ciento veinte, no se quedaba atrás. Para colmo, la chica no dejaba de gritar.

—¡Por favor, más rápido!... ¡Conduzca más deprisa!

Llegaron casi a dos ruedas a la entrada de urgencias del hospital más próximo. Sebastián bajó del coche como una exhalación.

—¡Por favor, necesitamos ayuda!

Cuando sacaban al joven del coche, descubrieron que la chica tampoco se movía, al parecer, impresionada sufrió un desmayo.

Sebastián, explicó al médico entrecortadamente lo que había ocurrido desde que se encontró con los jóvenes. Deambuló nerviosamente cerca de media hora por la sala de espera, hasta que vio salir a uno de los doctores. Rápidamente se dirigió hacia él con gesto grave.

—Disculpe, doctor, ¿cómo están? —preguntó, asustado, Sebastián.

—Precisamente quería hablar con usted. Necesito que me vuelva a contar lo que ha sucedido esta noche, necesito que me aclare algunos datos —dijo el doctor—. Cuando nos relató el suceso, dijo usted que se había encontrado a la pareja hacía un rato, ¿verdad?

—Sí, hará como una hora. Vinimos a toda velocidad, jugándonos la vida.

—¿Y la chica habló con usted y le pidió que le ayudara?

—Sí, es más, ella me ayudó a introducir el cuerpo de su novio en el coche... ¿Pero?... ¿Por qué me pregunta todo esto?

—Simplemente, porque según las pruebas que hemos realizado, estos dos jóvenes llevan muertos más de siete horas —aseguró el médico con gravedad—. Nos hemos visto en la obligación de denunciar los hechos por teléfono a la comisaría. En breve, llegarán unos agentes para hacerle unas cuantas preguntas.

III

Drogas y alucines

El ser humano ha convivido desde la más remota Antigüedad con las sustancias alucinógenas. Tendríamos que hacer un pequeño paseo por la historia para descubrir que llevamos miles de años consumiendo todo tipo de drogas y mejunjes para alterar el estado normal de la conciencia: desde la secta de los *hashashins* o «asesinos», guerreros dispuestos al suicidio y que utilizaban el hachís para llegar a «estados místicos», pasando por los incas y la utilización de la coca, o el consumo de recetas «mágicas» que se elaboraban en la Edad Media a partir de la belladona, una planta alucinógena muy empleada en aquella época.

No es de extrañar que a lo largo de los tiempos encontremos cuentos o relatos que, tras evolucionar, se han convertido en nuestra época en leyendas urbanas, auténticas enseñanzas que nos advierten de los peligros que acechan a los consumidores de alucinógenos, casi todas con el fin de inquietarnos y con la clara intención de reconducirnos por el supuesto «buen camino».

Las historias relacionadas con el oscuro mundo de la droga son las primeras que nos cuentan nuestros padres en cuanto comenzamos a ir a la escuela. El lector seguramente recordará aún la famosa frase: ¡No aceptes caramelos de desconocidos! O de cómo le avisaban de los peligros que le podían acechar a la salida del colegio, uno marchaba a clase con el miedo instalado en el cuerpo, temiendo encontrarse en la puerta con algún malvado ofreciendo chucherías. Al parecer, los perversos delincuentes rellenaban los dulces con drogas para enganchar a los más pequeños. ¡Algo horrible!

Vamos creciendo y las leyendas se van amoldando a nuestra edad. En cuanto tenemos la suficiente para comenzar a salir con los amigos nos llegan las historias de cientos de psicópatas dispuestos a acabar con nuestra vida, eso sí, después de habernos introducido en la bebida alguna sustancia alucinógena.

PAVO CON SORPRESA

¡Todo se nos estaba complicando! Aunque sacamos las entradas del concierto con antelación (hacía más de seis meses), parecía que no iba a ser posible disfrutarlo. Yo había salido tarde de la oficina, y al llegar a casa encontré a Lucy, mi mujer, desesperada porque nuestra niñera habitual se había puesto enferma esa misma mañana, y por descontado, que no podíamos dejar sola a nuestra hija de apenas unos meses. Para colmo no teníamos a ningún familiar, ni siquiera un amigo disponible, ya que al día siguiente era Acción de Gracias y el que no se encontraba fuera estaba ocupadísimo con la preparación de la comida del día siguiente... ¡Todo eran contratiempos!

A última hora mi esposa consiguió localizar a una canguro, aunque ésta no podría venir hasta las nueve y nosotros, para llegar a tiempo, necesitábamos salir, como muy tarde, a las ocho y media; pero Lucy enseguida encontró la solución:

—¿Disculpa? ¿Cómo me has dicho que te llamas? —le preguntó a ella por teléfono.

—Me llamo Alice —contestó la chica, con voz de adolescente.

—¿Y cuántos años tienes, Alice?

—Dieciséis.

—¿No eres un poco joven para cuidar niños? ¿Lo has hecho alguna vez?

—¿El qué? ¿Oiga? ¡La escucho fatal! —dijo la chica.

—Escúchame bien Alice, vamos a dejarte las llaves debajo del felpudo y a la niña la pondremos en un capacho sobre la mesa de la cocina para que esté más segura; cuando tú llegues, nosotros acabaremos de salir; el teléfono que aparece en tu móvil, es el mío; si ocurre algo, llámanos; aunque no obstante, sobre las nueve te telefonearemos. Procura ser puntual para que la pequeña no esté mucho tiempo sola —le explicó mi mujer.

—¡He oído lo de la llave, no se preocupe! —dijo la chica—, su voz se entrecortaba por culpa de la falta de cobertura.

A pesar de que salir así nos llenaba de intranquilidad, nos dispusimos a irnos al concierto. Por un lado estábamos ansiosos por ver la actuación, pero por otro... ¡No podíamos soportar la idea de que a nuestro bebé le pasara algo!...

La dejamos en su capacho sobre la mesa de la cocina, cerramos la puerta y depositamos la llave bajo el felpudo de la entrada.

—¡Uff!, ¡qué difícil se me hace dejar sola a la niña! —dijo Lucy.

—¡Venga, mujer, no te preocupes! Son sólo veinte minutos, enseguida llegará la niñera.

Alice llegó a los pocos minutos, sacó de debajo del felpudo la llave, abrió la puerta y entró en la casa. Ya en el salón, se quedó impresionada por la elegancia de la decoración.

Lo primero que hizo fue buscar la cocina e investigar dentro de la nevera. Cogió una cerveza y se volvió al salón, sin reparar siquiera en el bebé. A continuación hizo un repaso visual por toda la estancia, observando cada detalle, cada foto. Cuando se terminó la botella se sirvió otra, cogió el teléfono y llamó a su novio.

—¿Miky? Ya se han ido, no hay moros en la costa, vente rapidito y con lo que tú ya sabes.

Al poco rato se presentó el novio que, como Alice, parecía sacado de una comuna *hippie* de los años sesenta.

—¿Cómo estas, tronca? —preguntó el novio igual de alucinado.

—¿Tú cómo crees? Estaré mejor en cuanto nos fumemos unos chinos.

El tal Miky sacó el papel de estaño y las papelinas de LSD, y se pusieron a fumar. Alice enseguida comenzó a notar los efectos y a tener visiones.

—¡Joder, Miky, qué flipe! La estantería se está moviendo —dijo ella, tirada sobre la alfombra del salón.

—¡Vaya colocón que estás cogiendo! No te pongas muy pedo que mañana es día de Acción de Gracias y comemos en casa de tus padres. —La joven, comenzó a desternillarse de la risa y Miky no pudo contenerla.

—Pero... ¿de qué va esto? Cuéntame de qué té descojonas y así nos reímos los dos.

—Estaba pensando que mejor que te vengas justo a la hora de comer, no sea que mi madre te confunda con el pavo y te cocine. —Los dos chavales se partían de la risa.

—¡Venga, Miky! Todavía tenemos varias horas... ¡Hazte otro!

Y otro... y otro... Transcurridas dos horas, empezaron a *emparanoiarse* con todo. Las drogas les dieron hambre, fue decirlo y obsesionarse con que tenían que comer. Alice fue a la cocina y comenzó a vaciar el frigorífico. Al chaval sólo le interesaban las cervezas.

—¡Mira, Alice! ¡Tu sándwich se está moviendo! Ja, ja, ja...

La canguro ya ni veía... Cogió un enorme cuchillo de cocina y... ¡zas! Le asestó una puñalada al sándwich para que se quedara quieto en su sitio.

—¡Joder, tío! ¡Vaya pedo más gordo que llevamos! ¡Cuando vengan los dueños nos vamos a enterar!

—Mira, Alice —dijo él entre balbuceos—, los dueños de la casa se han dejado el pavo de Acción de Gracias sobre la mesa. ¿Por qué no lo cocinamos y les damos una sorpresa?

—Ay, no sé, tío, yo voy a potar, tú haz lo que quieras.

En el intermedio del concierto, Lucy aprovechó para llamar a la canguro; necesitaba saber si todo estaba bien.

—¿Dígame? —La voz de la joven apenas se entendía.

—¿Alice? ¿Va todo bien? —A Lucy aquella situación le empezaba a intranquilizar.

—¿Todo bien? ¿Por qué? Estamos siendo buenos y para que vea que somos muy majetes, nos hemos puesto a cocinar el pavo de Acción de Gracias —dijo ella entre risas y sin apenas vocalizar.

—¿Pavo? ¿Estáis...? ¿No estás sola? ¿De qué pavo me hablas? No había ningún pavo... Alice, ¿está bien la niña?

—¿Niña? Disculpe pero no se le entiende nada... ¡Tengo que colgar! ¡El teléfono se está volviendo verde y palpita!

Cuando mi mujer me repitió la conversación con la canguro, decidí que lo mejor era volver a casa. Lo hicimos a toda velocidad, me saltaba los semáforos en rojo y no me importaba. Rezaba para que no le hubiera pasado nada a la niña...

—¡Por favor Señor que esté bien! ¡Juro que no volveré a dejarla sola!

Nada más entrar se nos cayó el mundo encima... ¡No podíamos dar crédito a lo que veían nuestros ojos!: El suelo estaba plagado de vomitonas y latas vacías de cerveza, Alice y un chaval con unas pintas horribles estaban tirados en el sofá medio desnudos y partidos de la risa.

Sin pensármelo acudí rápidamente a la cocina, necesitaba saber si todo iba bien... Una sensación extraña me recorrió todo el cuerpo cuando observé que en el capacho no estaba mi hija y que en el horno había algo cocinándose...

Al caer desmayado por la impresión me golpeé con una esquina de la mesa. Desde ese momento entré en una especie de sueño extraño, recorrí cientos de túneles imaginarios durante tres días, según me dijo el médico. Cuando me desperté, y miré a mi alrededor, comprendí que me encontraba en un hospital.

Un psicólogo me explicó que mi mujer murió prácticamente en el acto a causa de la impresión. Para ella resultó terrorífico y traumático encontrarse conmigo tirado en el suelo y la niña cocinándose en el horno. Fue demasiado fuerte para su corazón.

—¡Habría dado sin dudar mi vida por la suya!

Mis días han sido un infierno desde entonces. Ya llevo dos intentos de suicidio. Pero ahora todo ha cambiado... ¡Debo mantenerme con vida! Mi abogado me contó el otro día que dentro de tres años saldrán esos dos asesinos de la cárcel, y entonces acabaré con esos malditos malnacidos de la misma forma que murió mi pequeña... ¡Dando vueltas alrededor de un fuego!

. . .

De esta leyenda urbana ya hay constancia desde la década de 1960 y se ha ido modificando con el paso del tiempo. En principio, ofrece dos enseñanzas claras: la primera, que unos padres no pueden abandonar a su bebé por un simple capricho; mientras que la segunda propone un escarmiento para todos aquellos que consumen drogas (en concreto, LSD), aunque las sustancias varían al igual que la leyenda.

En uno de los relatos encontrados, el bebé es introducido en el horno por el drogadicto incapaz de soportar los lloros del pequeño; un terrorífico final para una macabra e irreal historia, porque, obviamente, no hay constancia de ningún caso parecido.

Lo peor de esta leyenda urbana es que, según fuentes policiales, cada día hay más accidentes en el hogar provocados por la excesiva ingestión de alcohol o drogas por parte de los padres o de los cuidadores de los pequeños, en algunos casos, el descuido paterno tiene trágicas consecuencias.

Y como siempre, la ficción se mezcla con la realidad en alguna noticia como la que recogía *El País* el 29 de noviembre de 2006. Decía así:

Detenida por asesinar supuestamente a su hija metiéndola en un microondas

Una mujer de 26 años ha sido detenida en el estado de Ohio (EE UU) acusada de haber asesinado el año pasado a su hija Paris, de un mes, metiéndola en un microondas, informaron hoy fuentes judiciales. China Arnold fue encarcelada el lunes por el cargo de asesinato con agravantes y su fianza se fijó hoy en un millón de dólares.

El 30 de agosto de 2005, Arnold y el padre de la niña se despertaron temprano y éste se dio cuenta de que algo le sucedía a la niña. Rápidamente la llevaron a un hospital, donde ingresó inconsciente y posteriormente murió. Los médicos dictaminaron que la muerte se había debido a hipertermia, o temperatura corporal extrema, aunque la ausencia de quemaduras externas les hizo descartar que fuese originada por fuego o agua hirviendo. Arnold fue detenida tras la muerte, si bien poco después fue puesta en libertad hasta esta misma semana, cuando el caso se ha reabierto. El abogado de Arnold, Jon Paul Rion, aseguró que su defendida no tiene nada que ver en la muerte y que se quedó aturdida cuando se le comunicó que su hija había fallecido en un microondas. La noche anterior a la muerte de Paris, la pareja salió un rato y la niña se quedó con una cuidadora, según el abogado de Arnold, aunque su madre no detectó nada hasta el día siguiente. En 2000, una mujer fue condenada a cinco años de cárcel por un caso muy similar en el estado de Virginia. En esa ocasión, los expertos aseguraron que la acusada sufría de epilepsia y que los episodios eran seguidos por pérdidas de memoria.

Incluso cuando escribía este capítulo una noticia publicada el 18 de mayo de 2007 conseguía horrorizarme:

Un padre mete a su bebé de dos meses en el microondas porque estaba estresado

Un padre adolescente ha sido acusado en Texas del delito de haber metido a su hija de dos meses en un horno microondas, según informó el jueves un fiscal.

Cuando sucedieron los hechos, Joshua Mauldin, de 19 años y procedente de Arkansas, estaba de visita en Galveston (Texas) con varios miembros de su familia. Mauldin ha argumentado que metió a la pequeña en el horno porque «estaba estresado».

Según el jurado que lo juzgó, Mauldin incurrió en un delito de lesiones graves a un menor, lo que acarrea sentencia de prisión de entre cinco a 99 años.

La pequeña estaba hospitalizada con heridas en la cara y una mano, según informaciones de televisión y diarios.

En un principio, Mauldin dijo a la policía que la niña se quemó cuando tropezó y derramó agua sobre ella, según el *Houston Chronicle*. Después afirmó que había metido a la niña en el microondas.

LA BURUNDANGA

—Aquella tarde había decidido irme de compras. Era primero de mes, había discutido con mi novio y salí pronto de trabajo. Aquella mezcla de circunstancias resultaban en mí un cóctel explosivo. Aparqué cerca de la zona comercial y me di los últimos retoques en los labios. Era la hora de actuar de la compradora compulsiva. Justo cuando salía, un joven que caminaba apoyándose en unas muletas, me pidió que le marcara un número de teléfono escrito en un papel.

—Disculpe... ¿Me podría dar más datos de aquel individuo? ¿Color de pelo y de ojos? ¿Complexión? —El policía iba transcribiendo todo lo que le decía la denunciante.

—No sé... lo recuerdo vagamente. Era... moreno, de complexión atlética y, a simple vista, le faltaba una pierna. En principio no me inspiró desconfianza.

—Muy bien, continúe.

—Como le decía —prosiguió la joven—, ese tipo se me acercó con un papel y me pidió por favor que fuera a la cabina y le marcara el número de teléfono que llevaba apuntado. En ese momento, no pensé en que pudiera hacerme daño, simplemente, decidí ayudarle y con el trozo de hoja en la mano, me metí en la cabina de teléfonos que estaba justo al lado. Me acerqué el folio a los ojos porque los números estaban escritos con caracteres muy pequeños; en ese instante, el hombre al que ayudaba estornudó sobre el papel y me saltó una especie de polvillo. De lo demás prácticamente ni me acuerdo. Sé que a mi alrededor todo daba vueltas y que, bastante mareada, me dirigí a mi coche. Con las pocas fuerzas que me quedaban, pulsé el mando a distancia, los intermitentes parpadearon. Como en sueños, recuerdo que llegaron varios hombres, entre ellos estaba el cabrón al que ayudé, me metieron al coche en la parte trasera. Lo que ocurrió después ya no podría contarlo. Lo que sí sé es lo que los médicos, tras el reconocimiento que me hicieron, han corroborado: Que he sido violada varias veces y que en mi sangre han encontrado restos de una droga conocida como escopolamina.

—Lo siento de corazón. —El policía parecía afectado sinceramente—. ¿Quiere denunciar algo más?

—Sí, me han robado todo lo que llevaba en el bolso: dinero, tarjetas, documentación... ¡Todo! Temo que intenten entrar en mi casa ahora que tienen mis llaves y la dirección.

—No se preocupe, nos encargaremos de cambiar la cerradura y de que no le suceda nada más. Intentaremos atrapar a esos cabrones.

—Y esa escopolamina que me echaron, ¿qué es exactamente? ¿Me lo podría explicar?, le pregunté.

—Sí, se trata de una droga llamada popularmente burundanga, viene de Suramérica y produce efectos inmediatos. Penetra rápidamente a través de la piel o incluso por vía nasal y hace que en un par de minutos la víctima caiga como en trance y que luego no recuerde nada, es como si se pudieran apoderar de la voluntad.

. . .

En esta leyenda se entremezclan ficción y realidad, y es muy difícil de discernir por dónde transcurre la delgada línea que las separa. La historia, tal y como la hemos recreado, es una invención que además varía según el país en el que se cuente.

Existen más versiones, aunque siempre el protagonista principal era un paralítico.

La parte real lamentablemente la podemos encontrar, casi a diario, en los informativos, sobre todo en Colombia, México o Guatemala, donde se ha detenido a centenares de personas, generalmente prostitutas, que la utilizan para drogar a sus clientes y posteriormente robarles: «Investigan en Neiva el caso de un niño intoxicado con escopolamina»; «Con burundanga, falsos vendedores ambulantes roban a amas de casa»; «La burundanga llegó a Bolivia y la policía no se entera»...

EL ZUMO DE NARANJA

Juan Carlos estaba desesperado. Llevaba varios días sin comer, y el casero le esperaba puntualmente todas las mañanas en su puerta para reclamarle el alquiler. Jamás llegó a imaginar que la vida en Texas pudiera ser tan dura. No es de extrañar que cuando aquella tarde le ofrecieron ganar dinero fácil, aceptara sin medir los riesgos ni las consecuencias. Necesitaba conseguir efectivo para pagarse un billete de regreso a España, donde las cosas eran bastante más sencillas; al menos tenía allí a la familia y a los amigos dispuestos siempre a echar una mano. El trabajo no parecía complicado: debía transportar un folio con doscientas papelinas impregnadas en LSD a través de la frontera mexicana. El papel se podía esconder en cualquier sitio, y en la aduana no solían revisar mucho los vehículos. Además, México quedaba a tan sólo dos horas de donde se encontraba.

Los kilómetros corrieron sin que se enterara y ya podía distinguir a lo lejos el control policial; para no tener problemas, el joven decidió camuflarse el folio poniéndoselo en la espalda dentro de la camisa, serían sólo un par de minutos.

Algo sospechoso notaron los agentes, que le obligaron a aparcar el vehículo junto al puesto de control. Los nervios le empezaron a pasar factura, el sudor le resbalaba por la frente. La humedad de su cuerpo hizo que las papelinas se le pegaran a la espalda y que la droga penetrara a través de la piel. En sólo unos minutos, Juan Carlos perdió la razón y le dio por desnudarse y por proferir frases sin sentido:

—¡Soy una naranja! ¡Soy una naranja y tengo que pelarme! —seguía diciendo a voces mientras iba arrancándose la ropa.

Han pasado dos años. Juan Carlos continúa ingresado en un hospital psiquiátrico en España. Sus padres, consiguieron su traslado e ingresarle en un centro próximo a su domicilio, donde le visitan a menudo. Para ellos está siendo muy duro, no pueden soportar cada vez que lo ven, escuchar sus gritos:

—¡Soy una naranja! ¡Soy una naranja y tengo que pelarme!

...

Mucho se ha especulado sobre las consecuencias de consumir LSD, sus efectos podrían manifestarse al penetrar en el cuerpo humano a través de los poros de la piel.

Esta falsa creencia salpicó incluso a un conocido músico: Jimmy Hendrix. De él llegó a rumorearse durante mucho tiempo que se colocaba pastillas de esta droga debajo de la cinta que se ponía en la frente cada vez que actuaba en directo. En cuanto su cuerpo expulsaba el sudor, la sustancia iba penetrando lentamente en su organismo.

De nuevo se introduce un componente de realidad dentro de la leyenda, porque son muchos los accidentes producidos por el tráfico de drogas a través de la ingestión de bolsitas que pasan al estómago, o son introducidas en el recto o en la vagina. En más de una ocasión uno de estos paquetitos de plástico ha estallado, vertiéndose su contenido en el interior del cuerpo humano y causando la muerte de la persona que lo transportaba.

LOS EFECTOS ALUCINÓGENOS DEL LSD

Desde hace tiempo existe la creencia de que el consumo de LSD durante un periodo prolongado puede causar lesiones irreversibles en el cerebro. Da igual que sea verdad o no, se ha instalado desde hace muchos años en la cultura popular y eso es muy difícil de cambiar.

Desde la década de 1970 Estados Unidos ha estado plagado de leyendas relacionadas con el LSD. Años después, la historia llegó a nuestro país y también se asentó como creencia popular, aunque no creo que nadie pueda admitir que las historias narradas a continuación sean reales:

El sol bañaba tu piel...

Patricio apagó inmediatamente el canuto que se acababa de encender. ¡No podía dar crédito a lo que estaba escuchando! El locutor decía más o menos lo siguiente:

Cuatro estudiantes de un Instituto de Santa Bárbara, en Estados Unidos, han sufrido la pérdida permanente de la visión, tras haber pasado largo tiempo mirando fijamente el sol. Al parecer, se hallaban bajo los efectos del LSD y no tuvieron conciencia del dolor o la incomodidad mientras los rayos del sol iban abrasando lentamente el tejido ocular; lo más sobrecogedor es que el daño es permanente —según un portavoz de la Sociedad Oftalmológica de Santa Bárbara—, porque el tejido deteriorado no se regenera.

. . .

Esta leyenda surgió en un principio como un macabro cuento inventado que publicó un periódico norteamericano. Lo curioso del caso es que tiempo después se divulgó por varios diarios estadounidenses dándola por verídica, sin contrastar su procedencia. En ningún momento se comprobó si era cierto o no el nombre de los estudiantes implicados, ni si existía el instituto mencionado, tampoco se interrogó al equipo médico que supuestamente se ocupó de aquel siniestro caso.

Desde hace muchos años se le han adjudicado al LSD propiedades tan dañinas como que quienes lo consumían se volvían prácticamente locos e inmunes al dolor.

Con este relato se intenta, una vez más, instalar el miedo en la persona que la escucha o la lee, para que jamás se le ocurra consumir este tipo de droga.

Existen diferentes versiones de esta misma historia: se habla de que eran seis, en vez de cuatro, los estudiantes abrasados por el sol, y que pertenecían a una universidad de Pensilvania en vez de al Instituto de Santa Bárbara.

Al parecer, después de drogarse se tumbaron de espaldas en la hierba y miraron directamente al sol. Dicen que la reacción de la droga era tan fuerte que ni se dieron cuenta de que, poco a poco, les iba quemando con sus rayos.

Extraño menú canino

Según otra leyenda urbana, los efectos del consumo de LSD llegan a ser tan anestésicos que se habla de una persona totalmente drogada arrancándose pedazos de la cara con el filo de un espejo roto y lanzando los trozos de carne sanguinolentos a sus perros para que se los coman. Al parecer, la dosis consumida era tan alta que había bloqueado el funcionamiento normal de su cerebro, interrumpiendo la conexión nerviosa encargada de transmitir la sensación de dolor.

Curioso dentista

Los efectos anestésicos del LSD también son protagonistas en la siguiente historia, en la que un drogadicto en plena euforia se va extirpando los dientes, uno a uno, con unos alicates. Debido a la hemorragia tras haberse quitado varias piezas dentales, cayó fulminado al suelo. Gracias a la rápida intervención de los servicios de emergencia, pudo salvar la vida y parte de su dentadura. En otra espeluznante versión, lo que se extrae el drogadicto es un ojo, nada más y nada menos que... ¡con una cuchara!

Cuenta la leyenda que era tan elevada la dosis de droga consumida que llegó incluso a dar varios pasos con el globo ocular sostenido tan sólo por el nervio óptico, ante el horror de todos los testigos involuntarios del suceso.

El primero de la clase

Como se ha visto en los apartados anteriores, están los que aseguran que tras ingerir LSD, el afectado no es muy consciente de sus actos. Se cuenta de un alumno que, estando bajo los efectos de la droga y en medio de un examen, comienza a escribir como si estuviera poseído, en apariencia, las respuestas solicitadas. La sorpresa llegaría cuando el examinador descubre que, en la hoja entregada, lo único que hay escrito es el nombre del alumno repetido, una y otra vez, hasta completar todo el espacio en blanco del folio.

Accidentes varios

A estas alturas de la narración seguramente no albergamos dudas acerca de las terribles consecuencias en las que desemboca el consumo de LSD. Al fin y al cabo es la finalidad de una leyenda urbana: está creada para despertar en nosotros el sentimiento de miedo o de angustia, si lo consigue, es señal de que la historia perdurará en el tiempo.

Hay muchos más ejemplos de cómo puede influir el LSD en nuestra conducta y, de hecho, hemos incluido algunos escabrosos accidentes provocados por la ingestión de la droga:

Por ejemplo, está el caso de un consumidor que aparece ahogado en la bañera... ¡En diez centímetros de agua! O el de aquel que se salta a propósito un control policial envalentonado por los efectos de los estupefacientes. Y claro está, los agentes, después de darle repetidas veces el alto, terminan abatiéndole a tiros.

También está el de aquel que llega a casa con un importante colocón y decide prepararse algo de cena, pone a calentar la freidora y al introducir las patatas sumerge a la vez los dedos en el aceite hirviendo, dejándoselos chamuscados.

Y, por último, una de las más *gore*: la del drogadicto que trabaja en un aserradero de madera y que, después de varias dosis de LSD y en pleno subidón, se pone a cortar un tablón de madera con la sierra eléctrica; poco a poco, el tablón va acercándose a la sierra y, cómo no, también la mano que lo sujeta. Al pasar el tablón por la hoja eléctrica, también pasa uno de los dedos del hombre, que contempla, alucinado por completo, cómo la sierra se lleva la yema de uno de ellos. No contento con esta espeluznante situación, repite la misma operación, y su dedo va siendo cercenado sin que él apenas se inmute. La sangre salió disparada en todas direcciones, y es uno de sus compañeros el que, al ver la incomprensible y terrorífica escena, apaga de inmediato la máquina. Ésta se llevó uno de los dedos del drogado, pero pudo ser la mano entera.

TRÁGICO TRANSPORTE

—¿Te has dado cuenta de la mala cara que tiene el bebé de la fila siete? —le dijo Claudia a su compañera de vuelo.

—Claro que me he fijado, he pasado varias veces por allí y les he preguntado a sus padres si necesitaban algo, pero parecen muy nerviosos y no me han hecho caso.

Claudia trabajaba en la compañía como azafata, y en los cinco años que llevaba volando, nunca había observado nada igual. Sin poderlo evitar, se acercó de nuevo a la extraña pareja, que ahora se había dormido con el pequeño en brazos.

Para no alertarla, la joven cogió al bebé con gran sigilo y se lo llevó hasta el compartimiento de las azafatas, apoyó su mejilla contra la del pequeño y se sorprendió... ¡Su carita estaba congelada! Su compañera llegó en ese momento.

—Pero... ¿qué haces? ¿Te has vuelto loca? —gritó preocupada.

—No lo he podido evitar, ¡mira qué pálido está el pobre! En la fila tres se encuentra un médico que ha viajado en otras ocasiones con nosotras, ¿te importaría avisarle? —pidió a su compañera tratando de controlar la situación.

La otra azafata claudicó y fue a avisarle. El doctor apareció acto seguido.

—¿Qué es lo que ocurre? —preguntó intrigado.

—Verá —le dijo Claudia—, le he mandado llamar porque este niño tiene muy mala cara y está congelado el pobre.

El doctor revisó al pequeño y su expresión cambió hasta reflejar un espanto absoluto. Éste fue su diagnóstico:

—Escuchen... éste bebé está muerto... ¡Pero no sólo eso!: alguien, algún desaprensivo sin escrúpulos, lo ha embalsamado; esto es alucinante, ¡por Dios!, ¿qué mente enferma habrá hecho esto? —Cuando se calmó un poco, preguntó:

—Y cuénteme, Claudia, ¿por qué razón lo tiene usted?

—Lo he cogido de brazos de su madre mientras ambos dormían; pensé que el pequeño necesitaba ayuda —respondió cada vez más nerviosa.

—Bien, pues yo te aconsejaría que lo volvieras a dejar con el mismo sigilo y que informes de los hechos al piloto para que llame al aeropuerto; allí, la policía se encargará de todo, nosotros ya no podemos hacer nada más por el pequeño.

Así lo hizo, y cuando devolvió al bebé a los brazos de la supuesta madre, ésta ni se enteró. La pareja parecía agotada.

La policía les esperaba en Barajas para detenerlos e interrogarlos. Claudia también tuvo que declarar. Después le explicaron que el matrimonio era el «correo» de una siniestra banda de traficantes que utilizaba recién nacidos, a los que secuestraban y asesinaban, para luego practicarles el «vacío» y rellenarlos con drogas.

. . .

Como casi todas las historias inventadas, no tiene un origen definido, según algunas versiones el avión se dirige a Miami, otras a

Nueva York, y las más recientes hablan de la frontera entre México y Estados Unidos, o incluso España. Un periódico norteamericano la publicó a finales de la década de 1980 aunque días después tuvo que sacar un desmentido, pues se trataba al parecer de una vieja leyenda que un periodista dio por verídica sin contrastarla.

Hay una versión según la cual unos padres pierden a su hijo en el aeropuerto. Desesperados y angustiados, comienzan a buscarlo por toda la terminal. La madre cree distinguirlo al fin en los brazos de un hombre, grita y lo persigue; el secuestrador, asustado, tira al bebé y sale corriendo. Cuando la madre llega, se da cuenta de que el niño está muerto. La autopsia posterior revela que el pequeño ha sido asesinado y vaciado para transportar dentro cocaína.

Con esta historia, terrible y espeluznante, se pretende mostrar lo faltos de escrúpulos y sanguinarios que pueden llegar a ser los traficantes de drogas. También nos alecciona para que no bajemos la guardia con los niños. El crear angustia, haciéndonos pensar que algo malo les puede pasar a nuestros hijos, es la constante de muchas leyendas urbanas.

NO ACEPTES NADA DE DESCONOCIDOS

A mediados de la década de 1970 se hizo popular en Estados Unidos un relato según el cual bandas organizadas pasaban droga en los colegios a través de calcomanías. Se rumoreaba que los traficantes utilizaban pegatinas con una estrella azul en el centro, o incluso con dibujos de Disney. El mensaje que se enviaba era alarmista al máximo, y terminaba con frases de este tipo: «¡Esto es muy serio!... Muchos jóvenes han caído ya... Intenta que llegue pronto a padres y educadores. Tenemos que extender el mensaje más rápido de lo que ellos puedan extender la droga. ¡Gracias por tu colaboración!».

La historia no tenía ninguna consistencia, porque ningún traficante que estuviera en su sano juicio invertiría miles de dólares tratando de enganchar a potenciales clientes carentes de recursos económicos.

También en España circuló durante mucho tiempo (y de vez en cuando se vuelve a activar) que en la puerta de los colegios daban sustancias estupefacientes camufladas en caramelos; que repartían sobres de cromos que, al abrirlos, esparcían polvo de cocaína, o incluso que regalaban lapiceros impregnados de droga y que al chuparlos, cualquier niño se podía enganchar.

Muchos mal pensados aseguran que se trata de historias inventadas por algún padre con la intención de disuadir a su hijo de aceptar regalos de desconocidos.

CHIVATOS CON EXTRA DE QUESO

—¿Sargento Steven? ¿Es usted? —preguntó el repartidor algo nervioso.

—¡Sí, soy yo! —contestó el comisario con voz grave al otro lado del teléfono—. ¿Y tú quién eres?

—Soy el repartidor 423, acabo de realizar una entrega en la avenida veintitrés, en el número cuarenta, el cliente parecía sospechoso.

—Ok, gracias por su colaboración. ¡Vamos enseguida para allá!

. . .

Según una leyenda australiana, esta conversación se mantenía habitualmente entre los repartidores de pizza de una gran cadena del país y el departamento de narcóticos de la policía estatal. Siempre que un repartidor intuía que la persona a la que acababa de servir la pizza podía estar bajo los efectos de las drogas, realizaba una llamada a los agentes encargados para informar de la dirección del sospechoso. A continuación la policía realizaba una redada. Supuestamente, como compensación a este delicado servicio de espionaje, a los moteros de esa cadena comercial nunca les ponían multas de tráfico.

PROGESTEREX

Un e-mail circula desde hace tiempo por Internet, alertándonos de los efectos de una terrible droga que usan los violadores. El correo electrónico llegaba con el siguiente asunto:

¡ALERTA MÁXIMA! Esto es angustioso... ¡¡Pásenlo!!
Éste es un mail sobre todo dirigido a los hombres. Avisen a sus amigas, novias y/o afines... Hay una nueva droga que está de

86

moda llamada Progesterex, una pastilla usada por los veterinarios para esterilizar al ganado de grandes dimensiones. La droga está siendo utilizada por violadores en fiestas para abusar de sus víctimas.

Corre el rumor de que esta sustancia se usa mezclándola con Rophynol, una droga que, al ser disuelta en cualquier bebida, crea amnesia (después de la cita, ¡¡¡la víctima no recuerda nada de lo ocurrido!!!).

Progesterex, que también se disuelve fácilmente, se utiliza como inhibidor del embarazo. De esta manera el violador no tiene que preocuparse por un test de paternidad con el que lo puedan identificar meses después. ¡OJO! Los efectos del «Progesterex» no son temporales. Cualquier mujer que tome esto, JAMÁS, entiéndase bien, JAMÁS, PODRÁ TENER HIJOS.

Los desalmados consiguen estas píldoras gracias a las facultades de veterinaria de cualquier universidad. ¡Es muy fácil obtenerla! También es utilizada para sacar al individuo, ya sea una dama o un caballero, y robarle algún órgano (para el tráfico de éstos). El «Progesterex» se vende en muchos lugares. Incluso, asómbrese: ¡Hay un sitio web que enseña a la gente a usarlo!

Por favor, reenvíen este mail a todas sus direcciones y en especial a las mujeres.

Se trata, por supuesto, de una historia inventada que suele tener gran aceptación entre los quinceañeros, en esa etapa en que muchos de ellos despiertan a la sexualidad. Y qué mejor entonces que disponer de un producto que pueda anular la voluntad de la pareja.

Si navega por Internet, comprobará que no hay ninguna página en la que se enseñe el uso de esta droga, ni que figure dirección alguna donde se venda. Esta leyenda urbana tiene, una vez más, un componente machista. Con ella se pretende concienciar a las mujeres de los peligros de las fiestas y de aceptar bebidas de los desconocidos.

Para que los hombres sientan también temor, se añade en muchas ocasiones que la sustancia puede usarse para robar órganos humanos. Así nadie escapa a la alerta.

IV

Ciencia y medicina

¿Puede haber algo más inquietante que encontrarse tumbado en una camilla rodeado de un equipo médico? Seguramente: sufrir un accidente y no tener ninguno cerca. Hay multitud de leyendas urbanas que giran en torno al tema médico. El miedo a los doctores todavía sigue instalado en nuestro subconsciente colectivo. A ciencia cierta nos viene desde tiempos remotos, de cuando realizaban auténticas sangrías.

Yo aún recuerdo con angustia las imágenes en la gran pantalla de los antiguos barcos piratas, donde a los accidentados les amputaban una pierna a base de serrucho, machete y con la única anestesia de una botella de ron. O aquellos médicos que recetaban una buena dosis de sanguijuelas, o de vasos en los que realizaban el vacío.

Por todos estos acontecimientos a veces uno siente pánico a todo lo relacionado con la medicina, con la enfermedad, con el material quirúrgico. En algún caso cercano que yo conozco la inquietud llega con sólo acercarse al hospital o por el simple hecho de percibir el olor a medicamentos.

¿Y qué decir de la ciencia y los científicos? ¡No se habrán hecho experimentos extraños en nombre de la ciencia! Estamos rodeados de un montón de aparatos misteriosos, de nuevos inventos, que nos incomodan con sólo mirarlos. No es raro que muchas de las leyendas urbanas de nueva creación se refieran a nuevas tecnologías y a instrumentos que el ser humano aún no domina y a veces ni comprende.

Tortilla de móvil

Vamos con un curioso experimento que todo el mundo puede realizar en casa, para ello necesitamos: un huevo, dos teléfonos móviles y sesenta y cinco minutos para llamar de un teléfono a otro. El experimento consiste en poner el huevo entre dos móviles atados con una goma elástica. Hacemos una llamada entre los dos teléfonos, y los dejamos unos sesenta y cinco minutos conectados (aproximadamente). Según la leyenda urbana:

– Los primeros 15 minutos no pasa nada.
– A los 25 minutos el huevo comienza a calentarse.
– A los 45 ya está caliente.
– A los 65... ¡Ya estará cocinado!

Conclusión: La radiación emitida por los móviles es capaz de modificar las proteínas del huevo... ¡Imagínate qué puede hacer con las células de nuestro cerebro cuando hablamos por el móvil!...

. . .

Como muchas de las últimas leyendas urbanas, ésta pretende alimentar nuestros miedos a las nuevas tecnologías.

Lo bueno de esta historia es que es fácilmente comprobable, porque el experimento es muy sencillo de realizar, por tanto, es muy simple verificar que todo es mentira, y que pasados los sesenta y cinco minutos, el huevo permanece como al principio. Si no tiene nada mejor que hacer... ¡Compruébelo!

POPURRÍ DE LEYENDAS CIENTÍFICAS

La Gran Muralla china se ve desde el espacio. Esta afirmación se ha hecho en innumerables ocasiones y, curiosamente, es una auténtica leyenda urbana. De hecho, así lo aseguró el primer astronauta chino, Yang Liweu, al regresar de una misión en el espacio.

Lo curioso de toda esta historia es que en 2004 la Agencia Europea del Espacio publicó unas fotos mostrando lo que, según ellos, era la Gran Muralla vista desde el espacio. A los pocos días, dos investigadores chinos descubrieron que lo que se apreciaba en las fotos no era el famoso monumento, sino un río que fluye al noroeste de Beijing. Lo que sí es real es que desde el espacio se pueden distinguir algunas construcciones realizadas por los humanos, como alguna autopista o aeropuerto. También las pirámides de la meseta de Giza (en Egipto) han sido fotografiadas varias veces desde el espacio, concretamente, desde 227 kilómetros de altura.

Si tiramos de la cadena del váter el agua girará de diferente modo según el hemisferio en el que nos encontremos. Está claro que si esta afirmación fuera cierta, tendríamos un problema si nos encontráramos justo en la línea ecuatorial, aunque algo de verdad sí esconde todo esto: la influencia de la rotación de la Tierra (el efecto Coriolis) es mucho menor en el ecuador. Aunque, obviamente, el movimiento del remolino depende, sobre todo, de la forma del recipiente.

El pelo y las uñas pueden seguir creciendo después de la muerte. Aquí nos encontramos con algo curioso, porque lo que en realidad sucede es que una vez muertos, nuestro corazón se detiene, por lo que la sangre no fluye y, obviamente, el oxígeno deja de llegar. La consecuencia de todo este proceso es que empieza a evaporarse el agua del cuerpo, por lo que comenzamos a deshidratarnos y a encogernos. El resultado es que el cuerpo se empequeñece, y da la impresión de que las uñas o el pelo crecen.

Los gatos siempre caen de pie. Y esto lo avalan estudios científicos que se realizaron en la década de 1980. Según estas investigaciones, los gatos tienen un movimiento reflejo que les permite «colocarse» en el aire durante el descenso y de esta forma caer de pie. La explicación es sencilla: se debe a que la columna de los gatos es inusualmente flexible, y además no tienen ningún equivalente a nuestra clavícula. Por ello pueden amortiguar el golpe desde grandes alturas. Es más, cuanto mayor es la altura, mayor también es el tiempo para reorientarse y preparar el ángulo de caída.

Una moneda lanzada desde un rascacielos puede matar a un peatón. Al contrario. Por ejemplo, una bala está fabricada para evitar el rozamiento. El diseño de la moneda no es aerodinámico, y esto hace que la moneda en cuestión planee al no poder vencer la fuerza del rozamiento. Por tanto, a pesar de la velocidad que puede coger al caer, jamás provocaría un golpe mortal.

Se puede morir de risa. Curiosamente, esto no es una leyenda. La hilaridad fatal (éste es el término que se utiliza para denominar a la risa mortal) se cobró su primera víctima en la Grecia antigua. Allí murió el filósofo Crisipo de Soli, al parecer, de las carcajadas que le produjo ver a su burro alimentándose de higos, curioso ¿verdad?

El último en sucumbir a este extraño mal fue un físico danés llamado Ole Bentzen. Al parecer, falleció en 1989 al no poder aguantar la risa que le produjo la película *Un pez llamado Wanda*. En una escena del largometraje su pulso aumentó de 250 a 500 pulsaciones, lo que le provocó un ataque cardiaco.

MEDICINA

El brazo perdido

María Luisa llevaba ya tres meses de enfermera en aquel hospital, pero su extraño carácter, la condenaba a no tener prácticamente amigos. Es más, sus compañeros, siempre que podían, la esquivaban e intentaban disimular cuando se la cruzaban por algún pasillo. Por eso, no era de extrañar que algunos de ellos estuvieran preparando una buena broma con la que sorprenderla aquella noche que le tocaba guardia.

—¡Venga, por favor..., déjanos el brazo! —suplicaban Mario y Rafa a su compañera de promoción.

—¿Pero estáis locos o qué? —Laura, no salía de su asombro.

—De verdad que mañana te lo devolvemos, en serio.

—¡Chicooooosss! Estamos hablando de un brazo humano, jugar con él puede ser peligroso —dijo una Laura indignada.

—¡Venga, en serio!... Sólo lo vamos a utilizar para dar un susto a María Luisa que hoy tiene guardia.

—Bueno, vosotros sabréis, pero yo no me hago responsable, pasaros dentro de quince minutos por el laboratorio y os lo dejo —Laura, finalmente, claudicó.

A los quince minutos, estaban como un clavo Mario y Rafa preparados para recoger «el paquete». El brazo era realmente asqueroso. Llevaba disecado casi cuatro años.

—¡Es perfecto! —le dijo Mario a Rafa—. ¡Esto va a ser alucinante!

En un descuido de María Luisa, Mario y Rafa colocaron el brazo dentro de su cama. Salieron a toda velocidad para que no los pillaran.

Al día siguiente madrugaron para devolver a Laura «el préstamo». Aún no habían comenzado a llegar los enfermeros del turno de mañana. Mientras se dirigían hacia el cuarto de guardia, se encontraron al doctor que trabajó aquella noche.

—Buenos días chicos, ¿oye, habéis visto a María Luisa? Se supone que tendría que haber acudido de madrugada a urgencias, y por allí no pasó.

—No tenemos ni idea. No obstante, vamos a echar un vistazo en el cuarto de enfermeras —dijo Mario.

—Vale, mil gracias... ¡Luego os veo! —les aseguró el doctor.

Sin tener necesidad de hablarse, los dos amigos marcharon a toda prisa al cuarto donde habían dejado «la sorpresa». La puerta estaba cerrada con llave. Decidieron aporrearla.

—¿María Luisa? ¿Estás ahí? ¡Contesta!

Tras varias llamadas, la puerta seguía sin abrirse.

—Venga ayúdame a empujar la puerta —dijo Rafa—. A la una... a las dos y a las... ¡Tres!

Los dos compañeros empujaron con fuerza la puerta y ésta cedió. Encendieron la luz, y se quedaron horrorizados: María Luisa yacía muerta en posición fetal sobre la cama, junto al brazo, y con el pelo totalmente blanco. La impresión debió de ser demasiado fuerte para ella.

La escayola

Desde que a Matilde le habían puesto la escayola, no dejaba de quejarse. La niña tenía siete años, se había caído cuando jugaba en el patio de la escuela y le habían tenido que enyesar la pierna. Al vivir en un pueblecito pequeño sin apenas habitantes, las pasaron crudas para encontrar un médico que le enyesara la pierna a la niña. Por no haber, no había ni escayola. El médico tuvo que rebuscar durante diez minutos entre los armarios para encontrar la que le había sobrado de la última vez. ¡Habían pasado casi dos años!

Sólo habían trascurrido tres horas, y la niña ya empezaba a quejarse. Cada rato que pasaba, aumentaban los lamentos, que cada vez se volvían más angustiosos. La madre de Matilde preocupada por los lloros de su hija, decidió llamar aquella noche al doctor.

—¡Buenas noches don Jacinto! Perdone que le moleste a estas horas, pero es que la niña no deja de quejarse de la escayola. ¿Hay algo que podamos hacer?

—Pues..., supongo que dejarla una aguja de hacer punto y que se rasque. No se preocupe porque es normal que le pique, todos los chavales se quejan cuando les ponen una.

Así lo hicieron durante varios días, pero cada vez que a la niña le entraban los picores, la madre se tenía que marchar de la habitación. Parecía como si Matilde estuviera poseída. Se introducía la aguja con todas sus ganas y se rascaba a veces hasta sangrar. La madre no veía la hora de que la quitaran a la pobre la escayola.

A los treinta días acudieron de nuevo a la consulta del médico ¡Por fin, le iban a quitar a Matilde la escayola! Pronto pasarían los sufrimientos de la familia. A la niña hubo que llevarla en brazos. Desde hacía varios días se quejaba tanto que casi no podía andar.

Al abrir la escayola, el doctor y la madre quedaron horrorizados. Dentro habían anidado varios gusanos que habían ido comiendo la carne de la pierna de Matilde. La visión era repugnante: una mezcla de sangre y de babas con los gusanos moviéndose dentro. Hubo que amputar la pierna, y el doctor abandonó voluntariamente la profesión. Ahora regenta la farmacia de un pueblo cercano. Cada mes ingresa una buena cantidad de dinero en la cuenta de Matilde.

Espaldas tatuadas

Durante algún tiempo circuló la leyenda de que las mujeres que tenían grabado al final de su espalda un tatuaje no podrían jamás ser sedadas con anestesia epidural. El rumor apuntaba bien a que la aguja no podría traspasar el tatuaje, bien a que el anestesista no se arriesgaba a que al introducir la aguja en la espalda de la paciente pudiera penetrar a la vez algo de tinta en la médula espinal.

Lo cierto es que no existe problema alguno con los tatuajes. Más bien puede que se trate de una historia inventada por algún padre, temeroso de que su hija se hiciera un curioso dibujito en la espalda.

EL MIEDO A...

Las mezclas

El ser humano siente pánico desde siempre por determinadas mezclas, y sobre todo por los efectos nocivos de algunos alimentos o bebidas. A muchos brebajes se les ha considerado casi malditos, y han arrastrado la fama de ser letales o de producir ciertas enfermedades. El ejemplo más claro lo tenemos con el bromuro, aquel terrible compuesto que, según la leyenda, se servía disimulado en las sopas o en los guisos que la tropa comía en los acuartelamientos. El objetivo era muy sencillo: mitigar los deseos sexuales de los soldados (de la veracidad de esta sustancia yo mismo puedo dar fe de que existía, y de que se incorporaba a las comidas, al menos, en el primer periodo del reclutamiento).

Luego existen otras bebidas que, cada cierto tiempo, se ven salpicadas por rumores diferentes, como la Coca-Cola, de la que se decía que uno de sus componentes secretos mezclado con aspirina producía ciertos efectos afrodisiacos. A veces, los relatos hablaban de que la misteriosa mezcla podía desembocar incluso en la locura.

Otro mito muy extendido es el de la sacarina, aunque más bien parece una lucha de poderes entre los fabricantes de azúcares y los de este sustitutivo. El rumor apuntaba que la sacarina era cancerígena. En la década de 1970 se publicó un estudio en el que se exponía que se habían detectado tumores vesiculares en ratas sometidas a la ingestión de una mezcla de ciclamatos y sacarina. Lo más significativo fue que las dosis utilizadas eran unas cincuenta veces superiores a las indicadas en el ser humano en cuanto a los ciclamatos, y unas noventa y cuatro veces superiores en cuanto a la sacarina. Curiosamente, nunca se publicó un artículo denunciando la correspondencia entre sacarina y cáncer.

Por último tendríamos que destacar una gran cantidad de golosinas y chicles de última generación, compuestos por un granulado que al contacto con la saliva provoca pequeñas explosiones. Corría la leyenda de que, mezclado con Coca-Cola o Pepsi, producía ahogamientos e incluso la muerte.

Las explosiones

Una mujer (habitualmente famosa) viaja en un vuelo comercial. Durante el trayecto, una de sus prótesis mamarias implantadas con cirugía estética explota ante la incrédula mirada de sus compañeros de viaje.

Curiosamente, esto siempre le sucede a una famosa, y en todos los casos se trata de implantes por cirugía estética. En ninguna de las leyendas consultadas se hablan de la explosión de algún pecho reconstruido por cirugía reparadora a causa de un cáncer mamario.

Los virus

Uno de los miedos permanentes de la humanidad es enfermar por un virus, y en este campo encontramos algunos rumores sobre mutaciones del virus de la gripe.

Son muchos los conspiradores que opinan que las propias multinacionales farmacéuticas se encargan de fabricar nuevos virus y de esta forma comercializar nuevas vacunas con las que seguir haciendo negocio, aumentando su ya de por sí boyante patrimonio.

Los errores

¿En cuántas ocasiones ha observado la imagen de una ambulancia a gran velocidad trasladando a un herido, y en una de las curvas se abren sus puertas y sale despedido el paciente atado a la camilla? Seguro que si no ha visto la escena en alguna película o serie televisiva, se la habrá contado el amigo del primo de un vecino.

El ser humano tiene un miedo atroz a los errores médicos. Es un miedo en parte justificado, pero que en la mayoría de las ocasiones se debe más a los rumores que a la realidad.

Uno de los más inquietantes que he escuchado me lo relató un conocido que acudió al dentista para sacarse una muela. Al parecer, la pieza se resistía, y el dentista comenzó a hacer palanca con las tenazas con tal violencia, que terminó rompiendo en dos la mandíbula del pobre paciente. La recuperación fue horrible. Tuvo que estar escayolado durante meses, y la única comida de la que se alimentaba era la que podía absorber a través de una pajita.

María trabajaba como enfermera en una clínica privada. Cada mañana, lo primero que hacía al llegar era dar una vuelta por las habitaciones para comprobar el estado de los pacientes que tenía asignados. Ya casi eran como una familia, sobre todo los que llevaban más tiempo.

Abrió la puerta de la habitación 111 para ver cómo se encontraba al que ella llamaba «el coleccionista de castañas». Era un viejecillo sin apenas dientes, que cada semana llenaba un bote de cristal con castañas pilongas que le traían sus familiares. En cuanto lo tenía lleno, se lo regalaba a ella. ¡Estaban estupendas! Él ancianito la conocía bien, y sabía que eran su debilidad. El abuelo la había obsequiado con varios tarros, y María se sentía en deuda con él. Se dijo:

«¡Hoy le llevaré yo una bolsita de castañas para recompensarle!».

Abrió la puerta y le saludó:

—¡Buenos días don Jaime! ¿Cómo pasó hoy la noche?

—¡Pues no la he pasado mal! ¿Y tú cómo vas, bonita?

—Yo, muy bien. ¡Miré! Para que no sea usted siempre el que me las regala a mí, le he traído una bolsita de castañas. ¿Qué le parece?

—Muchas gracias hijita —le dijo el anciano agradecido, mientras miraba la bolsa—, pero yo no las puedo comer por mi dentadura.

María se quedó extrañada... ¿Y entonces, los botes que va llenando y que me regala?

—Es que ésas me las traen mis hijas pero cubiertas de chocolate, yo lo único que puedo hacer es tomármelas como si fueran un caramelo hasta que se disuelve todo el chocolate. Luego, las guardo en los botecitos que te regalo.

María mudó de color. Una náusea poderosa ascendió desde el estómago hasta la boca, provocándola unas terribles arcadas. Salió como un rayo de la habitación hasta el cuarto de enfermeras.

Estuvo dos días sólo a base de tilas. Cuando se recuperó, visitó de nuevo al anciano. Cuando éste le ofreció su bote correspondiente, le dijo que se las había prohibido el doctor, porque le daban alergia. Poco a poco fue dejando de visitar al paciente de la 111, sobre todo porque cada vez que entraba a la habitación le daba un vuelco el estómago.

Y LO INEVITABLE... ¡LLEGA LA MUERTE!

Es de lo único de lo que podemos estar seguros. Finalmente, tarde o temprano, la muerte aparecerá. A veces, a consecuencia de una larga y tremenda enfermedad, por accidente o porque nuestro cuerpo ha envejecido.

A lo largo de los tiempos, el ser humano ha intentado adelantarse al terrible acontecimiento. Conocer con alguna anticipación este desenlace fatal, y de ahí que hayan surgido unas cuantas leyendas dignas de mencionar:

Algunos pronósticos mortales

La muerte acecha al enfermo si en su habitación se oyen tres golpes en la pared, si se caen cuadros o se rompen espejos sin que nadie los toque o bien si se desplazan solos los muebles.

El crujido de las tablas del suelo, o de los muebles, también es un mal presagio, al igual que cuando el peral o el manzano florecen antes de tiempo.

Si se le pone a un enfermo un poco de sal en la mano y se disuelve con el sudor, es signo de que pronto sanará; en cambio, si se queda inalterable, es signo inequívoco de la cercanía de la muerte.

Si una rosa de Jericó, puesta en agua en la habitación del enfermo, se cierra, indica su próxima muerte.

Si a un enfermo resulta difícil afeitarle la barba, está próximo a la muerte.

Se rocían unas ortigas con la orina del enfermo... Si al día siguiente se han marchitado, la muerte es segura.

Si alguien le regala flores de lila a un enfermo, es un presagio de muerte inminente.

Además, existen presagios que uno mismo puede prever. Son los clásicos anuncios de desgracia, que a lo largo de los tiempos han sido:

Derramar el aceite... romper un espejo... encender tres cigarrillos con la misma cerilla... o reunirse para cualquier acto un total de trece personas.

En ocasiones uno tiene la sensación de que Internet es una gran ventana abierta a la conspiración; incluso, un íntimo amigo mío dice que la «red de redes» es el anticristo moderno. Es difícil discernir qué es verdad y qué mentira en un mar de información, la mayoría sin contrastar. ¡Cualquiera puede publicar lo que se le antoje en Internet! Por eso, a veces circulan misivas que inquietan porque ponen en riesgo nuestra salud. Es el caso del correo electrónico que se recibe dándonos consejos en caso de un posible ataque al corazón: (mensaje literal)

Para vuestra información... ¡Leedlo, que no está mal saberlo!

Digamos que son las 6:15 p. m. y vas conduciendo a casa (por supuesto, solo) después de un día de trabajo. Estás realmente cansado. Repentinamente, empiezas a experimentar un severo dolor en tu pecho, el cual empieza a irradiar hacia el brazo y hasta la mandíbula.

Te encuentras aproximadamente a ocho kilómetros del hospital más cercano. Desafortunadamente no sabes si serás capaz de llegar hasta allí.

¿Qué puedes hacer?

¿CÓMO SOBREVIVIR A UN ATAQUE AL CORAZÓN CUANDO ESTÁS SOLO?

Sin ayuda, una persona cuyo corazón no está latiendo apropiadamente y empieza a marearse, le quedan tan sólo cerca de 10 segundos antes de perder el conocimiento.

Sin embargo, estas víctimas pueden ayudarse a sí mismas tosiendo repetida y muy fuertemente. Debe respirar profundamente antes de cada tosido, y el tosido, debe ser profundo y prolongado, como cuando producimos flemas desde muy adentro del pecho.

Una respiración y un tosido deben repetirse, aproximadamente, cada dos segundos, sin dejar de hacerlo, hasta que la ayuda llegue, o hasta que sienta que el corazón comienza de nuevo a latir normalmente. Las respiraciones profundas llevan oxígeno a los pulmones y los movimientos de la tos aprietan al corazón y mantienen la sangre circulando.

La presión sobre el corazón también le ayuda a recobrar el ritmo normal. De esta manera, las víctimas de ataques al corazón pueden llegar a un hospital.

Dile esto a tantas otras personas como te sea posible, ¡puedes salvar sus vidas! ¡Envía este artículo a tantos amigos como te sea posible!

Para tu información: Si cada uno que recibe este artículo lo envía, puedes apostar que salvaremos, al menos, una vida. Y alguien dijo: «Salvar una vida, es salvar al mundo».

. . .

Muchos han sido los organismos médicos que han publicado algún comunicado, alertando del peligro de realizar las técnicas que aquí se describen. Según la American Heart Association (Asociación Americana del Corazón), es mejor no utilizar esta técnica, y reconocen que la mejor estrategia ante las primeras señales de un ataque cardiaco es avisar a emergencias, guardar la calma y esperar a que lleguen los servicios médicos.

FALSAS ALARMAS

Uno de los objetivos finales de las leyendas urbanas es causar inquietud y alarma. Un mail anunciando una falsa necesidad de sangre lo conseguía: (mensaje literal)

Se necesita MUY URGENTEMENTE un donante de sangre grupo B negativo, no vale donante universal ya que es para plaquetas.

La necesita un niño muy pequeño que está muy enfermo.

El hospital al que hay que ir a donar es el 12 de OCTUBRE en Madrid. Preguntar en admisión por el departamento de aforesis.

Intentad pasar este mensaje a más gente para ver si alguien puede ayudar ya que sus padres están desesperados.

Un saludo y muchas gracias.

. . .

Lamentablemente, el hospital tiene que informar cada cierto tiempo que no es verdad, y que no existe el caso referido. Es muy triste e incomprensible que ciertas personas, para conseguir notoriedad, tengan que aprovecharse de la bondad humana y de la buena fe de la gente.

V

Comidas, toxinas y venenos

Ha sido la máxima preocupación del ser humano desde el inicio de los tiempos. Desde que el hombre es hombre, ha sentido la obligación de tener que buscarse el sustento cada día, de ello dependía su evolución. Cuanta más cantidad y calidad de alimento encontraba o conseguía, mejor le iba a la tribu, nacían hijos más grandes y sanos, los varones se encontraban más fuertes para enfrentarse a la caza, a los enemigos, y las mujeres, más saludables para seguir aumentando la especie.

No es de extrañar que también desde siempre el hombre se haya dedicado a vigilar muy de cerca lo que ingería (muchos habitantes de las cavernas han pasado a mejor vida por probar alimentos nuevos que luego resultaban ser venenosos).

La lista de personajes históricos que han fallecido supuestamente envenenados es abultada: desde Sócrates o Alejandro Magno hasta el emperador Claudio o Napoleón, pasando por el papa Juan Pablo I (que aunque no se ha demostrado siempre quedará instalada la duda).

Pero envenenar nunca ha sido fácil. Reyes y nobles siempre se han procurado asistentes con la única y fatídica misión que salvaguardar su integridad física. Por ello se estableció la «salva», todo un ritual para que el rey no sufriera ningún daño estomacal. Lo llevaban a cabo el copero mayor o el mayordomo, que degustaban cualquier alimento o líquido que fuera a ingerir el gobernante. Como medida adicional a la «salva» se decidió emplear copas de cristal, que permitían observar cualquier tipo de cambio en el vino por acción de algún veneno. Hasta el reinado de Alfonso XII, se guardaban los alimentos reales bajo llave y custodiada por la guardia, que a la hora de la comida, la escoltaba y la protegía para que llegara sin alteración hasta la mesa del monarca.

Seguro que a más de una gran cadena de comida rápida le hubiera gustado conservar esas tradiciones; muchos habrían dado lo que fuera por haber podido tener escoltada su comida hasta los consumidores para evitarse más de una denuncia, en la mayoría de los casos inventada.

EL LÁPIZ LABIAL

A Luz le volvía loca maquillarse. De hecho, lo hacía casi desde que tuvo uso de razón. No había fiesta familiar en la que no escogiera algún disfraz y luego le suplicara a su mamá que la pusiera «guapa», como acostumbraba a decir ella. «Ponerse guapa» consistía en que su madre la embadurnara con colorete y le pintara su pequeña boquita de color rojo pasión.

Ahora estaba en la consulta de su dermatóloga. Desde hacía un tiempo le brotaban pequeñas calenturas en los labios. Por si acaso, cambió de marca de pintalabios, ¡pero nada! Continuaban saliendo aquellas erupciones y aunque la preocupaban, no iba a renunciar a estas alturas a lucir un brillo labial que era la envidia de sus compañeras (o al menos eso creía ella). La doctora, tras examinarla con atención, le dijo:

—Luz, hay algo que tengo que confesarte. Verás... ¡No sé por dónde comenzar!... —la doctora conocía desde hacía tiempo a Luz y no quería alarmarla demasiado.

—Se han realizado estudios dermatológicos en los que se ha comprobado que un componente utilizado para la fabricación de todos los pintalabios del mercado tiene un alto contenido en plomo.

—¿Cómo? ¿Pero qué está diciendo? Llevo toda la vida utilizándolos y nunca había escuchado nada parecido —aseguró la joven, rechazando el diagnóstico.

—Tranquilízate, Luz. ¡Ya sé que esto te ha podido pillar desprevenida! Mira, para que veas que no te miento, vamos a hacer una prueba: Píntate el dorso de la mano con tu lápiz labial.

Luz, bastante preocupada, sacó de su bolso la barra de labios.

—Bien, pero esto me parece un poco ridículo...

—Confía en mí; ahora coge un anillo de oro y pásalo por encima.

—¡Está poniéndose negro! —La joven no lo podía creer.

—¿Lo ves? Es una prueba muy sencilla que demuestra que la inmensa mayoría de pintalabios contienen plomo...

Antes de terminar la frase, la interrumpió Luz:

—¿Y ahora qué, doctora?

—Pues ahora... —la doctora cogió la mano de la joven y le dijo, bajando el tono de voz—, tendrás que estar una temporada sin pintarte los labios y deberás de comenzar a hacerte pruebas, y... quizá con el tiempo, quimioterapia.

—¿Hablamos de cáncer? —Luz tenía la voz temblorosa.

—Antes de contestar quiero estar segura, primero te mandaré las pruebas.

. . .

Este e-mail circula desde hace mucho tiempo en Internet. De hecho, en cuanto aparece una campaña publicitaria de una nueva marca de pintalabios, curiosamente se reactiva.

Los mensajes recibidos nos alertan especialmente en el caso de que tengamos madre, hermanas, novia o conocidas. En definitiva, nos provocan temor y nos conectan con nuestro lado más protector (sobre todo en varones). El texto apunta que incluso una marca muy conocida de productos cosméticos ha tenido que bajar sus precios en algunos artículos hasta un setenta por ciento de su costo original. El motivo: tener la certeza de que estaban fabricados con plomo. No se hace ninguna excepción, ninguna marca se escapa a la perversidad del mensaje. En la nota se enumeran casi todas las conocidas, y al final, para que el contenido sea aún más desconcertante, se añade el nombre de algún científico. En este caso se inventó el de la doctora Ana Isabela Lopes Sales, del Área de Biología Celular y Molecular del Laboratorio de Genoma y Biología Molecular Bacteriana de la Facultad de Medicina Ribeirão Preto en la Universidad de São Paulo, en Brasil. Incluso van más allá, facilitando el número de teléfono y de fax.

Obviamente, una vez hechas las comprobaciones de rigor, el nombre de la doctora, el departamento, etc., son completamente falsos.

SALSA CON LECHE

Habíamos bebido más alcohol del acostumbrado y yo necesitaba con urgencia comer algo si no me quería caer redondo, aunque un martes a la una de la madrugada era una misión casi imposible.

Marta, Rosa y Javier me acompañaban en este recorrido por el centro de Madrid a la búsqueda de cualquier chiringuito abierto por la noche. De pronto nos topamos con un restaurante turco cuya carta prometía los mejores *kebabs* de Madrid. No lo pensé dos veces:

—Chicos..., ¿qué tal si nos tomamos un sabroso *kebab* con su lechugita, su carnecita de cordero y su salsa de ajo? —pregunté a mis amigos.

A las chicas les pareció genial, el único que no se mostró muy predispuesto fue Javier.

—No sé, vosotros veréis, es que a mí estos sitios me dan un poco de grima —confesó.

—¡Venga, no nos cortes el rollo! Este sitio tiene buena pinta y parece limpio.

A veces, cuando el hambre aprieta, uno se siente en la obligación de mentir, porque, sinceramente, el local no era tan de fiar, sobre todo cuando me fijé en las manos del cocinero.

—A ver..., ¿quién quiere *kebab* con cordero y salsa? —Todos nos apuntamos menos Javier, que prefirió tomarse una ensalada. Si tengo que ser honrado debo decir que no estaba del todo malo, lo peor era la salsa, que tenía cierto sabor amargo.

La noche se prolongó un par de horas más, hasta que decidimos irnos a nuestras casas. Para mí fue una bendición marcharme porque hacía rato que no me encontraba muy bien, me daba la impresión de tener el estómago abultado y me dolía toda la zona abdominal.

Pasé una noche de perros, el dolor de vientre aumentaba con cada minuto que marcaba el reloj. En un principio, pensé que se me había ido la mano con la bebida, los síntomas eran muy parecidos a los de la resaca. Mientras desayunaba una infusión, me llamó Marta para ver cómo estaba.

—Fatal —le respondí—, no estoy muy seguro si por lo que bebí o porque algo me ha sentado mal. Voy a esperar unas horas y si no mejoro me acercaré hasta urgencias para que me vea un médico.

—Pues yo me voy contigo porque también me encuentro indispuesta; voy a llamar a Rosa para ver cómo le sentó la cena a ella.

Resultó que los tres que habíamos tomado el kebab nos sentíamos realmente indispuestos. Javier, que estaba como una rosa, se brindó a recogernos uno a uno y llevarnos en su coche al hospital.

Nada más explicar los síntomas al médico de guardia, nos sometieron a todo tipo de pruebas y nos diagnosticaron intoxicación por ingerir alimentos en mal estado.

La policía clausuró el local y mandó analizar los componentes del menú. Nos quedamos horrorizados al enterarnos de que en la salsa de ajo que habíamos consumido encontraron hasta tres tipos de semen diferentes. Lo peor fue saber que uno de ellos era seropositivo.

El dueño del local fue detenido, y también sus dos socios perturbados, que reconocieron en el interrogatorio que les excitaba saber que su semen era consumido por otras personas.

. . .

Es un relato de última generación, surgido seguramente como respuesta racista ante el aumento de extranjeros en Estados Unidos. Muchos americanos se sentían indefensos ante la masiva expansión de locales extranjeros de comida rápida en sus calles, eran la peor competencia a los restaurantes de barrio, de los de toda la vida. El mensaje acusatorio se extendió como la pólvora a través de Internet y esta versión —o parecidas— se ha ido adaptando a cada país. Primero, como suele ser habitual con las historias provenientes de Estados Unidos, el texto llegaría a Inglaterra y desde allí al resto de estados europeos.

Como muchas leyendas urbanas, despierta sentimientos racistas y nos previene contra los supuestos peligros de estos locales extranjeros de comida rápida.

LA TARTA

Pedro llegó con su bandeja hasta la mesa de la cafetería del instituto. Ese día había elegido un trozo de tarta que tenía una pinta exquisita. Justo cuando iba a dar su primer bocado, sintió unas ganas tremendas de acompañarlo con un batido de chocolate.

Estuvo unos segundos pensando si era una buena idea levantarse a por el batido y abandonar, entre tanto buitre cercano, el pedazo de tarta. Después de dudar unos segundos, pensó que lo mejor era dejar una nota junto al plato:

«¡No os comáis esta tarta!... ¡He escupido encima!».

Cuando Pedro regresó, alguien había añadido en la nota:

«¡Yo también!».

Las grandes empresas son presa fácil para los creadores de falsas historias. A veces son vilipendiadas por los propios clientes, y hay quienes piensan —sobre todo los más *conspiranoicos*— que los ataques suelen provenir de la competencia.

Ciertas o no, muchas noticias que luego han derivado en leyendas urbanas han puesto en apuros a numerosas marcas, que se han visto forzadas a desmentir una y mil veces algún rumor que, periódicamente, se vuelve a repetir. A continuación se ofrece una muestra de las historias más relevantes. Debemos advertir que hemos realizado un gran trabajo de selección, porque en el caso de alguna compañía las leyendas superaban el centenar.

Kentucky Fried Chicken

En la década de 1930 el coronel Harland Sanders, conocido por su pasión y dedicación al mundo culinario, descubrió una fórmula secreta para cocinar el pollo: marinado mediante una selecta combinación de once hierbas y especias, rebozado y frito. Esta receta lo convertía en un exquisito manjar. Sus platos pronto se hicieron populares, y, hoy en día, en los restaurantes Kentucky Fried Chicken se sirven más de tres billones de comidas al año.

Ingrediente no deseado

Tenía la costumbre de cenar una vez a la semana, en el Kentucky Fried Chicken de su barrio a pesar de que su médico la había prohibido cientos de veces tomar grasas. Sin embargo, era muy cabezona, y creía saber muy bien lo que le convenía a su enfermo corazón. A sus ochenta y seis años, ningún mequetrefe de doctor le iba a ordenar lo que debía comer.

Como todos los viernes, se sentó a comer su hamburguesa de pollo con patatas fritas. Aquel acto de rebeldía la hacía sentirse muy bien. Como el que realiza un complicado ritual, quitaba poco a poco el envoltorio de papel de la hamburguesa; abría el paquete de patatas y las extendía sobre una servilleta. A renglón seguido, la devoraba como si fuera la última que se comiera.

En esta ocasión, cuando le había propinado a la hamburguesa dos bocados tremendos, notó algo duro en su boca. Intentó masticarlo varias veces, pero no fue capaz de conseguirlo. Introdujo sus dedos en el paladar y sacó aquel trozo molesto. Sus manos comenzaron a temblar cuando descubrió que se trataba de unos pequeños dientes. A continuación separó lentamente los dos panes del bollo, temiéndose lo peor, y descubrió horrorizada la cabeza de una rata.

Primero se escuchó un grito, y después, el golpe causado por su cabeza estampándose contra la superficie de la mesa al caer fulminada. Como si se tratara de una operación rutinaria, un camarero retiró con urgencia el plato de comida mientras otro atendía a la anciana.

El forense dictaminó un ataque al corazón, producido seguramente por una ingesta elevada de grasas.

. . .

Habitualmente esta historia puede variar, en función sobre todo de la empresa que se quiera vilipendiar. La cabeza de rata, aparte de encontrarse en la hamburguesa, puede estar camuflada entre alitas de pollo, en una caja de *mcnuggets* en el caso de McDonald's, o un envase de muslos de pollo.

Kentucky Fried Chicken cambia su nombre por KFC para poder comercializar otros productos diferentes al pollo

Según un mail que circula en la red, la compañía ya no incluye la palabra «pollo» *(chicken)* en su nombre corporativo, una pequeña argucia legal para evitar que se les pueda demandar si no utilizan en sus productos pollo auténtico. Al parecer, esta firma se nutre de una especie de animales que se mantienen vivos gracias a unos tubos insertados en sus cuerpos, con los que se les inyecta sangre y nutrientes para alimentar su estructura. El esqueleto de este monstruo está drásticamente reducido para dejar más lugar a la carne. Para evitar el pesado trabajo de desplumarlos (y de paso abaratar costes) no tienen pico, tampoco plumas ni patas.

Observe con atención el próximo anuncio de KFC; comprobará aterrorizado que no se menciona la palabra pollo.

Pollos vacunados

Patricia llevaba varios días sangrando y estaba muy preocupada, por lo que decidió acudir al ginecólogo. Se tuvo que someter a varias pruebas y esperar angustiada unos días hasta que regresó a la consulta para conocer el resultado de los análisis:

—Patricia —le dijo el ginecólogo—, prefiero hablarte sin rodeos: tienes un pequeño quiste en la matriz.

Patricia apretó sus manos contra el asiento.

—Ésta sería la parte mala, pero existe una buena... —El médico intentaba restar importancia a su diagnóstico—. Con la tecnología de la que disponemos, esto ya no es tan preocupante. Podemos realizar una pequeña intervención con láser y no te quedará ninguna secuela.

A los pocos días se llevó a cabo la operación, de la que Patricia pareció salir sin apenas molestias. Pasaron los meses y de la enfermedad ya sólo quedaba el recuerdo. Se encontraba con un grupo de amigas en uno de sus restaurantes habituales, degustando su plato favorito: alitas de pollo con salsa barbacoa (podía comerse una docena de una sentada), cuando sintió un pequeño pinchazo proveniente del útero. Alertada, acudió al baño temiéndose lo peor. Su presentimiento se confirmó... Nuevamente comenzaba a sangrar.

Sin pensárselo, se dirigió a urgencias, donde le volvieron a realizar las pruebas. Tuvo la suerte de que el ginecólogo que la operó meses atrás se encontraba de guardia.

—Bueno, Patricia, al repetir los exámenes médicos, hay algo que me asombra de los resultados: de nuevo tienes un pequeño quiste y, aunque te suene raro, quiero que me aclares una duda: ¿habitualmente comes alitas de pollo?

Patricia llegó a pensar que su médico estaba bromeando...

—Sí, es uno de mis platos favoritos, pero... ¿no pretenderá que yo me crea que tiene algo que ver con eso los quistes?

—Pues, aunque parezca difícil de creer, es así. Se han detectado empresas que utilizan esteroides para que los pollos crezcan más rápido. Normalmente esta sustancia se inyecta en el cuello o las alas, y por eso se han dado casos de personas que, al comer estas partes en concreto, se intoxican. En muchos de los casos los esteroides atacan el aparato reproductor y, a través de las hormonas femeninas, provocan quistes en la matriz.

Patricia se enfrentó a una segunda operación. Los días transcurrieron con normalidad y jamás se volvió a reproducir otro quiste, seguramente una de las causas fue que después de la conversación con su médico se volvió... ¡vegetariana!

. . .

En otra variante de este relato se nos presenta el caso de un hombre que disfruta comiendo diariamente cuellos de pollo cocinados con arroz. Después de un par de años alimentándose con esta receta exótica, notó que sus pechos crecían. El médico detectó un aumento de hormonas femeninas en su cuerpo, producidas, al parecer, por los esteroides infiltrados en el pollo.

Sucede generalmente con todas las grandes cadenas de comida rápida, a través de historias inventadas se procura poner en duda la calidad de sus productos y la procedencia de la mercancía que finalmente se consume. Como también veremos en el resto de empresas, en sus páginas web no se cansan de incluir todo tipo de datos y de certificados de estamentos sanitarios, en descarga de las acusaciones y para tranquilidad del consumidor. Si usted entra en el página www.kfc.com comprobará que la palabra pollo se repite con asiduidad y, es más, en la web se asegura que: «Todas las especialidades Kentucky Fried Chicken están elaboradas a base de pollo natural, sin aditivos ni tratamientos adicionales y bajo una receta secreta elaborada con once hierbas y especias, marinado, empanado y cocinado en el momento».
¡Respire más tranquilo!

McDonald's

Es una de las compañías más atacadas junto con Coca-Cola. Inició su actividad aquí en España en 1981, y a finales de 2006 tenía 373 restaurantes distribuidos por todo el territorio nacional. McDonald's España alcanzó en 2006 una facturación de 659 millones de euros, lo que la convierte en la empresa líder del país dentro del sector de comida rápida. Así pues, no es de extrañar que haya tantos interesados en desprestigiar a la multinacional norteamericana. Aquí hemos recogido una pequeña muestra:

McDonald's utiliza carne de gusano en vez de carne de vacuno
en sus hamburguesas

Esta macabra historia se empezó a difundir a mediados de la década de 1970 y fue tal su repercusión que hasta se cita el caso de un empresario norteamericano poseedor de cuatro franquicias en Atlanta (Georgia), que debido a este falso rumor vio disminuir sus ventas en un 30 por ciento y tuvo que despedir a un tercio de sus empleados.

McDonald's es el mayor comprador del mundo de globos
oculares de vaca

Otra de las leyendas más extendidas para desprestigio de la multinacional es la que asegura que al comprar esos globos McDonald's podía incluir, sin mentir en su publicidad, que sus hamburguesas se fabricaban con «auténtica carne de ternera cien por cien». Los servicios jurídicos de la empresa no pararon de difundir comunicados en los que se expresaba que esta parte del ojo de las vacas, seguramente, sería más costosa que la carne. Es más, si calculamos la cantidad de ojos que se necesitarían para hacer cien hamburguesas, uno se da cuenta de lo absurdo de la leyenda.

Hubo también quienes apuntaron que no eran los globos oculares lo que utilizaba la cadena de comida rápida, sino el fluido obtenido de ellos, que era usado como espesante para los batidos.

La carne utilizada en las hamburguesas de McDonald's se extrae
de una especie de bultos manipulados genéticamente

En esta noticia, como en muchas otras, hay de por medio incluso una universidad (a veces inventada y otras simplemente utilizada sin su consentimiento). En esta ocasión se trató de la Universidad Estatal de Michigan. Al parecer, esta institución había realizado una investigación de la carne utilizada por McDonald's en la elaboración de sus hamburguesas. Según este curioso y falso estudio, la carne proviene de unos patéticos bultos sin patas ni cuernos que son alimentados por medio de tubos que van directos a su estómago. De hecho, estos animales manipulados no tienen huesos, tan sólo unos cartílagos que nunca llegan a desarrollarse. En el *hoax* (así es como se denominan este tipo de e-mails enviados en cadena) cuentan que quienes han visto a esos animales aseguran que se trata de algo tremendamente desagradable. Estos bultos, afirman, permanecen inmóviles durante toda su vida; no tienen ojos, cola, ni apenas pelo; su cabeza es del tamaño de una pelota de tenis y de ella sobresale tan sólo el resto de lo que fue una «boca». Son el resultado de una infame manipulación genética.

Para redondear esta denuncia se habla de que McDonald's argumenta en su publicidad que sus hamburguesas son cien por cien carne de res, y que res en latín significa «cosa».

(El lector comprobará que se asemeja mucho a la anterior leyenda, que acusaba a KFC de prácticamente lo mismo).

McDonald's utiliza para sus hamburguesas carne de canguro de Australia

Lo bueno de esta leyenda es que se desmonta por sí sola, ya que el precio de importar el producto desde Australia sería muy costoso. La carne de canguro, procesada correctamente, es más cara que la de vaca en Australia y también más sana, al contener más proteína y menos grasa, de ahí su presencia en la carta de muchos restaurantes de cinco tenedores de todo el mundo. No obstante y respecto a la elaboración de sus hamburguesas, esto es lo que McDonald's acredita en su página web www.mcdonalds.es:

– Utilizamos carne cien por cien de vacuno.

– Usamos única y exclusivamente piezas enteras de músculo; concretamente, cuartos delanteros y faldas de alta calidad. Nunca se utilizan ni recortes, ni despojos, ni vísceras, etc.

– Las piezas de vacuno que se utilizan para la elaboración de nuestras hamburguesas son deshuesadas a mano.

– La materia prima para la elaboración de nuestras hamburguesas procede de mataderos y salas de despiece que cumplen con la normativa de la UE y española.

– Asimismo, dispone de un sistema de trazabilidad que permite conocer la procedencia de la materia prima.

– Además, los mataderos y salas de despiece que suministran al proveedor que elabora nuestras hamburguesas, Esca Foodsolu-

111

tions, y este mismo, son auditados por un organismo independiente (EFSIS) acreditado por la norma EN 45004.

En los postres de McDonald's, llamados McFlurry
(los vasitos con helado cremoso), se utilizan plumas de ave,
y en los conos de helado, grasa de cerdo

Incluso se llegó a decir que una joven norteamericana estuvo a punto de morir por ser alérgica a las plumas de pájaro. Son numerosas las veces en que la compañía se ha dedicado a desmentir todos esos rumores. Aquí, y para que se queden más tranquilos, enumeramos la lista de proveedores de McDonald's España.

– Esca Foodsolutions (Toledo) elabora las hamburguesas (de vacuno, porcino y pollo) que se sirven en exclusiva en todos los restaurantes McDonald's de España. Acredita su sistema de aseguramiento de la calidad para la producción de carne picada de vacuno con la certificación ISO 9002, además de poseer la Certificación medioambiental ISO 14001.

– Fresh Start Bakeries, con sedes en Daganzo (Madrid) y Olesa de Montserrat (Barcelona), se encarga de suministrar el pan.

– Heligold (Valladolid) elabora el ketchup.

– Vega Mayor (Navarra) es el proveedor de los vegetales de cuarta gama: lechuga, cebolla, zanahoria y tomate.

– Hochland (Barcelona) produce el queso.

– Alvalle, con sede en Murcia, elabora el gazpacho.

– Reny Picot (Asturias) sirve la leche, el batido y el helado.

– McCain elabora las patatas.

– Mahou suministra la cerveza.

– Coca-Cola es el proveedor de los refrescos.

Peligro en el área de juegos de niños

Un correo electrónico que circulaba decía algo así:

Hola: Mi nombre es Lauren Arquero. Mi hijo Kevin y yo vivimos en Midland, Tennessee. El 2 de octubre de 1999 mi único hijo y yo fuimos a McDonald's para celebrar su tercer cumpleaños. Al terminar de comer, dejé que jugara un rato en la piscina de bolas situada en el área de juegos para niños. A los pocos minutos comenzó a llorar. Me acerqué y el pobrecito se señalaba la espalda y decía: «¡pupa, pupa!». Revisé su espalda pero no encontré nada. En cuanto llegamos a casa lo bañé, y mientras lo secaba, descubrí una pequeña roncha cerca de la espalda en su nalga izquierda. Revisando mejor la herida, me pareció que una pequeña astilla se encontraba dentro.

No me lo pensé dos veces y decidí acudir a urgencias. Mientras esperaba en la sala para que se la extrajeran, Kevin comenzó de pronto a vomitar y a tener convulsiones, sus ojos se quedaron en blanco.

Los enfermeros lo llevaron inmediatamente a una sala donde un médico comenzó a toda prisa a examinarle. Kevin murió poco tiempo después. Cuando examinaron su herida, descubrieron en ella la punta de una aguja hipodérmica que se había roto dentro. La autopsia reveló que Kevin había muerto de una sobredosis de heroína. Al día siguiente, los agentes inspeccionaron el área de juegos, apartaron las pelotas de plástico en las que estuvo jugando mi hijo, y descubrieron gran cantidad de comida podrida, varias agujas hipodérmicas (algunas sin usar y otras usadas), dulces mordisqueados, pañales y un gran hedor a orina.

Yo me pregunto... ¿Si un niño no está seguro en el área de juego, entonces dónde?

El payaso Ronald McDonald's cobra vida

Ésta es quizás una de las leyendas más surrealistas que existen sobre la multinacional de hamburguesas. Se desarrolla en Guatemala y tiene como protagonistas a dos trabajadores de la cadena.

Al salir del trabajo a altas horas de la noche, y mientras esperaban a un tercer compañero, comienzan a charlar animadamente junto a la figura del payaso, esa en la que aparece descansando y con las piernas cruzadas, sentado en un banco.

Mientras los compañeros cambian impresiones de manera distendida, observan horrorizados cómo aquella figura se agita como si hubiera sufrido un espasmo, y a partir de ahí comienza a moverse. Al principio creen que es un espejismo debido, tal vez, al cansancio de la jornada laboral. Ambos intentan no dar importancia a lo que ocurre, cuando el payaso se levanta del banco. Según el e-mail que ha dado la vuelta al mundo de correo en correo electrónico, el payaso Ronald dice más o menos así:

¡No tengáis miedo! Si me veis es porque los espíritus de todos los muertos en las guerras están enfadados, observando cómo el hombre, en su afán de poder, ha perpetrado crímenes en contra de sus propios hermanos. George W. Bush es un ser diabólico que quiere controlar el mundo, y utilizará a McDonald's para obtener control sobre pequeños países como el suyo.

Luego, los dos amigos le preguntan al payaso viviente el porqué de transmitirles a ellos su mensaje. El payaso, como si tal cosa, les sigue hablando:

No puedo revelaros la razón. Sólo puedo comunicaros que debéis advertir a vuestros compatriotas de lo que se avecina, que no sean engañados ni caigan bajo el control de los americanos. A ellos no les importa pasar sobre quien haga falta para lograr sus terribles proyectos de destrucción y muerte.

Y cuando el payaso terminó su disertación, se marchó tan campante. Está claro que los amigos no se lo dijeron a nadie para que no les tomaran por locos, pero al día siguiente leyeron en la prensa que la noche anterior habían robado el payaso Ronald en la puerta del McDonald's local.

. . .

A pesar de tratarse de una noticia sin pies ni cabeza, en su momento levantó mucha polvareda, quizá debido al miedo inconsciente que levanta el payaso.

La leyenda, además de querer perjudicar la comida rápida y lo que representa es casi un alegato político antiamericano y funciona muy bien en países donde existe este sentimiento.

Coca-Cola

Fue en 1886 cuando un farmacéutico de Atlanta (Georgia), llamado John S. Pemberton, desarrolló la fórmula de un jarabe para una bebida «deliciosa y refrescante». Su contable, Frank Robinson, ideó la marca y diseñó el logotipo. En sus inicios, la bebida se comercializó como «un tónico efectivo para el cerebro y los nervios».

Coca-Cola llegó a España hacia la década de 1920. Consumida en principio por unos pocos privilegiados, fue en la década de los cincuenta cuando se abarató y se puso al alcance de todos los españoles.

Para que nos hagamos una idea del crecimiento de esta multinacional, en 1886 Coca-Cola vendía un promedio de nueve gaseosas diarias. En la actualidad se habla de ocho mil refrescos. La magnitud de estas cifras ha impulsado la creación de leyendas urbanas cuyo fin principal es desprestigiar la compañía.

La imagen moderna de Papá Noel fue diseñada por Coca-Cola

Aunque pensemos lo contrario, Papá Noel es una figura creada un siglo y medio antes. Más o menos, a mediados del XIX, y es la combinación de varias leyendas y personajes históricos, aunque inspirada sobre todo en la figura de san Nicolás. Su aspecto actual se lo dio en el año 1881 el humorista político Thomas Nast, que se inspiró en un poema de Moore y dibujó la primera caricatura del Santa Claus que conocemos hoy en día. El humorista incluyó en su dibujo los detalles del borde blanco de su traje, el saco repleto de juguetes, el taller del Polo Norte y los ayudantes de Santa Claus, los duendes.

Se critica que Coca-Cola se haya apropiado de la figura del santo, pero seguro que a más de un publicista le habría gustado tener una idea tan creativa.

La Coca-Cola es corrosiva

Esta leyenda tiene todas las trazas de ser cierta, debido al contenido de ácido fosfórico que posee la Coca-Cola, capaz de corroer el hierro. Ello no implica que la bebida sea peligrosa. Lo cierto es que su grado de acidez es similar al que presenta el jugo gástrico de nuestro sistema digestivo, no afectando a las paredes del estómago.

¿La Coca-Cola contiene cocaína?

Algo de verdad encierra esta leyenda, puesto que en sus orígenes (cuando todavía no se conocían claramente los efectos de la cocaína) se utilizaban en su composición las hojas integrales de la coca; de ahí el nombre de Coca-Cola.

Con el tiempo, la compañía decidió retirar el alcaloide cocaína de las hojas de coca (uno de los catorce alcaloides que contiene) pero sigue incluyendo la coca *descocainizada* en su fórmula.

La Coca-Cola es un eficaz espermicida

Existe la creencia (sobre todo en institutos, escuelas y universidades) de que una ducha vaginal con Coca-Cola después de haber mantenido relaciones sexuales sin protección podría evitar el embarazo. Hace varios años un grupo de médicos de la Escuela de Medicina de Harvard analizaron varios tipos de cola y descubrieron que la Coca-Cola posee un leve efecto espermicida, totalmente insuficiente para evitar un embarazo.

La Coca-Cola deshace los dientes

Esta leyenda es muy fácil de rebatir; basta poner un diente dentro de un vaso de Coca-Cola y comprobar que tendría que pasar mucho tiempo para que esto ocurriera, el mismo que si se colocase el diente dentro de, pongamos, un vaso de zumo de naranja.

Mezcla de Coca-Cola y aspirina

Una curiosa mezcla que ha ido cambiando sus efectos según la época y el lugar. Se ha hablado de efectos afrodisiacos, activador del crecimiento, analgésico contra el dolor de cabeza y causa de muerte inmediata.

Esta leyenda tiene mucha aceptación entre los más jóvenes que, en sus fantasías, siempre recurren a un producto que pueda doblegar la voluntad de la persona a la que se quiere conquistar.

Hay leyendas que son auténticamente surrealistas y van de e-mail en e-mail haciendo estragos. Éstas son algunas de las utilidades que los internautas atribuyen a la Coca-Cola:

– En muchos Estados de Norteamérica los servicios de limpieza de carreteras llevan dos bidones de Coca-Cola en su coche para limpiar la sangre que queda sobre el pavimento después de un accidente.

– Si se pone un filete en un plato lleno de Coca-Cola, éste se deshará en dos días.

– Para limpiar un inodoro hay que verter una lata de Coca-Cola dentro de la taza, dejar actuar el producto durante una hora y luego tirar de la cadena. El ácido cítrico de la Coca-Cola elimina las manchas de la porcelana.

– Para quitar las manchas de óxido de cromo de los parachoques de los coches, se frota con un trozo de papel de aluminio mojado en Coca-Cola.

– Para limpiar la corrosión en los terminales de la batería de un coche, basta verter una lata de Coca-Cola sobre los terminales, y las burbujas se llevarán la corrosión.

– Para aflojar un tornillo oxidado, hay que aplicarle un trapo empapado en Coca-Cola durante unos minutos.

– Para quitar manchas de grasa de la ropa, se meten las prendas sucias dentro de la lavadora, se vacía encima una lata de Coca-Cola, se agrega el detergente y se procede a lavar en ciclo completo.

– También resulta útil para limpiar un parabrisas sucio tras un largo viaje.

– Los distribuidores de Coca-Cola utilizan la bebida desde hace veinte años para limpiar los motores de sus camiones.

RED BULL

Red Bull es, según la compañía que lo comercializa: «Una bebida funcional, especialmente desarrollada para periodos de esfuerzo físico y mental, que se puede consumir prácticamente en cualquier situación: practicando deporte, en el trabajo, conduciendo y en actividades de tiempo libre».

Red Bull Energy Drink incrementa la resistencia física, incrementa la concentración y la velocidad de reacción, incrementa la atención, mejora el estado emocional y estimula el metabolismo. Con todos estos beneficios, no es de extrañar que circulen en la red correos electrónicos alertando del peligro de su consumo; a continuación, uno de ellos:

RED BULL fue creado para estimular el cerebro en personas sometidas a un gran esfuerzo físico y en «coma de estrés» y nunca para ser consumido como una bebida inocente o refrescante.

RED BULL ES LA BEBIDA ENERGIZANTE que se comercializa a nivel mundial con su eslogan: Aumenta la resistencia física, agiliza la capacidad de concentración y la velocidad de reacción, brinda más energía y mejora el estado de ánimo. Todo eso se puede encontrar en una latita de RED BULL, ¡La bebida energética del milenio!

¡PERO LA VERDAD DE ESTA BEBIDA ES OTRA!

FRANCIA y DINAMARCA la acaban de prohibir por ser el cóctel de la muerte, que ocasionan sus componentes de vitaminas mezcladas con GLUCURONOLACTONA, un producto químico altamente peligroso, que fue desarrollado por el Departamento de Defensa de los Estados Unidos durante los años 60 para estimular la moral de las tropas destinadas en VIETNAM, pues actuaba como una droga alucinógena que calmaba el terror de la guerra. Pero sus efectos en el organismo resultaron tan devastadores que fue prohibido ante el alto índice de casos de migrañas, tumores cerebrales y enfermedades del hígado, que mostraron algunos soldados que la consumieron. Y, a pesar de ello, en la lata de RED BULL aún se lee que entre sus componentes está el GLUCURONO-LACTONA, catalogado médicamente como un estimulante.

Pero lo que no dice la lata de RED BULL son las consecuencias de su consumo, que obligan a colocar una serie de ADVERTENCIAS:

1. Es peligroso tomarlo si después no haces un ejercicio físico, ya que su función energizante acelera el ritmo cardiaco y te puede ocasionar un infarto fulminante.

2. Corres el peligro de sufrir una hemorragia cerebral, debido a que el RED BULL contiene componentes que diluyen la sangre para que al corazón le cueste mucho menos bombearla, y así poder hacer un esfuerzo físico con menos agotamiento.

3. Está prohibido mezclar el RED BULL con alcohol, porque la mezcla convierte la bebida en una «Bomba Mortal» que ataca directamente al hígado provocando que la zona afectada no se regenere nunca más.

4. Uno de los componentes principales del RED BULL es la vitamina B12, utilizada en medicina para recuperar a pacientes que se encuentran en un coma etílico; de aquí la hipertensión y el estado de excitación en el que te encuentras después de tomarla, como si estuvieras en estado de embriaguez.

5. El consumo regular del RED BULL desencadena la aparición de una serie de enfermedades nerviosas y neuronales irreversibles.

CONCLUSIÓN: Es una bebida que debería prohibirse, como ya lo están haciendo otras naciones del planeta. Buscar en Internet otros estudios sobre esta peligrosa bebida.

. . .

Aunque sí es cierto que la bebida incluye glucuronolactona, según explica la compañía, se trata de un carbohidrato que está presente de forma natural en el cuerpo humano, ayudándole a eliminar sustancias. La glucuronolactona está también presente en diferentes alimentos, como los cereales o el vino tinto. Esta falsa advertencia venía firmada, como en muchas ocasiones, por una doctora inexistente de departamento inventado de una universidad ficticia.

LA EXTRAÑA CHOCOLATINA

El desagradable hallazgo ocurrió en la ciudad alemana de Mainz, cerca de Frankfurt. Al ir a comerse una barrita de chocolate italiano, un hombre encontró en el centro de la misma un macabro fragmento: un dedo humano.

Suponemos que el apéndice pasó inadvertido porque el chocolate tenía frutos secos, y era difícil distinguirlo, anunció un portavoz de la policía local. El descubridor del dedo acudió a las autoridades en estado de shock, después de que un médico de familia le confirmara la naturaleza del hallazgo. En estos momentos, los forenses están analizando la muestra y la policía se niega a dar el nombre de la marca de la chocolatina.

Como hemos resaltado en alguna ocasión, las leyendas se hacen realidad, y aquí se trata de un hecho constatado. La agencia alemana Reuters difundió la noticia, que publicó el diario *ADN* el 9 de febrero de 2007.

SANGRE EN LOS BATIDOS

El rumor se extendió con mucha rapidez, y la industria de los lácteos se vio perjudicada, con una disminución alarmante de sus ventas.

Corrió el bulo de que algunas empresas que se dedicaban a comercializar productos lácteos usaban leche contaminada con sangre para la fabricación de sus batidos. Puede ocurrir, al ordeñar las vacas, que la leche se contamine con su sangre, lo que la invalida para su comercialización. El rumor afirma que los fabricantes de batidos de chocolate y fresa la aprovechan, al poder camuflar su color y sabor.

A este carro se han subido también las nuevas marcas de café con leche instantáneo, que, una vez tratado y embotellado, bien puede camuflar la sangre de la leche.

. . .

Ésta es una leyenda muy extendida entre los jóvenes, quienes la cuentan en los institutos o en la universidad. Por supuesto no es cierta, ya que los controles sanitarios que se aplican a los productos lácteos —leche y sus derivados— son extremadamente rigurosos.

MEJOR SIN KETCHUP

Circuló el bulo por Estados Unidos de que en unas cuantas hamburgueserías, algunos desaprensivos añadieron a los dispensadores de ketchup sangre contaminada con el virus del sida y que fueron muchos los infectados con la enfermedad.

Se entiende que el objetivo perseguido era simplemente provocar la alarma en los consumidores.

En otras ocasiones circula la leyenda del niño, hombre o mujer infectados por el virus del sida tras consumir algún producto manipulado por un hombre (cocinero, pinche o similar), que se ha cortado con un cuchillo poco antes, contaminándolo con su sangre. Habitualmente ese género es comprado en la calle a algún vendedor ambulante.

...

El objetivo principal para la difusión de esta leyenda es generar rechazo hacia las minorías étnicas, porque generalmente el vendedor ambulante al que se refiere el relato es casi siempre un extranjero de algún país tercermundista. Otro de los propósitos es alertar del peligro que acecha al consumir productos que habitualmente encontramos en los vendedores callejeros.

EXTRAÑAS COSTUMBRES

Salim acababa de llegar desde la India al aeropuerto de Barajas. Allí le esperaba Miguel, un colega con el que contactó a través de Internet y que trabajaba en la misma empresa a la que él iba destinado. El joven era programador informático y una multinacional norteamericana con sede en Madrid lo había contratado. Era la primera vez que salía de su país. Miguel esperaba en la puerta de llegadas, sosteniendo con ambas manos un gran cartel que rezaba: Salim Bandelabar.

En cuanto vio el cartel, Salim se dirigió sonriente hacia él y al momento los dos amigos virtuales se encontraban frente a frente. Tras los saludos de rigor, Miguel se ofreció para acompañarlo donde fuera.

—Hoy he pedido el día libre y me pongo a tus órdenes, tú me dirás lo que te apetece hacer.

—Pues lo primero que me gustaría es tomar un té, el del avión tenía un sabor horrible y necesito tomarme algo caliente que me reconforte un poco.

Se sentaron en una de las cafeterías del aeropuerto. Salim pidió un té, y Miguel, una cerveza. A Salim le sirvieron la taza vacía con una bolsita de té, y el agua caliente aparte, en una tetera. El joven no se lo pensó dos veces: rompió la bolsa de té, introdujo el contenido en la taza y a continuación añadió el agua caliente.

Miguel le explicó divertido, que en España ese tipo de productos venían preparados para ponerlos directamente en la taza y que no era necesario romper las bolsitas.

Salim asintió avergonzado, cogió el sobre de azúcar y, sin abrir, lo introdujo entero dentro de la taza rebosante de té caliente.

BEBIDA CON TROPEZONES

Hay infinidad de relatos referidos a cuerpos humanos hallados flotando en tinajas, tanques, barriles, etc. Las más antiguas, hablarían de algún que otro cadáver encontrado en una gran pila llena de vino, que se transportaba en la bodega de cierto barco de carga.

Habitualmente, el barco que transporta la mercancía suele dirigirse a París, y el cuerpo que está dentro del líquido (siempre vino o cerveza) es de algún inmigrante (preferentemente marroquí o argelino). Como en otros casos, se trata de leyendas creadas para desprestigiar a algunas compañías que fabrican bebidas y de paso contribuir a fomentar el racismo de la población.

Coca-Cola, siempre en el punto de mira de sus competidores, no se libró de los rumores que señalaban que en alguna ocasión se había encontrado a algún que otro trabajador flotando en sus tanques, o incluso, enfermos de sida o toxicómanos. Se especulaba también con cuerpos en maceración durante años, y hasta hay quien apunta que, a lo mejor, en esto reside el «secreto de su éxito».

Cerveza, zumo de tomate y todo tipo de salsas han sido algunos de los líquidos donde han flotado a sus anchas cientos de cadáveres arrastrados por la marea de las leyendas. Visto así, cabría preguntar: ¿por qué no ha existido nunca una denuncia o ha aparecido algún cadáver? En todos los casos, el cuerpo se ha encontrado cuando el producto ya ha sido procesado y envasado, y es en ese preciso instante en el que las compañías esconden el suceso para salvaguardar sus intereses económicos.

LAS MÁS ESCABROSAS

En la década de 1960 una marca de cervezas de San Antonio (Texas) cargó con el rumor de que localizaron un cadáver que flotaba en uno de sus tanques. En la historia se aseguraba que al asesinado le habían cortado las dos manos para que no pudiera ni nadar ni agarrarse. Una muerte macabra y terrible para lo que se suponía un ajuste de cuentas entre competidores de la misma empresa.

122

Tampoco las tabacaleras norteamericanas se escaparon a las leyendas y en los años treinta una importante marca se vio obligada a hacer frente a la denuncia de que, en su fábrica, contrataron a un trabajador enfermo de lepra que manipuló durante meses el tabaco que después se envasó y vendió al público.

Por último se cuenta el caso de la familia estadounidense que, tras estrenar casa de segunda mano, encontró en el sótano un gran barril lleno de un exquisito ron. Para festejar la nueva vivienda, celebraron una gran fiesta con todos los amigos. El ron es la bebida de la velada. La sorpresa llega cuando al bajar el nivel del líquido del barril, descubren un cuerpo humano sumergido.

CANICHE AGRIDULCE

Nos encontrábamos de viaje de novios, intentando recuperarnos en el vestíbulo del hotel donde nos hospedábamos en Hong Kong. La noche había sido dura. Al ver nuestra cara pálida, se acercó una pareja de Córdoba que había coincidido en el viaje con nosotros.

—Chiquillos, ¿qué ha pasado? Nos han comentado que habéis tenido movida en un restaurante.

—¡Estamos de piedra! Menos mal que no os habéis apuntado a la cena que han planeado los de la agencia... ¡Noche asiática!... ¡Menuda noche de mierda! —dijo el novio, cabreado—. Íbamos en total unas diez parejas, entre las que se encontraban esos ingleses mayores...

—¿Los que se llevan el caniche hasta para mear? —interrumpió el cordobés.

—Sí, esos mismos, y además vas a alucinar. Resulta que primero nos dieron un paseo por uno de los barrios típicos de aquí, parecía una *peli* de esas americanas en las que te llevan a conocer el barrio chino... ¡Imagínate! No saben ni hablar inglés, para que te comprendan tienes que explicarte a base de gestos. ¡Terminas comprando y comiendo lo que a ellos les da la gana porque no se enteran de nada! Pues resulta que la pareja de ingleses ha llegado con el caniche y trataban de explicar al camarero que querían que le dieran de comer al perrito, ¡aquello era de coña! El panoli no paraba de hacer gestos con la mano, que si comer... que si señalaba al perro, que si señalaba un plato... y el chino no paraba de reír y de

123

decir todo el rato que sí. De repente, el camarero cogió el perrito y se lo llevó para la cocina y ellos pensaron que al fin les habían entendido y que en breve le darían a su mascota la cena... ¡Vaya si lo hicieron! Después de elegir de la carta unos cuantos platos casi al azar nos trajeron los rollitos de primero y una gran fuente tapada que pusieron junto a los ingleses. Cuando el chino la abrió nos quedamos sin habla: allí estaba el perrito cocinado y puesto sobre una cama de arroz blanco con verduras.

—¡Dios mío! ¡Qué asco! —volvió a interrumpir el cordobés.

—¡Ya te digo! Yo no pienso comer en todo el viaje y los ingleses menos aún, han tenido que ingresarlos en urgencias, creo que al menos tendrán que pasar allí dos o tres días más, estaban en estado de *shock*. ¡Ha sido muy fuerte!

MEZCLAS EXPLOSIVAS

Nos han perseguido desde niños... Eran combinaciones fatídicas, mezclas capaces de acabar con nuestra vida en apenas unos segundos. Por ejemplo: uno no se podía bañar sin haber hecho la digestión, o si eras niña, no podías bañarte con la regla o preparar mayonesa porque se cortaba. Los niños de aquella época estábamos aterrados pensando que en una de esas combinaciones podíamos morir... ¿Se acuerdan de los petazetas?

Eran una especie de polvos granulados que cuando uno se los introducía en la boca, y mezclados con la saliva, comenzaban a explotar (a menor escala, eso sí) produciendo unas graciosas cosquillitas en la lengua.

Fue una experiencia curiosa la que reviví cuando, comiendo en el restaurante Akelarre de Pedro Subijana, descubrí que éste tenía en la carta platos a los que añadía a la salsa petazetas (con el consiguiente peligro de que si alguien no te avisaba te llevabas un buen susto). Para mí fue como volver a la infancia.

Pues bien, cuenta la leyenda que si mezclas petazetas con Coca-Cola se produce una extraña combinación química que provoca enormes dolores de barriga y, en algunos casos, llega a causar la muerte.

Otras combinaciones mortales, siempre según nos cuentan las leyendas, serían el Baileys con tónica o con Coca-Cola, o el Red Bull con harina... ¡Ni se le ocurra mezclarlos!

Leyendas a discreción

Las bebidas energéticas llevan hormonas de toro

Son muchos los misterios que han querido apuntar los que se dedican a expandir leyendas urbanas sobre las bebidas energéticas del estilo de Red Bull. Durante mucho tiempo, corrió el bulo de que a este tipo de refrescos se les incorporaban hormonas de toro, aunque nada más lejos de la realidad.

Estos productos se elaboran con sustancias sintéticas preparadas por compañías farmacéuticas, por lo que no contienen ningún componente de origen animal, y aún más: la cantidad de cafeína que se incluye es similar a la de una taza de café filtrado. La sustancia activa con la que se prepara este tipo de bebidas es la «glucorolactona», que permite asimilar energía de los tejidos grasos.

Cabe señalar, que no sirve para adelgazar y su ingestión debe ser acompañada de muchos líquidos para evitar la deshidratación.

Los m&m's verdes son afrodisiacos

Desde que comenzaron a fabricarse estos chocolatitos en 1941 se han visto salpicados por infinidad de leyendas y supersticiones, sobre todo en Estados Unidos, el primer consumidor de dichos dulces. Casi se les daba a cada color de m&m's una función: si el último chocolatito de la bolsa es rojo, había que pedir un deseo, pero en cambio, si era amarillo, es seguro que caería enfermo en los días posteriores. A los verdes se los asoció con la fertilidad y la salud, asignándoles propiedades afrodisiacas.

El rumor de los efectos de estos chocolates alcanzó tales dimensiones, que una empresa decidió explotarlo y fabricó una bolsa sólo con los chocolatitos verdes. Para publicitarlos, utilizó un eslogan de lo más sugerente: «El verde siempre quiso decir *adelante*». La frase aparecía sobre una cama revuelta.

Finalmente fueron denunciados por la empresa Mars (fabricantes de los m&m's) y tuvieron que dejar de comercializarlos. A aquellas bolsas de chocolatitos verdes se las llamó Greenies.

Pero no es este el único rumor que circuló en torno a esta marca. Se hablaba de que el grupo de rock Van Halen incluía en su contrato de actuaciones en directo una cláusula pidiendo en su camerino un gran recipiente rebosante de m&m's; eso sí, no podía haber entre ellos ninguno de color marrón. Aunque esto, en principio, parecía un capricho más de los muchachos, llegaba a tener su justificación: Si una compañía no era capaz de cumplir un requerimiento tan sencillo. ¿Qué pasaría con el resto de cláusulas del contrato?

Las latas que matan

Me apuesto algo a que, en más de una ocasión, al ir a abrir una lata de refresco alguien le ha advertido del peligro que corre si no la limpia primero, ¿me equivoco? Es una leyenda urbana que circula por Internet advirtiéndonos de los peligros de las latas de bebidas. El e-mail viene, más o menos, a decir:

> Perdí a un gran amigo, Orlando, brillante abogado, papá de la modelo Daniela Sarahyba, en una situación absurda: Él tenía una casa y una lancha en Angra dos Reis. Al salir una mañana de domingo a pasear en la lancha con unos amigos, llevó en la nevera del barco latas de cerveza y refrescos. Al día siguiente de aquella fatídica excursión, lunes, estaba internado en la UCI; falleció a los dos días.
>
> Este amigo era un gran deportista, adoraba a sus amigos y vivía la vida con gran intensidad. Cuando el forense realizó la autopsia para determinar la causa de su fallecimiento, apuntó que se había producido por una leptospirosis fulminante, contraída al beber directamente de una lata de cerveza, sin haberla limpiado antes.
>
> El examen de las latas confirmó que estaban infectadas con orina de ratones, y por consiguiente de leptospiras.
> ¡MUCHO CUIDADO! ¡AVISO A LOS CONSUMIDORES DE BEBIDAS EN LATA!
> Cada vez que compren una lata de bebida asegúrense de lavar la parte superior con agua corriente y detergente. Yo en casa lavo las latas con desinfectantes, incluso las que van al refrigerador.

Es fundamental analizar el contenido de esta leyenda, y de la importancia de hacer llegar al que la lee, que la persona fallecida «era, pongamos por caso, un gran atleta o una persona importante o, tal como se dice aquí, padre de una modelo famosa», eso creará en aquellos que lo lean un sentimiento de mayor angustia.

Amor por los animales

El director del Refugio no lo podía creer... ¡Existía gente de buena fe! Hasta su albergue para perros había llegado una carta de una empresa coreana queriéndose hacer cargo de todos los perros abandonados... Rápidamente reunió a todos sus empleados y les leyó la carta, emocionado:

> Querido amigo, lo primero pedirle perdón por mi incorrecto castellano, en segundo lugar nos gustaría felicitarlos por la buena labor que están ustedes llevando a cabo con esos perros sin hogar. Sabemos que tienen que realizar un gran esfuerzo económico para mantener a todos ellos, además de tener que sacrificar periódicamente a muchos de estos pobres animales, con los gastos y las pérdidas de vida que conlleva.
>
> Nuestra empresa está realizando una campaña mundial para salvaguardar la vida de estos animales. Poseemos una gran finca donde pueden pasear a sus anchas, y algunos patrocinadores que nos financian encantados, sabiendo que realizan una buena acción.
>
> Por eso nos gustaría llegar a un acuerdo con ustedes: su empresa consigue todos los perros sin dueño que pueda, y nosotros con gusto los cuidamos, añadiendo que, por cada mascota, podríamos aportar una pequeña cifra para que no sea gravoso para ustedes.
>
> A la espera de tener noticias suyas muy pronto, se despide atentamente:
>
> Kim Yung Soo
> Presidente de Kea Tan Joo, Inc.

—¿Bueno, qué os parece? ¿No es genial?

Uno de los trabajadores se levantó y les dijo:

—¿Genial? ¿Coreanos intentando comprar perros y no te parece raro? Esta gente tiene en su país un plato que, según ellos, es exquisito y por el que llegan a pagar cifras astronómicas: «El perro asado».

Los empleados pusieron cara de asco. El que habló primero, prosiguió:

—Ya me habían llegado noticias de algunos compañeros que trabajan en Estados Unidos. Al parecer, esa gentuza compra los perros y en el lugar de origen los sacrifica y trocea, los envasa al vacío y los manda a Corea para que sean degustados por los más pudientes. Algunos se consumen allí y otros se exportan a China, Filipinas, Japón, Tailandia o Camboya. Según sus creencias, la carne de perro hace curarse a las personas enfermas e incluso rejuvenecer; también piensan que comiendo carne de perro se revigoriza uno sexualmente.

El presidente del refugio estaba alucinado, no había oído hablar de esa noticia.

—Bueno, pues nada, ni os preocupéis, eso sí, ahora mismo voy a enviar esta carta a sanidad para que investiguen la procedencia de la misma, y también voy a mandar copias de ella a todos los directores de perreras, para que estén en alerta.

. . .

Esta misiva fue recibida en Estados Unidos por cientos de directores de perreras a mediados de la década de 1990. Se trataba de una invención con el objetivo de alertar a la población... ¡Y vaya si lo consiguió! Pronto se movilizaron numerosas asociaciones de defensa de los animales y la noticia fue portada en muchos medios de comunicación. Y lo más sorprendente es que el autor de la carta saltó a primera plana, se llamaba Joey Skaggs.

JOEY SKAGGS

Era imprescindible hablar de este periodista, autor de decenas de leyendas urbanas, que utiliza la tecnología del siglo XXI para remover las conciencias. Según él, al igual que un artista utiliza el pin-

128

cel o el barro para realizar sus obras, en sus manos está el ordenador y su imaginación; en definitiva, Joey es un creador que usa los medios de comunicación para expresarse.

Su trabajo consiste primeramente en diseñar y producir una leyenda urbana, un engaño que pueda hacer llegar al mayor número de personas. Para ello utiliza las mismas técnicas aplicadas en una campaña de publicidad: folletos, artículos y notas de prensa; incluso utiliza actores y recreaciones, para que sus engaños sean más convincentes y «pique» el mayor número posible de medios de comunicación. En sus trabajos incluye una pista falsa escondida intencionadamente, una oportunidad para los medios de comunicación más serios y profesionales.

La segunda fase consiste en realizar un seguimiento de su historia, recopilando todo el material que ha conseguido. Observa cómo cada uno explica el relato y cómo se va transformando.

Por último, revela la verdad a los medios y saca a la luz pública sus conclusiones para que sean debatidas. Cuestiones como la carencia de ética, el abuso de poder de los medios, e incluso, la credulidad de un público que se traga todo lo que los medios de comunicación publican.

Entre las leyendas más famosas puestas en circulación por Joey Skaggs está la del doctor que trata la calvicie y trasplanta el cuero cabelludo de... ¡cadáveres! O la de la puesta en marcha del Banco de Semen de Famosos, que estarían dispuestos a donar su esperma para las mujeres que lo solicitaran; podrán imaginar que las peticiones fueron interminables.

Joey Skaggs lo tenía fácil con esta leyenda que nos alertaba de las supuestas empresas coreanas intentando comprar carne de perro, ya que esta carne se consume en algunas zonas, sobre todo de Asia. Esta costumbre no se entiende en la sociedad occidental y ha sido objeto de numerosas críticas, aunque está claro que a los hindúes tampoco les será muy agradable vernos comer carne de vaca y ternera en nuestros hogares. Las críticas al consumo de perro parte de los occidentales, se originaron sobre todo a partir del mundial de fútbol Corea-2002. Esto no gustó mucho al pueblo surcoreano, que lo interpretó como un signo de racismo y discriminación. Los medios de comunicación coreanos respondieron explicando que se trataba de una costumbre alimenticia como cualquier otra, como la de comer carne de caballo en Francia, o sesos de mono en China y en África.

Además, contraatacaban explicando que se trataba de una tradición culinaria y no un espectáculo como el que —argumentaban—, se organiza en las, a su juicio, crueles corridas de toros españolas. Sea cierto o no, este caso sin lugar a dudas nos invita a la reflexión.

VI

Viajes

La globalización ha llegado también al mundo de los viajes y hoy en día se puede volar de Madrid a Londres por apenas cincuenta euros. Esto hace unos años habría sido impensable en España, cuando para viajar uno necesitaba no sólo una buena cantidad de dinero, sino también tiempo. Aún recuerdo cómo mis abuelos me contaban que su viaje de novios lo habían realizado a Guadalajara (que apenas está a cuarenta kilómetros de Madrid) y que fueron unos privilegiados, ya que muchos de sus amigos ni siquiera se podían plantear salir del barrio.

No es de extrañar, pues, que asociadas a los viajes se hayan creado infinidad de leyendas y relatos. De hecho, entre los miedos y las fobias actuales podríamos destacar el pánico a volar. Personas que, incluso, se ponen enfermas días antes de tener que coger un avión. Hoy en día, los más mayores no llegan a comprender cómo un artefacto tan grande y pesado puede mantenerse como si nada en el cielo.

A todas estas leyendas tendríamos que añadir las relacionadas con la xenofobia o con el miedo a determinadas culturas. Al igual que en la antigüedad los marinos pensaban que tras el horizonte no existía nada, y que los barcos allí naufragaban víctimas de las más diversas atrocidades (incluyendo, por supuesto, todo tipo de monstruos marinos), aún se sigue pensando que en determinados países, sobre todo en los más atrasados, siguen vestidos con el taparrabos... ¡Nada más lejos de la realidad! Curiosamente, en estos países es donde se encuentra el lujo más exclusivo.

Mi amigo Chema Rodríguez, gran escritor y aventurero, me relató una anécdota muy divertida: hasta en la tribu más recóndita de África uno llegaba pensando que sería el primer hombre civilizado que veían sus miembros y se los encontraba vestidos con camisetas Nike o gorras Adidas. ¡Ésta es la globalización viajera!

MAL DE OLORES

Cuando uno cierra los ojos y piensa en Las Vegas, enseguida se le representan en la mente las luces de neón, los grandes rascacielos, las máquinas tragaperras... A mí, sin embargo, no me llegan imágenes. Me llegan olores y en concreto una peste nauseabunda... ¿Quieren conocer algo más de esta historia?

Me llamo Alicia Iruña, soy empresaria y decidí marcharme con unas amigas de viaje, entrábamos en esa edad que muchas mujeres (yo incluida) consideramos peligrosa y habíamos optado por regalar a nuestro cuerpo una semana de desenfreno y relax.

El plan era estar varios días disfrutando de Nueva York y desde allí dar un salto hasta la mundialmente conocida Las Vegas para disfrutar del ambiente que allí se respira.

Todo iba de maravilla hasta que llegamos al Hotel Casino de Las Vegas, el lugar era precioso, y se disfrutaba de lujo y glamour por cada rincón. Yo tenía la suerte de compartir habitación con Ani, compañera de la facultad y de la que no me había separado desde entonces. Introdujimos la tarjeta electrónica en la puerta de nuestra habitación y respiramos hondo... ¡Por favor que sea una buena habitación!

Cuando abrimos los ojos lo que vimos nos gustó, presidiendo la habitación se encontraban dos enormes camas tamaño King Size, todo un delirio en el caso de que dispusiéramos de una buena compañía masculina (a ser posible atlética) que nos hiciera olvidar los cuarenta años que ambas habíamos cumplido.

Mientras deshacíamos las maletas nos llamó la atención el fuerte olor que se respiraba mezclado con grandes dosis de ambientador (estaba claro que de aquella manera intentaban disimularlo), sin darle mayor importancia nos marchamos a conocer la ciudad y cuando regresamos, pasadas unas cuantas horas, aquel desagradable olor no sólo permanecía, sino que había aumentado. La verdad es que era insoportable.

Llamamos al servicio de habitaciones, que acudió en breves minutos (todo hay que decirlo) y hizo todo tipo de comprobaciones: cañerías, ventilación, miraron debajo de las camas, detrás de las cortinas... Volvieron a rociar la habitación con ambientador y parece que la cosa quedó de momento tranquila.

Ani (como en ella era costumbre) guardó su cartera con el dinero y los documentos debajo de su colchón.

A la mañana siguiente el sol iluminaba plenamente la habitación, aumentó el calorcillo y con ello también el maldito olor...

—¡Por Dios, Ani!... ¿Te has dado cuenta de que vuelve a oler otra vez? —Ani me miró con una cara extraña como si por ella hubieran pasado tres o cuatro años de repente.

—¿No me has oído vomitar esta noche? No sé si algo me ha sentado mal o es este olor que me tiene hundida, imagínate si tú lo hueles, yo es que lo tengo metido en el cuerpo. ¡Por favor qué asco! Vamos a llamar para que nos cambien inmediatamente de cuarto.

Otra vez me tocó a mí molestar en recepción. Nos pidieron todo tipo de disculpas y nos rogaron que hiciéramos las maletas asegurando que nos trasladarían sin ningún problema de habitación... ¡Da gusto ir a hoteles de lujo!

—¿Qué te han dicho? —Dijo una Ani trastornada.

—Que nos dan otra habitación, o sea que... ¡Arriba y a hacer la maleta!

Para que se animara un poco la tuve que vapulear con el almohadón. ¡Parecíamos dos quinceañeras en medio de una guerra de almohadas! Justo cuando bajábamos a recepción nos acordamos de la cartera de Ani.

—Ani, ¡que no se te olvide el monedero! —la avisé.

—¡Tienes razón! Ahora mismo la cojo.

Cuando Ani metió la mano bajo el colchón y comenzó a tantear, lanzó un grito aterrorizada.

—Dios mío... ¿Qué es esto?

Levantamos el colchón con precaución, descubriendo horrorizadas un brazo humano pestilente. El terror no nos dejó tiempo para pensar con lógica. Lo único que logramos hacer fue bajar los escalones de dos en dos y no parar hasta llegar a recepción.

Mientras nos tomábamos una tila en la sala VIP del hotel, un policía de aspecto latino nos explicó en castellano, que bajo el colchón habían encontrado un cadáver. Al parecer, estaba muy bien camuflado, porque hasta habían realizado un hueco a base de machetazos en el somier. El hombre debía de llevar unos cinco o seis días muerto, de ahí el desagradable olor que nos acompañó aquellos días y que no nos abandonó en algunos más.

La dirección del hotel fue sumamente agradable. Nos cambiaron a una *suite* y se desvivieron con nosotras. Sinceramente, no sabemos muy bien si lo de los dos mulatos del servicio de habitaciones también fue cosa suya, el caso es que cuando regresamos del viaje nos dijeron todos nuestros conocidos que veníamos rejuvenecidas... ¿Por qué sería?

¿LUNA DE MIEL?

—¡No me lo puedo creer!... ¡Turquía! —gritó al aire Jesús a su llegada al aeropuerto.

Visitar Estambul y casarse con Marta eran dos de los sueños de su vida y los estaba cumpliendo a la vez.

—¡Vamos, Jesús! ¡No te separes del grupo o nos perderemos! —le gritó una Marta precavida.

Jesús no hacía más que grabar con la videocámara todo lo que se encontraba en su campo de visión. Al llegar al hotel se quedaron maravillados con la habitación, las cinco estrellas se cumplían a la perfección y para más deleite, al estar de viaje de bodas, habían tenido el detalle de dejarles champán y una cesta de fresas frescas en la mesilla

—Tariroooo, tariroooo... —le cantaba Marta a su ya marido mientras se desabrochaba un par de botones de la blusa.

—Uaauuhhhh, esto va a ser mejor de lo que yo pensaba —Jesús no cabía en sí de felicidad.

Cenaron en el restaurante del hotel y rápidamente subieron a la habitación. Al día siguiente madrugaban para realizar su primera excursión programada: un *tour* por todas las mezquitas de la ciudad.

Al amanecer, Jesús fue el primero en estar preparado con su videocámara y sus bermudas a la puerta del hotel. Disfrutó aquel día de lo lindo. Grabó un montón de mezquitas, y a Marta en todas las posturas imaginables. Se sentía feliz y a la vez cansado. Las piernas casi no le respondían al llegar por la tarde al hotel.

—¿Qué vamos a hacer hoy mi vida, cenamos aquí o salimos fuera? —preguntó Marta extenuada.

—Los dos estamos agotados. Si te parece, he visto un restaurante con comida del país a dos manzanas de aquí, podemos ir allí a cenar y luego venimos a descansar, el local tenía muy buena pinta.

—¡Muy bien! —dijo Marta—, pero sólo con una condición... ¡Qué dejes aquí la cámara de vídeo! —añadió entre risas.

—¡Esta bien! ¡Indirecta cogida! ¡Soy un pesado, lo reconozco!

El joven matrimonio disfrutó de una velada extraordinaria. El restaurante era genial, muy limpio y con un servicio muy agradable. Tomaron varias tazas de té al terminar la cena, y después marcharon satisfechos hacia el hotel. Ya estaban en la puerta de la habitación, cuando Jesús dijo a Marta:

—¡Un segundo! —y acto seguido la cogió en brazos, mientras ella pataleaba al aire.

—¡Estás loco! ¡Bájame!

—¡Nada de eso! ¡La tradición es la tradición!

Sacó a duras penas la llave de la habitación y con las piernas temblorosas abrió la puerta. Cuando encendió la luz, casi se le cae Marta al suelo.

—Pero... ¿Qué ha pasado aquí? —gritó Jesús con cara de alucinado— ¡Está todo revuelto!

Marta se descolgó de sus brazos y comprobó todos los cajones y el armario. ¡Todo había desaparecido!

—¡Dios mío! ¡Nos lo han robado todo!

Llamaron a recepción. El conserje les conminó a quedarse en la habitación. En pocos minutos les visitaría el director de seguridad del hotel.

—Lo primero es pedirles perdón por mi castellano, espero que me entiendan bien. Lo segundo, decirles que sentimos mucho el robo producido, se trata de una banda organizada que actúa en los hoteles de lujo, se viste con el mismo uniforme que el servicio y aprovecha la menor oportunidad para desvalijar las habitaciones. ¿Se lo han robado todo?

—Sí —contestó Jesús—, sólo nos han dejado el neceser con los cepillos de dientes, el champú y poco más... Bueno, sí. ¡Han tenido la delicadeza de sacar la cinta de la cámara de vídeo y dejárnosla! ¡Al menos tendremos un recuerdo!

—Les vuelvo a pedir perdón en nombre del hotel —repitió el jefe de seguridad—, redoblaremos la vigilancia para que nada pueda suceder. Tendrán que poner mañana una denuncia en la comisaría para que automáticamente podamos comenzar las gestiones del seguro, aunque les advierto que suelen tardar unas semanas.

Los siguientes cinco días en Estambul los pasaron casi con lo puesto, aunque Jesús llevaba algo de dinero encima, les habían robado la mayor parte al haberlo camuflado en la maleta. Compraron una cámara de fotos de usar y tirar, algo de ropa y poco más, al menos tenían los cepillos de dientes y el champú... ¡Algo es algo! Pensaban intentando ser positivos.

De todos modos, Jesús era un tipo muy divertido y procuró que Marta se lo pasara lo mejor posible. Regresaron a Madrid con la cámara de fotos, la cinta de vídeo y unos cuantos regalos cutres en una bolsa de deportes que compraron en un mercadillo. Entre la boda, el viaje y el robo estaban a dos velas.

El fin de semana siguiente invitaron a varios familiares a casa, tenían que darles los cutre-regalos y de paso verían la cinta de vídeo con las mezquitas. Vieron unas cuantas escenas y de repente se quedaron horrorizados, en la tele aparecían varios turcos vestidos de mozos del hotel... ¡Los muy sinvergüenzas habían grabado el robo! Jesús y Marta miraban la tele con la boca abierta e indignados.

De pronto... uno de ellos entre risas enseñó los cepillos de dientes a la cámara, se bajó los pantalones y se introdujo uno a uno los cepillos en el trasero. A continuación, la cámara se dirigió al baño, allí estaba otro masturbándose. El resultado de la operación lo vertía dentro del bote de champú.

A Jesús le dio tiempo de llegar al baño... Marta vomitó directamente sobre la alfombra, ante el estupor de sus familiares, a quienes no hubo que explicarles que habían utilizado esos cepillos durante el resto del viaje.

. . .

Esta leyenda se popularizó en Estados Unidos en la década de 1980 con la variante de que la pareja en cuestión viaja a Jamaica, y en vez de vídeo (todavía su uso no se había estandarizado) se sacaban unas cuantas fotos y dejaban la cámara sobre la cama. Las víctimas quedaban horrorizadas al revelar las fotos y descubrir sus cepillos dentales en traseros ajenos. Más tarde, en los noventa, comenzó a circular la versión del vídeo aunque el lugar elegido por los novios varía según el país por el que circule la leyenda.

Una vez más la leyenda juega con uno de nuestros miedos más profundos: el miedo a viajar, y de paso remueve el concepto racista que algunos tienen de ciertos países árabes.

RECUERDO AFRICANO

Cristian aún tenía algo de dinero en moneda local y necesitaba gastarla antes de regresar a España. Buscó por algunas tiendas del aeropuerto, y se fijó en una especie de cuenco de madera tallada muy bonito que vio en el escaparate de una tienda de artesanía africana. Preguntó el precio, y era justo lo que llevaba.

A Cristian le hizo mucha ilusión el cuenco tallado. Parecía de madera de caoba, y tenía grabado un colibrí en su parte exterior. Se lo regaló a su mujer que enseguida le sacó utilidad, lo usarían para servir las salsas. Durante varios meses, lo utilizaron para servir la mayonesa, y aquella noche no iba a ser menos. De primero tenían espárragos.

Mientras cenaban viendo la tele, la mujer de Cristian cambió de color. Estaban reponiendo un documental donde se veía a una tribu africana en sus labores cotidianas. Las mujeres iban con los pechos al aire y tapadas tan sólo por una especie de minifalda hecha con hojas. Los hombres, para su asombro, iban desnudos, tan sólo cubrían su entrepierna con una especie de cuenco de madera de caoba con un colibrí grabado en el exterior, el mismo que ellos usaban para la salsa.

VIRGENCITA, ¡QUE ME QUEDE COMO ESTABA!

El autobús había llegado justo a la hora anunciada al punto de partida. Eran las seis de la mañana y cincuenta personas nos disponíamos a viajar a Lourdes. Muchos eran mayores, alguno tenía achaques, y viajaban con la vaga intención de encontrar algo de alivio para sus males. Otros, como yo, íbamos solamente por ser buena gente y acompañar a algún familiar que creía en estas cosas, en este caso mi madre.

Nos habíamos apuntado en la asociación cultural donde mi madre acude todas las tardes. Un viaje de fin de semana baratito, y del que no me pude librar.

Miré alrededor para ver si descubría a alguien de mi edad que me pudiera salvar en algo aquel tostón de viaje... ¡No me lo podía creer! ¡Margarita, mi vecina! Y encima no estaba nada mal. Me acerqué a saludarla:

—¡Hola vecina! ¿No me digas que vienes a la excursión? —pregunté sonriente.

—¡Hola! Ya ves, no me he podido librar, vengo con mis padres... ¿Y tú? —preguntó ella viendo también algo de alivio a su viaje.

—Yo tampoco me he podido librar, je, je... ¿Nos sentamos juntos en el autobús? —pregunté intentando aferrarme a algo interesante.

—¡Muy bien! Luego te veo —me guiñó el ojo y se marchó con sus padres.

A mi madre le pareció muy buena idea que me sentara con Margarita. Es muy inteligente, y sabía que este viaje iba a ser para mí un infierno.

Subimos al autobús, y efectivamente nos sentamos juntos. Hablamos del instituto, de los amigos comunes, nos divertimos con algún chiste. De repente, ella me preguntó:

—¿Te sabes tú la historia ocurrida el año pasado en la excursión?

—¡No, qué va! ¡Cuenta, cuenta! —le dije intrigado.

—Resulta que una mujer de la asociación se separó algo del grupo cuando esperaban la bendición por parte del sacerdote a la entrada de la gruta, era una mujer de unos sesenta años y le fallaban un poco las piernas. Buscó a su alrededor algún sitio donde sentarse y de pronto divisó una silla de ruedas vacía que habría dejado algún peregrino que estaría recibiendo la bendición. La mujer se sentó a descansar en la silla un buen rato y cuando vio llegar al sacerdote se levantó y fue hacia él para que la bendijese, no te puedes imaginar el revuelo que se armó, alguien grito: ¡Milagro, milagro! ¡Puede andar! Fue tal el barullo que se montó y lo excitada que se puso la gente que hubo hasta empujones por tocar a la señora, tanto fue así que sin querer y entre tanta efusividad la empujaron y cayó hacia la fuente, con tan mala fortuna que se rompió una pierna (yo ya no podía aguantar más la risa, y las carcajadas se escuchaban en todo el autobús). A la mujer, el viaje a Lourdes le resultó muy diferente del resto, en vez de venir curada, vino con una pierna escayolada y sosteniéndose en dos muletas... ¡Un desastre!

POLÍTICA DE EMPRESA

Aquella compañía aérea tenía una política de empresa muy especial. En medio del vuelo, siempre salía el piloto de su cabina para saludar a los pasajeros y departir brevemente con ellos. Según la dirección, eso hacía que los usuarios se sintieran importantes.

Este vuelo no iba a ser distinto, y a medio trayecto, el piloto le comentó sus intenciones a su compañero:

—Bueno, Peter, voy a saludar al pasaje. ¿Todo en orden?

—Sí, por supuesto. Todos los indicadores están en su posición y volamos con el piloto automático.

—¡Perfecto! Bueno, pues en un ratito regreso. ¡Hasta ahora!

—¡No te preocupes, está todo bajo control!

El piloto comenzó a saludar, como era norma, por el pasaje preferente. Uno a uno fue preguntando por su destino y el motivo de su viaje.

Mientras el copiloto intentaba aguantar de la mejor manera sus ganas de ir al baño.

—¡Tenía que haber ido antes de que se marchara el comandante! —se repetía una y otra vez.

El piloto no regresaba, y Peter no podía aguantar más sus ganas...

—Bueno, está el piloto automático funcionando con normalidad y todos los parámetros están en su sitio, si no aprovecho ahora, me lo haré encima.

Sin pensárselo dos veces, salió rápidamente hacia el baño. Hizo sus urgentes necesidades y regresó a la cabina. Cuando fue a abrir, comprobó preocupado que el compartimiento estaba cerrado.

—¡Dios! Me he dejado las llaves dentro del bolsillo de la chaqueta y la tengo colgada en el respaldo del asiento. Bueno, no hay que preocuparse, se las pediré al piloto.

Cuando el comandante vio llegar a su segundo, se quedó algo extrañado de que hubiera abandonado su puesto.

—¿Ocurre algo Peter? ¿Qué haces fuera de la cabina?

El copiloto se acercó al oído de su superior para que no le escuchara mucha gente.

—Haz el favor dame tu llave es que he salido un momento al baño porque no aguantaba más y me he dejado las llaves dentro.

—¿Mi llave? ¿Cómo iba a pensar que tú también ibas a salir de la cabina? Las tengo en el bolsillo de mi chaqueta, que obviamente también está dentro.

La solución fue un hacha contra incendios y una puerta destrozada que tuvieron que poner nueva. Obviamente, la compañía terminó cambiando de política, y nunca más en un vuelo, piloto y copiloto abandonaron la cabina a la vez.

Esta leyenda se conoce desde mediados de la década de 1970, tiempo en el que fue publicada en alguna revista del sector aéreo. No deja de ser una anécdota inventada, aunque como en este tipo de relatos, siempre se encuentra a alguien dispuesto a afirmar que le ha ocurrido a él.

BEBÉ A BORDO

Durante un tiempo se extendió el rumor de que si un niño nacía dentro de un avión en vuelo, la compañía se hacía cargo de su manutención, y además le regalaba pasajes gratis para el resto de su vida. Algunas compañías tuvieron incluso que desmentirlo.

En primer lugar, es muy difícil que esto ocurra porque las empresas aéreas impiden volar a las embarazadas en avanzado estado de gestación, aunque sí ha habido algunos casos aislados, como el que publicó la agencia de noticias Reuters en 1995.

En el vuelo 641 de Thai Airways una mujer tuvo un parto prematuro, adelantado varios meses a la fecha prevista. La tripulación ayudó en el alumbramiento de una niña a la que, prácticamente, la empresa consideró como su hija, haciéndose cargo de sus estudios y dotándola de pasajes para el resto de su vida.

Es una muestra de un caso aislado, y la compañía se cansó de desmentir que había sido un acto de generosidad y no una regla preestablecida por la empresa de vuelos.

PASAJEROS INCÓMODOS

Los médicos se estaban volviendo locos. En apenas dos días habían ingresado a varias pacientes con los mismos síntomas, y sin tener aparentemente ninguna conexión entre sí: fiebre, convulsiones, vómitos, parálisis muscular, y en dos de los casos: muerte.

Las autoridades sanitarias habían dado la señal de alarma, y la policía había comenzado a investigar apoyada por el departamento de enfermedades infecciosas del Ministerio de Sanidad.

Interrogados los familiares de los pacientes ingresados, era difícil encontrar alguna conexión. Estos enfermos no se conocían entre sí y parecían no tener nada en común. Sin embargo, tras las primeras indagaciones, se descubrió que todos habían regresado de viaje hacía unos días. La pista más cercana la aportó una camarera de un restaurante del aeropuerto de Barajas. Había contraído la misma enfermedad sin viajar en los últimos días. La policía sondeó a los ingresados, llegando a la conclusión de que lo que unía a todos los afectados era el mismo restaurante del aeropuerto donde trabajaba la camarera ingresada. Rápidamente, efectivos de la policía nacional clausuraron el local y comenzaron las investigaciones, a las que se unió un especialista en enfermedades tropicales. Los síntomas que padecían los enfermos eran más parecidos a cierta enfermedad contraída en algún viaje.

La camarera ingresada no había comido ni bebido nada del restaurante últimamente, porque sólo fue al local para recoger su cheque del mes. Eso sí, había utilizado el baño, y eso dio con la pista necesaria. Después de que los servicios sanitarios inspeccionaran el agua y el aire acondicionado sin encontrar rastros de ningún virus, el doctor se dirigió al baño de mujeres y comenzó a examinarlo. Sin pensárselo mucho, se dirigió hacia el retrete al recordar un artículo que había leído en una revista médica. Levantó la tapa, y en un borde de la misma la descubrió: una pequeña araña grisácea que se escondió al instante.

Con sumo cuidado introdujo la araña en una bolsa de plástico y la llevó personalmente al laboratorio. Se quedó varias horas esperando los resultados que eran concluyentes: se trataba de un arácnido sudaméricano, poseedor de un veneno sumamente tóxico, que vive en lugares fríos y húmedos (por lo que encontró en el retrete su hábitat ideal). Al parecer, la araña debía de anidar en el retrete de algún avión, y se habría trasladado a las ropas de alguna pasajera que al utilizar el baño del restaurante del aeropuerto puso al bichito en contacto con su nuevo hogar. En total, la arañita en cuestión había pinchado a más de veinte mujeres. Tres de ellas fallecieron, el resto se pudo salvar gracias al antídoto que elaboraron en el laboratorio.

Ahora se cree que alguna de estas arañas puede haber anidado en cualquier otro baño de algún avión, o del aeropuerto, por lo que se pide máxima precaución al usar los aseos. Es conveniente que siempre se revise la tapa antes de utilizarlos.

TERRIBLE ACAMPADA

«¡Vamos, niños, al coche!». Ésta era la frase habitual del padre de familia los sábados por la mañana. A la pareja le encantaba viajar y disfrutaba más que sus hijos durmiendo en la tienda de campaña. Tenía varios destinos favoritos, aunque aquel fin de semana él y sus hijos conocerían uno nuevo que un amigo del trabajo le había recomendado.

El bosque era precioso, y la zona de acampada, impresionante.

—¡Qué raro que no haya más tiendas de campaña instaladas! —comentó a su mujer—. ¡A ver si no van a permitir acampar aquí!

Echó un vistazo a su alrededor para ver si encontraba algún cartel que prohibiera estar por aquel bosque pero no vio nada.

—¡Venga, chicos, a montar la tienda!

Los dos hijos del matrimonio eran ya unos expertos en el montaje y desmontaje de campamentos.

—¡Chicos, voy a hacer pipí! —gritó la madre adentrándose en el bosque.

A los pocos minutos quedaron aterrados con los gritos de dolor que salían de detrás de los árboles. Corrieron hacia los lamentos, y lo que vieron los dejó traumatizados para el resto de su vida. Al parecer, la mujer se agachó entre la maleza para realizar sus necesidades. Estaba con la regla y el olor a sangre debió de atraer a un lagarto que se volvió como loco mientras le devoraba la zona ensangrentada.

El padre ordenó a los hijos que no miraran y que se marcharan inmediatamente. Él cogió el primer palo que encontró y se enfrentó al endemoniado lagarto, al que molió a palos. Su mujer estuvo varios días ingresada. Había perdido mucha sangre y tuvieron que restaurar con cirugía toda aquella zona. Además, el psiquiatra recomendó que se quedara bajo vigilancia médica unas cuantas semanas más. Obviamente, el único viaje que volvieron a realizar fue del hospital a casa y de allí al hospital.

. . .

Pernoctar en una tienda de campaña en medio del bosque da para muchas leyendas. La inquietud ante lo que podemos encontrar a nuestro alrededor, acrecienta nuestros temores, y la posibilidad de que aparezcan animales extraños aterroriza al más valiente.

VII

Robos y alarma social

No creo que nadie albergue la menor duda: el 11 de septiembre de 2001 cambió radicalmente la vida de muchas personas. El derrumbamiento de las Torres Gemelas dejó instalado en el pueblo norteamericano y en el resto del mundo un sentimiento de angustia, miedo e inseguridad difícil de superar.

Aquel atentado no sólo significó la muerte de miles de seres humanos, también la certeza de que nada ni nadie en este planeta volvería a estar a salvo y —aunque sea duro escribirlo— es la excusa perfecta para que algunos gobernantes puedan aprobar leyes coartando la libertad del individuo, algo que en épocas de tranquilidad es muy difícil hacer.

Ese miedo también es el que necesitan los creadores de leyendas urbanas para que sus macabras historias se perpetúen en el tiempo, de hecho, a partir del atentado en el World Trade Center comenzaron a circular falsos rumores que, como era de esperar, tenían como protagonistas a malvados terroristas islámicos.

Pero... ¿qué despierta y remueve más nuestros temores? ¿Los atentados terroristas o los robos? Personalmente, creo que ambos. Aunque el robo se considera como algo más cercano, un miedo que acecha a la vuelta de la esquina... le puede suceder a nuestro vecino, a un amigo, a un familiar y es posible que a nosotros mismos.

Cada día al salir de casa y cerrar la puerta, sentimos una especie de desazón, el pánico a regresar y encontrarnos la entrada forzada y nuestros objetos de valor desaparecidos.

Nadie está exento de que lo pueda vivir en primera persona. Nos puede ocurrir a todos... Le puede ocurrir a usted hoy mismo... Porque los enemigos de lo ajeno están entre nosotros.

La sonrisa del payaso

Los camilleros estaban horrorizados y pedían paso a gritos mientras imprimían a sus piernas toda la velocidad de que eran capaces. Se dirigían a un *box* libre dentro de la sala de urgencias. El médico de guardia ya estaba allí esperándolos. A él también se le escapó un gesto mezcla de asombro y repugnancia al ver aparecer a la muchacha.

Al examinarla, lo primero que le saltó a la vista fueron las heridas de la cara, aunque unos segundos después detectó también síntomas evidentes de violación.

—¡Enfermera! Llame si es tan amable a comisaría. Tenemos que denunciar este caso.

La joven continuaba sin sentido. Había perdido mucha sangre a consecuencia de las heridas de su rostro. El doctor limpió la zona todo lo que pudo y comenzó a coser las dos heridas que partían de su boca. Parecían hechas con una navaja.

Una vez realizados los primeros auxilios, la trasladaron a una habitación. El doctor y el comisario, que llevaba allí unos minutos, observaban a la joven.

—¡Lo llaman la sonrisa del payaso! —le informó el comisario al médico.

—Es algo horrible. Les hacen dos pequeñas rajas en la comisura de los labios con una navaja para que no griten y después las violan, en el caso de que se quejen o de que intenten alzar la voz, las aberturas de la boca comienzan a desgarrarse hasta dibujar lo que ellos llaman ¡la sonrisa del payaso!

—¡Dios mío! —apuntó el médico escandalizado—, ¡es horrible! ¿Qué clase de demente puede hacer esto?

—Suelen ser pandillas de sudamericanos, es una macabra prueba que realizan a los futuros miembros para evaluar su hombría, ¡es lamentable! ¿Se recuperará pronto?

—¡No le quepa la menor duda! Y además procuraremos que no le queden muchas secuelas, tan sólo las psicológicas —subrayó el doctor.

—Me da la impresión de que ésas van a ser las peores.

. . .

Esta leyenda comenzó a circular hace años por Internet con diferentes versiones, ambientadas en ciudades también distintas. Llegó a varios rincones de nuestra geografía, como Madrid, Barcelona, Córdoba o Valladolid, desatando la angustia del que recibía el e-mail, que además animaba para que se propagara al mayor número de personas posible. Desde que comenzaron a circular los correos electrónicos, algunos medios de comunicación se hicieron eco de la noticia, e incluso, algunas policías locales, como la de Murcia, montaron un dispositivo especial para tranquilizar a sus ciudadanos.

Lo cierto es que nunca se ha conocido ningún caso de violación a la que le hayan realizado la supuesta sonrisa del payaso. La policía sospecha que detrás de estos e-mails pueden estar grupos de la ultraderecha que desean levantar sentimientos racistas entre la población. Los correos electrónicos solían tener más repercusión en regiones donde hay un mayor índice de inmigrantes.

Se ha llegado a pensar que esta leyenda urbana bien podía ser una variante de la conocida como *pincho* o *pellizco* que se popularizó hace algunos años, sobre todo por la zona de Zaragoza. Al parecer, se hablaba de una banda de delincuentes que por la noche solía detener a parejas que paseaban por zonas desiertas. Una vez acorralada la pareja, los delincuentes les daban a elegir: *pincho* o *pellizco*. Si elegían *pincho*, los maleantes asestaban al chico un navajazo, y en el caso de elegir *pellizco* sacaban unos alicates y aprisionaban con fuerza el pezón de la chica. Una macabra manera de divertirse.

SECADO INSTANTÁNEO

Marta llevaba tiempo planteándose dar un giro a su vida. Los días iban pasando y su desesperanza crecía. Tenía demasiadas responsabilidades y su madre no le permitía ni un solo descuido: cuidar de su hermana pequeña, hacer las tareas de la casa, estudiar en el instituto y, por supuesto, sacar buenas notas.

Los días se volvían monótonos, aunque esta noche todo iba a ser diferente. Sus amigas, conociendo la presión a la que estaba sometida, habían decidido dedicarle una noche especial. Hoy su madre tenía turno de noche en el hospital donde trabajaba, y no llegaría hasta las ocho de la mañana. Era el día perfecto. Una de las jóvenes se quedaría a cuidar de la hermana pequeña y las otras se irían con ella de juerga, a beber y a pasárselo en grande.

A los pocos minutos de marcharse su madre, apareció una de sus amigas, las otras la esperaban en el coche.

—¡Vamos Marta, date prisa! ¡Hay cientos de chavales esperando disfrutar de estos cuerpos!... Jajajaaaa.

Nada más entrar en el coche, una de ellas le pasó una botella de tequila.

—¡Venga! ¡Un chupito! Tienes que alcanzarnos, te llevamos tres de ventaja.

En el coche tronaba la música y todas cantaban casi gritando...

—¡Ni una sooooola palabra, ni gestos ni miraaaadas apasionadas, ni rastro de los beeeesos que antes me dabas hastaaa el amaneceeeerrrr ehh ehhh ehh.

Las risas eran cada vez más frecuentes, y la botella de tequila no dejaba de circular. Tras unas cuantas vueltas para aparcar, aterrizaron en el bar de moda. Marta estaba desmadrada y bailaba como una enloquecida, dejando a cada giro un poquito de su estrés.

Pronto se dio cuenta de que un chaval moreno no dejaba de mirarla y de sonreírla, ella le esquivaba la mirada pero en el fondo deseaba que aquel joven continuara cortejándola. Cuando el chico se acercó, Marta ya estaba totalmente entregada y no puso objeciones para marcharse con él en su coche.

Para superar la poca vergüenza que le quedaba, se tomó unos cuantos chupitos más, ya todo comenzaba a darle vueltas. En el asiento trasero del automóvil intercambió besos y caricias con aquel chico que parecía conocer a la perfección todas sus zonas débiles, cuando mejor estaba e instintivamente miró el reloj, descubrió horrorizada que eran las siete y media de la mañana, y que en pocos minutos su madre llegaría a casa.

El chico aceleró todo lo que pudo el vehículo, y en cinco minutos Marta ya estaba en casa. Tuvo que despertar a su amiga, que dormía plácidamente. Su hermana pequeña ni se había enterado.

—¡Venga, corre, en unos minutos llegará mi madre! ¡Como nos descubra, estoy muerta!

La compañera se marchó, y Marta decidió ducharse para quitarse aquel olor a humanidad... ¡hasta el pelo le olía a una mezcla asquerosa de alcohol, sexo y tabaco!

Cuando salió de la ducha, quedaban sólo diez minutos para que su madre entrara por la puerta, y aún tenía su larga cabellera mojada. Los nervios y el alcohol que aún le afectaba hicieron que no se le ocurriese otra cosa que secarse el pelo en el microondas. Lo programó con algunos esfuerzos a la máxima potencia y permaneció con la cabeza dentro durante varios minutos.

Cuando su madre abrió la puerta, Marta ya se encontraba con el pelo seco, el pijama puesto y fingiendo que dormía en su cama. ¡Todo había salido a la perfección!

La joven se vistió, y se apresuró para irse al instituto con las pocas fuerzas que la quedaban. Intentaba a toda costa que su madre no sospechara.

Cuando llegó al instituto, estaba pálida y con cara de no haber dormido en varios días. La resaca era monumental, y todo a su alrededor comenzó a desvanecerse. Un amigo suyo la socorrió cuando cayó desplomada al suelo mientras subía las escaleras.

Nada se pudo hacer por ella. La joven había fallecido. El forense decidió realizar la autopsia para comprobar el estado del corazón de la joven. Todo parecía normal, en una primera exploración, y los médicos no pudieron determinar una causa que justificara su muerte.

Los doctores interrogaron a los familiares más cercanos para intentar esclarecer aquella misteriosa muerte. Se quedaron impresionados cuando la hermana pequeña arrancó a gritar desconsolada algo referente a un microondas. Más calmada, les explicó que había presenciado a escondidas cómo su hermana introducía la cabeza en el microondas para secarse el pelo. El forense ordenó una disección craneal. Cuando abrieron a la muchacha, quedó sorprendido y horrorizado. No daba crédito a lo que veían sus ojos: el cerebro de la muchacha se había licuado... ¡Estaba totalmente abrasado!

El origen de esta leyenda es algo confuso. Se habla incluso de que fue una operación orquestada por los fabricantes de hornos tradicionales, que veían cómo sus ventas disminuían considerablemente debido a que las familias preferían comprar los modernos hornos microondas.

. . .

Existen numerosas versiones que nos hablan de secados de pelos algo estrafalarios como el que realiza una joven, por ejemplo, en un horno clásico de gas, o incluso, con una plancha de la ropa. Tam-

149

bién se hizo muy popular la leyenda de la ancianita que seca en el microondas a su gatito recién bañado, obviamente el gato no volvió a maullar.

Lo más increíble de todo es que, como hemos podido comprobar en el capítulo III, a veces la realidad supera la ficción y de ahí la gravedad de los dos titulares encontrados en prensa: «Detenida por asesinar supuestamente a su hija metiéndola en un microondas» y «Un padre estresado mete a su bebé de dos meses en el microondas».

La tecnología sin controlar todavía sigue inquietando a mucha gente. Siempre que se inventa un nuevo electrodoméstico, suele ser habitual que en ese preciso instante aparezca una historia en la que se nos alarma de las tragedias que pueden ocurrir al hacer un mal uso de él.

HOT WATER

Rebeca se dispuso como cada mañana a prepararse su té para el desayuno. Hoy se había levantado con más hambre de la habitual. Mariano se había quedado en su casa toda la noche.

Justo cuando puso la taza en el microondas, su chico le gritó desde lejos como enloquecido:

—¡Pero qué haces! ¿Estás loca? ¡Ni se te ocurra!

—Pero... ¿Qué te sucede? ¿Qué pasa, que tú no tienes microondas o qué? —Rebeca pensaba que a Mariano se le había ido la cabeza.

—¿No sabías que no se pueden meter las tazas con agua en el microondas? —me dijo todo nervioso.

—¿Y eso por qué?

—Verás, me contó un amigo que trabaja en urgencias —me dijo Mariano, con gesto serio—, que hace dos días tuvieron que atender a un chaval que llegó con toda la cara llena de ampollas.

Parece ser que el pobre calentó una taza de agua en el microondas para prepararse un café instantáneo, y al sacarla se dio cuenta de que no estaba caliente del todo, mientras la observaba le explotó en las manos y el agua hirviendo le quemó la cara. Te puedes imaginar cómo se le quedó el rostro, tenía quemaduras de primer y segundo grado y creo que va a perder un ojo, o sea que, por favor, ¡ten cuidadito con el microondas!

—¡De verdad que eres de coña! —Rebeca estaba contraria-
da—. Te juro que se me han quitado las ganas de desayunar... Me
voy a la ducha... ¡Cenizo!

SECUESTROS DE MUJERES

Dentro de las leyendas urbanas que provocan alarma social, nos
encontramos con multitud de relatos que nos alertan de personas o bandas dedicadas a secuestrar a ingenuos viandantes. A veces no es necesario que la víctima tenga una elevada posición
social. Cualquiera puede ser su objetivo, algo necesario en una
historia de este tipo para que llegue al mayor número posible de
personas.

Curiosamente, los relatos sobre secuestros se centran solamente en mujeres y niños, quienes de manera simbólica suelen
ser asociados a ideales de inocencia, pureza y seres necesitados de
protección.

Por norma general, los hombres aún tienen instalado en el
inconsciente un sentimiento de protección hacia su familia y eso lo
conocen bien los creadores de leyendas urbanas.

LA PIZZA

El *modus operandi* de los secuestradores en este tipo de historias es
muy variado, curioso y original. Como se trata de inquietar al mayor número de personas posible, los escenarios en los que se recrea
la acción son los más corrientes, por ejemplo, unos grandes almacenes.

Imaginemos un hombre que se acerca a una mujer (es importante que el secuestrador sea simpático y vista elegantemente)
entabla una pequeña conversación con la que va a ser su objetivo
y le pregunta, por ejemplo, si le gusta la pizza. En caso afirmati-
vo, el delincuente le ofrece 6.000 euros por realizar un anuncio
para una famosa marca de esta sabrosa comida italiana. Obviamente,
la señora tendría que acompañarlo al exterior, donde la luz es mucho más adecuada para el spot. Cuando la confiada víctima sale del
centro comercial, los compinches la abordan para acto seguido se-
cuestrarla.

ANUNCIO CONTRA LA DROGADICCIÓN

En otra versión, el elegante caballero, le explica al ama de casa (también una mujer dentro de un gran supermercado) si colaboraría con ellos en un anuncio contra la droga.

El secuestrador explica a la mujer seleccionada que no quieren actores profesionales ni famosos, y que por eso están seleccionando mujeres normales con un perfil más creíble. Obviamente, la ofrecen una alta cantidad de dinero. Cuando la señora abandona con el hombre el centro comercial, el resto de la banda entra en acción para culminar el secuestro.

EL PINCHAZO

—¡Qué razón tienen los que dicen que las mujeres tenemos un sexto sentido! —decía con tono serio Mari Balbi a sus amigas.

—¡No os podéis imaginar lo que me pasó la otra tarde!

—¡Uff! ¡Cómo eres!... ¡Quieres contarlo ya de una vez! —Le ordenó una de las amigas.

—Bien, veréis —continuó con su explicación—, el otro día me encontraba comprando en el centro comercial de mi barrio y cuando salgo al coche descubro una rueda pinchada... ¡Pensé que me daba algo, llevaba prisa y, encima, no tengo ni idea de cómo se aprieta ni un tornillo! Pues nada, saco el gato, la rueda de repuesto y de repente... se acerca un joven, muy apuesto él, que se ofrece a cambiarme la rueda...

—¿Y a cambio le ofreciste tu cuerpo? Je, je... —la interrumpieron las amigas divertidas.

—De verdad... ¡Cómo sois! —Mari Balbi estaba acostumbrada a que le *boicotearan* todas sus historias.

—Bueno, sigo. El caso es que el joven me cambió la rueda, y justo cuando terminamos, me pregunta que si le puedo acercar hasta su coche que está al otro lado del parking, curiosamente en la parte más solitaria.

—Mari... ¡Contesta! ¿Estás embarazada? Je, je... —las amigas seguían pasándolo en grande—. Cuando termine la historia ya veréis cómo no os reís tanto. Bueno, como os decía, a mí esta manera de actuar no me terminaba de convencer, procuré disimuladamente conseguir algo más de información, le pregunté que porqué tenía el coche tan lejos si él estaba aquí. Me dio una contestación peregrina, que si había acompañado a un amigo... No sé, varias excusas que no me gustaron un pelo, y para colmo observé cómo aquel hombre había guardado deliberadamente su maletín en la parte trasera de mi coche. Toda aquella situación hizo que me pusiera en guardia, le dije que si quería le podía acompañar hasta su vehículo pero que antes tenía que hacer una compra rápida, le pedí que me esperara en el coche. Le conté la historia al guardia de seguridad, y decidió acompañarme. Mientras nos acercábamos le vimos salir corriendo a toda velocidad; cuando llegamos, se había esfumado. Recordé lo del maletín y se lo mostré al vigilante. Al abrirlo descubrí horrorizada que dentro había un cuchillo de caza, cuerda, cinta adhesiva y un par de braguitas de señora.

A las amigas les había cambiado la cara, y no volvieron a hacer más gracias, al menos en los siguientes diez minutos.

EL SINIESTRO PROBADOR

La historia que viene a continuación la conocía con anterioridad y era una de las que tenía programadas para este libro, pero me llamó mucho la atención escucharla de boca de dos mujeres en un autobús.

Eran dos jóvenes sudamericanas, al parecer una de ellas acababa de llegar a España y su amiga la iba aleccionando sobre los peligros que le podían acechar en la gran ciudad si no seguía todos sus consejos; la conversación que escuché fue más o menos así:

—Pues verás —le decía una amiga a otra—, el otro día me contaron que una chica que estaba con su novio pasó por delante de una tienda de ropa de esas que están regentadas por chinos y que son mucho más baratas, aquí te vas a encontrar cientos, ya te llevaré para que conozcas las del barrio. Pues atiéndeme, al parecer la chica quería comprarse unos sujetadores. Como al novio le daba vergüenza entrar, se quedó en la puerta esperando a que saliera. Allí estuvo haciendo tiempo por lo menos quince minutos. Cuando ya estaba desesperado, entró en la tienda para encontrarse con su chica, buscó por todos los rincones e incluso gritó su nombre en los probadores para ver si todavía estaba allí. Dos enormes chinos cogieron al chico y lo echaron de la tienda, el pobre estaba desesperado. Rodeó el edificio para comprobar que no hubiera una puerta trasera. ¡Nada, no la encontraron! —la recién llegada a España la miraba con los ojos como platos.

—Dicen que en algunas tiendas hay probadores trucados, que cuando entras a probarte ropa, el espejo gira y de ahí salen varios hombres y te secuestran para venderte en el mercado de trata de blancas asiático, o sea, tú hazme caso a mí y nunca vayas sola a comprar que no se sabe lo que te puede pasar.

EL PERFUME

Me extrañó mucho que aquella mujer me abordara en el aparcamiento del centro comercial pero observé que parecía buena persona, iba vestida con elegancia y se la veía simpática, no era sospechosa y la atendí.

—Sí, ¡dime!

—Verás, es que estoy vendiendo perfumes a la mitad de precio que en el supermercado —me dijo aquella mujer—. Hemos traspasado nuestra droguería y nos quedamos con parte de producto que intentamos ahora liquidar aunque sea mucho más barato. ¿Qué perfume usas habitualmente?

Le dije la marca del que usaba habitualmente, y me acercó un spray para que lo oliera a ver si era el mismo. Cuando aproximé mi nariz y aspiré el perfume, mi cabeza comenzó a dar vueltas y apenas recuerdo nada más.

Al despertar, mi coche se encontraba al otro lado del aparcamiento y me había desaparecido todo el dinero, las tarjetas y las compras que había realizado. ¡Fue horrible!

SECUESTRO DE NIÑOS

—¡Mira que eres revoltoso!

Abel no se estaba quieto, y yo estaba a punto de perder los nervios en el supermercado. Era casi imposible compaginar compra y niño, sobre todo con este que no paraba ni un minuto. Lo llevaba dentro del carro, pero el niño insistía e insistía en bajarse, tanto me lo pidió que al final tuve que acceder.

—¡Pero pegadito a mí! —le ordené.

Me di la vuelta un minuto para ver una lata de conservas. Leí durante algunos segundos la etiqueta, y cuando la fui a depositar en el carro, descubrí que Abel no estaba a mi lado.

—¡Abel!... ¡Abel!...

No me lo podía creer... ¡No habían pasado ni cinco segundos!

Menos mal que actué con rapidez, y sin pensármelo me dirigí hasta el guardia de seguridad para explicarle lo ocurrido. Él también procedió de manera muy profesional, porque enseguida cerró las puertas del supermercado, dejando abierta solamente una por la que tenían que salir todos los clientes.

Una gitana rumana se acercó hacia la salida del supermercado, algo extraño en ella llamó la atención del vigilante. Daba la impresión de que cojeaba levemente, y la falda de volantes que vestía, parecía abultada. El guardia de seguridad informó a la gitana que tenía que cachearla. La mujer intentó huir, pero apenas podía moverse. El guardia descubrió que bajo la falda llevaba a mi hijo totalmente drogado y colgado de su cintura.

Según otra versión, el niño desaparece y la madre avisa al vigilante jurado. Se bloquean también las puertas, y la madre comienza desesperadamente a buscar el niño. Registra los probadores y lo encuentra tirado en el suelo, drogado y con el pelo teñido, obviamente estaban a punto de llevárselo camuflado.

Al igual que en las otras versiones, el niño desaparece y tras una intensa búsqueda lo encuentran en los baños de los grandes almacenes, drogado y con la cabeza afeitada, en el suelo descubren una peluca rubia.

. . .

¿Hay algo más angustioso que perder un hijo? Esta leyenda busca claramente despertar la inquietud que este hecho puede provocar en los lectores, y además tocar la fibra sensible, sobre todo, de las mujeres (en casi todas las versiones la persona que pierde el niño es una mujer). En cierto modo, les está aleccionando de lo importante que es tener en todo momento a los niños vigilados y que un descuido puede ser terrible. También, como en muchas otras, esconde un trasfondo racista porque curiosamente, en todos los relatos, la persona que secuestra al pobre niño blanco suele ser una gitana o pertenece a alguna minoría étnica.

Las leyendas que hablan de secuestros de niños con fines perversos son antiquísimas. En España tenemos nuestros propios personajes malvados que secuestraban niños para quedarse con su «unto», o con su sangre, y los utilizaban para los fines más insospechados: desde elaborar un aceite especial para el mejor funcionamiento de la maquinaria moderna, como la de los ferrocarriles, hasta beber la sangre de los más pequeños para alcanzar la juventud permanente, o para curar la tuberculosis.

Nuestros padres nos contaban las historias del Sacamantecas, del Hombre del saco o de la Vampira de Barcelona, pero... ¿realmente existieron?

LAS JERINGUILLAS (Copia literal)

¡Por favor, tienes que leerlo! Ha ocurrido en París pero podría suceder en otras ciudades. Hace una semana, en un cine, una persona notó un pinchazo al sentarse en una de las butacas de la sala. Cuando miró para saber qué le había producido aquel dolor, encontró una aguja con un papel en el que ponía:

«Acabas de ser infectado de sida».

El centro de control de enfermedades ha descubierto más casos en diferentes ciudades. Todas las agujas han sido examinadas y se ha comprobado que daban positivo en los análisis de sida.

El centro explica que también se han encontrado jeringuillas en los compartimentos de devolución de monedas de máquinas expendedoras de refrescos y en otros lugares difícilmente visibles.

Pedimos a todo el mundo que tenga mucha precaución y que pase esta nota al mayor número de personas posible.

Esta información ha sido distribuida por la policía local de la ciudad de Issy les Moulineaux. ¡Piensa que es muy importante que este documento llegue a la mayor gente posible!

Este e-mail se ha enviado masivamente con el objetivo, como es habitual, de inquietar a todo aquel que lo leyera. Pero no sólo se ha rumoreado de la posibilidad de encontrarse con jeringuillas infectadas en cines o máquinas de bebidas, también circuló la leyenda urbana de que los drogadictos ponían las jeringuillas infectadas en el compartimento destinado al cambio de las cabinas telefónicas, de esta forma, el ingenuo viandante llamaba por teléfono y al colgar y recoger su cambio, recibía el pinchazo. Lo más seguro es que esta historia fuera inventada por los mismos drogadictos porque todo aquel que escuchaba este inquietante relato, automáticamente dejaba de coger las monedas sobrantes después de llamar. También se propagó la advertencia de que se podían encontrar camufladas en la playa, con la macabra intención de infectar con alguna enfermedad a todo aquel que se tumbara en la arena.

Morena mía

Quedaban pocos días para la boda y Esther estaba cada vez más nerviosa. Hoy le tocaba hacerse la última prueba del vestido. Llegó con su madre a la tienda, allí la esperaba la modista.

Respiró profundamente esperando no haber cogido ningún kilito en los últimos meses, y con su traje en la mano se dirigió al probador. Se santiguó, y comenzó a subírselo...

—¡Ufff! ¡Por los pelos!

El traje le quedaba casi perfecto, lo único que no le gustó nada es que con ese vestido tan blanco su piel quedaba casi transparente...

—¡Bueno, no importa! Todavía me quedan tres días para broncearme —se dijo a sí misma.

Salió del probador deseosa de escuchar la opinión de su madre...

—¿Qué te parece mamá? —emocionada, no pudo evitar que un par de lágrimas mojaran sus ojos.

—¡Estás guapísima hija! ¡Como una princesa!

Le envolvieron la prenda, y mientras regresaba a casa Esther preguntó a su madre:

—¿No opinas que estoy muy pálida? Creo que el vestido me quedaría mucho mejor si estuviera morena... ¡Mira que lo pensé!

—A lo mejor un poquito sí, hija, pero bueno, ¡aún tienes tres días!

Bueno, más bien dos. Ya era demasiado tarde para que Esther encontrara algún centro de bronceado abierto. A la mañana si-

157

guiente, lo primero que hizo fue acudir a tomar rayos, necesitaba ponerse morena con urgencia.

—Creo que con un par de horitas estaré totalmente morena —pensó.

Cuando pidió cabina, la dependiente le explicó que sólo podía ponerse bajo los rayos media hora a la semana.

—Verás, es que tenemos prohibido dar más tiempo, es por tu seguridad.

—Sí, si me parece muy bien, pero es que... ¡Me caso mañana y estoy pálida! ¿No puedes hacer una excepción?

—Lo siento, son las normas. ¿Quieres la media hora?

Esther se tuvo que conformar. Mientras tomaba los UVA pensó que había una manera de poderse dar más rayos... ¡Ir a otro centro de estética!

Así pasó todo el día, de un local de belleza a otro. En cada salón se daba media hora de rayos; al final de la jornada, lucía un moreno de playa impresionante...

—¡Ahora sí! —rió satisfecha mientras se probaba el traje en su casa.

A la mañana siguiente se celebró la boda, cada detalle estaba dispuesto: los invitados, la comida, la música... Todo estaba a su gusto, ya sólo faltaba quedarse a solas con su recién estrenado marido. Cuando llegaron a la *suite* del hotel, el novio terminó reconociéndoselo:

—Cariño, tenía ganas de confesártelo desde hace unas horas y perdona que sea tan directo, ¿no hueles un poco rara? Lo siento, pero es un olor muy fuerte.

—Sí, tienes razón —le contestó ella algo ruborizada—, yo también me había dado cuenta, enseguida me doy una ducha a ver si se me pasa.

Durante el baño tuvo que apoyarse un par de veces en la pared, no se encontraba muy bien.

—¡Será algo que me ha sentado mal! —pensó.

Lo cierto es que aquella noche no hicieron nada de nada. Ella se encontraba indispuesta. A la mañana siguiente, y ante la persistencia de aquel olor, el marido insistió en que debían acudir al médico. Además, el aspecto de su esposa tampoco era demasiado bueno, y encima, no se pudo levantar de la cama. Parecía agotada.

—Cariño, voy a bajar a desayunar. ¿Quieres que te suba algo? —preguntó preocupado.

—No, baja tú, yo te espero aquí... ¡Te quiero!

Cuando regresó a la habitación después del desayuno, se quedó paralizado. En la cama estaba tendida Esther sin apenas moverse, con la mirada perdida. Rápidamente, la zarandeó, pero ella permanecía inmóvil... Descubrió horrorizado como del oído de su mujer resbalaba una especie de líquido espeso grisáceo que despedía un olor nauseabundo, la tomó el pulso y... ¡Nada! ¡Estaba muerta!

Ante lo extraño de aquella muerte, el juez ordenó que se le realizara una autopsia. Cuando el forense abrió el cuerpo de la joven, no pudo reprimir una arcada: todos sus órganos estaban cocidos... ¡La sobredosis de rayos había sido mortal! ¡Se había cocinado internamente!

. . .

Esta historia surge en Estados Unidos a mediados de la década de 1980. Es curioso, porque casi se plantea la similitud entre los rayos UVA y el microondas. Todos tenemos claro los peligros del abuso en la toma de rayos UVA: cáncer de piel, quemaduras, incluso de la córnea, etc., pero lo cierto es que en ningún momento puede provocar la «cocción» de nuestros órganos internos.

Existe también la versión de la joven que conoce a un chico a través de Internet. Tras el tonteo inicial y tras haberse escrito bastantes correos electrónicos, la pareja va enamorándose. Pasados unos meses deciden conocerse en persona, pero la joven tiene un pequeño problema: le ha repetido en innumerables ocasiones a su chico que es morena de piel, alta y delgada.

Todo es cierto excepto que es «casi transparente». Es por ese motivo, por el que comienza a deambular por todos los centros de belleza de la pequeña localidad en la que vive, con el mismo resultado trágico de nuestra anterior leyenda.

La historia también suele hacer referencia en algunas versiones a las chicas que necesitan ponerse morenas para un baile o una fiesta muy especial, que se celebra en su universidad.

AGUA CONTAMINADA

El pánico que produce la posibilidad de un ataque terrorista basta para que se propaguen muchas historias inquietantes; de hecho, desde la fatídica fecha del 11 de septiembre han aumentado los relatos que tienen alguna conexión con posibles atentados terroristas.

Ésta es una de las que circulan últimamente por la Red y que nos avisa de un posible atentado terrorista (copia literal):

Virus Intoxica Agua potable en España, informamos a los ciudadanos que no consuman agua, ya que contiene un virus debido a un acto terrorista.

¡¡Al momento, no sabemos la gravedad del Incidente, sí sabemos que hay infectados por tomar AGUA INFECTADA CON VIRUS!!
PARA MÁS INFORMACIÓN HAGA CLICK EN EL LINK http://heart—tech.biz
Atte.
Ciudadanía del Pueblo
Grupo Santander.

Si nos fijamos en el lenguaje utilizado en el texto, o bien proviene directamente de Estados Unidos (y se le ha realizado una mala traducción) o se ha enviado desde América Latina. Por otro lado, lo firma algo parecido a «Ciudadanía del Pueblo», del Grupo Santander. Sinceramente no conocemos ninguna organización que se denomine así; y lo último es que cuando se pulsa en el enlace que se adjunta, automáticamente entra un virus *troyano* infectando nuestro ordenador.

Tanta importancia se le ha dado a este e-mail que el diario *El País* del 29 de marzo de 2007 alertaba de esta situación titulando de esta manera la noticia:

¿Agua envenenada? No seas ingenuo. Un correo electrónico difundido en los últimos días utiliza el reclamo de una alerta terrorista para terminar infectando con un troyano el PC del usuario.

VUELTAS Y MÁS VUELTAS

—¡Como te vuelvas a hacer pis te meto en la lavadora!

La madre repetía como un loro la frase cada vez que el más pequeño se orinaba encima. El chiquitín tenía tan sólo dos añitos y todavía no era muy consciente de la importancia de utilizar el

Las otras historias
de Talavera

Leyendas Urbanas de nuestra ciudad
Por Rubén Lozano

El fantasma de la discoteca Androides

MUCHAS SON LAS HISTORIAS QUE CUENTAN LAS PERSONAS QUE SOLÍAN IR A LA MÍTICA DISCOTECA TALAVERANA "ANDROIDES", DESDE VASOS QUE SE MOVÍAN, AIRE FRÍO, SANGRE QUE BROTABA DE LAS PAREDES, Y LO MÁS ESPECTACULAR, LA APARICIÓN DE UN FANTASMA QUE, SEGÚN SE COMENTÓ, MANTUVO EN TENSIÓN A MUCHA DE LA CLIENTELA DE LA DISCOTECA. SE DICE QUE FUE POR ESTA APARICIÓN POR LA QUE "ANDROIDES" TUVO QUE CERRAR DEBIDO AL MIEDO HISTÉRICO QUE CALÓ ENTRE LOS QUE ALLÍ SE DIVERTÍAN.

Lugar donde se encontraba la discoteca Androides en la Cañada de Alfares.

En este calle fue donde se apareció por primera vez, el citado fantasma.

Los espejos, cargados de simbología, son fuente inagotable de leyendas urbanas. (Foto: Cover)

Un coche circulando por la noche en una carretera solitaria es el escenario propicio de historias terroríficas. (Foto: Cover)

A finales de 2005 circuló por e-mail la leyenda de la Pandilla Sangre, una supuesta banda criminal que sembraba la muerte en las carreteras españolas. (Archivo del autor)

Las leyendas urbanas referidas a drogas tienen como objetivo alertar del peligro de consumir estas sustancias. (Foto: Cover)

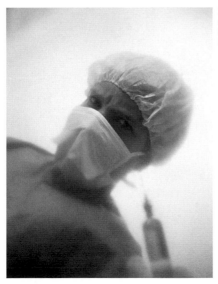

El desconocimiento de la ciencia médica y la inquietud que inspira son también origen de continuas leyendas urbanas. (Foto: Cover)

Latas que matan. Según muchas leyendas urbanas, el sencillo gesto de abrir una lata puede resultar fatal. (Foto: Cover)

Las multinacionales de comida rápida son objeto continuo de falsos rumores. Una de las más pintorescas tiene como protagonista al payaso de McDonald's. (Foto: Cover)

Según una falsa nota que circula por Internet con sello también falso de la guardia civil, el grupo terrorista ETA coloca teléfonos móviles cargados de dinamita en la vía pública. (Archivo del autor)

Los gatos, sobre todo los negros, han estado siempre asociados a las fuerzas ocultas. (Foto: Cover)

Las leyendas en torno
al imperio Disney
y a su fundador
(en la fotografía)
son numerosas.
La más famosa cuenta
que fue criogenizado.
(Foto: Cover)

Los cantantes de rock acaparan páginas de noticias con sus excentricidades. Marylin Manson
posee su propio catálogo de leyendas urbanas, entre ellas que es caníbal y adorador de Satán.
(Foto: Cover)

Según una divertida leyenda, Elvis murió mientras hacía el servicio militar en Alemania y fue suplantado por un hermano gemelo en una operación secreta de la CIA. (Foto: Cover)

Son muchos quienes afirman ver símbolos y códigos secretos en las carátulas de álbumes de Los Beatles. (Foto: age fotostock)

La leyenda de la misteriosa chica de la curva de la carretera tiene muchas versiones, a cual más inquietante. (Foto: Getty Images)

Hoy, el ordenador es la herramienta por excelencia de difusión de leyendas urbanas, pero también fuente potencial de peligros: virus, *hoax*, programas espías... (Foto: Cover)

baño. Pablito estaba siempre vigilado muy de cerca por su hermanito Sebastián, que lo llevaba como a una vela. Lo tenía bastante
agobiado. De hecho, cada vez que su madre le regañaba por algo,
Sebastián aprovechaba para regañarle también. De este modo, el
más pequeño recibía doble bronca a cada momento.

La noche había sido hoy larga, y Pablito no había parado de
berrear durante toda la mañana. La madre estaba agotadísima, por
lo que decidió que se echaría un ratito la siesta.

—Pablito, sé bueno, que mamá se va a echar un rato la siesta
—le gritó como si el niño entendiera—, y tú, Sebastián, cuida de
tu hermanito mientras duermo un pelín.

Cayó tan agotada, que ni se enteró de los lloros de Pablito ni
de las regañinas que su hermano mayor le había impuesto por haberse orinado. Tan sólo la despertó el sonido como de un motor.
Tardó varios segundos en comprender qué podía ser aquel ruido.

—¿Sebastián? ¿Estáis bien? —preguntó la madre angustiada.

—Sí, mamá, no te preocupes —contestó rápidamente Sebastián.

—¿Y qué suena?

—¡Es la lavadora! —contestó su hijo—, he tenido que meter
a Pablito porque se había vuelto a hacer pis.

La madre salió corriendo horrorizada hacia la cocina. De rodillas, en el suelo, se arañaba la cara viendo cómo daba vueltas su
hijo. Fue tal el impacto emocional que recibió, que arrodillada y
con la mirada perdida se quedó hasta que termino de funcionar la
lavadora. Sebastián no entendía nada. Lloraba asustado sin saber
muy bien lo que estaba sucediendo.

El padre, al regresar del trabajo, fue el que se enfrentó con
aquella terrible situación. Aunque han pasado ya seis meses, la madre sigue ingresada en el psiquiátrico. Los doctores aseguran que
todavía tardará un tiempo en salir.

. . .

Estas leyendas impresionan verdaderamente tan sólo imaginándo-
las en primera persona. El fraude de esta narración es claro (imagínese a un niño de ocho años poniendo una lavadora él solo e
introduciendo dentro a otro pequeño).

El relato intenta concienciarnos de la importancia de «medir»
las palabras que se dicen delante de un menor, que suelen quedarse con todo lo que se escucha. También intenta dejarnos cla-

ro que a los hijos no se les puede dejar solos y que un niño no puede cuidar nunca a otro.

¡HAZME CASO!

He de reconocer que he estado varios días angustiado, justo a raíz del incidente en el centro comercial. Resulta que había una persona de rasgos árabes delante de mí, en la línea de cajas, y justo cuando va a abonar todos los productos comprados, se da cuenta de que le faltan dos euros. El señor, apurado, le dice a la cajera que le quite algún producto, pero yo, amablemente, le presto el dinero para que no tenga que devolver nada.

El hombre me dedicó una sonrisa e hizo varias inclinaciones con la cabeza, como agradeciéndomelo también con el gesto. Yo le expliqué que no se preocupara, que el detalle no había tenido importancia.

Cuando salía del supermercado, el árabe se me acercó y me reiteró las gracias.

—¿Quiere un consejo, amigo? —me preguntó.

—Sí, dígame.

Se acercó a mi oído y bajando el tono de voz, casi susurrando, me dijo:

—Si es inteligente no venga el próximo sábado a este centro comercial... ¡Hágame caso!

El hombre desapareció y yo me quedé angustiado. Terminé acudiendo a la policía y alertando de lo sucedido, me aterraba que aquel suceso se pudiera convertir en real.

Lo cierto es que aún quedan dos horas para que cierren los centros comerciales y yo sigo aquí, en casa, angustiado y deseando que pasen estas dos horas interminables.

. . .

Obviamente, esta leyenda comenzó a popularizarse aún más a partir de los atentados del 11 de septiembre. La versión más generalizada es la del árabe que, después de ser ayudado, avisa del peligro de tomar Coca-Cola a partir de un cierto día. La empresa de bebidas americana tuvo que desmentir esta noticia en varias ocasiones. Las connotaciones racistas están claras. Por un lado, el desconfiar de un árabe que se muestre agradecido, y por otro, tenernos siempre alerta y vigilantes ante cualquier sospecha de atentado terrorista.

TELÉFONO EXPLOSIVO

Los atentados terroristas, como hemos comprobado a lo largo de este capítulo, son un tema recurrente para los inventores de leyendas urbanas. Hay una que circula con bastante frecuencia por Internet, avisando del peligro que tiene recoger teléfonos móviles, llaveros o algún objeto llamativo abandonados en la calle.

Según una falsa nota, que viaja por la Red de redes, incluso con sello de la guardia civil, el grupo terrorista ETA coloca en determinados objetos unos gramos de dinamita acoplados a los detonadores robados en Grenoble, depositándolos después en la vía pública, con la suficiente potencia (según la falsa nota, claro está) para arrancarnos una mano.

El mensaje inventado suplica, como en la inmensa mayoría de estas historias, que se avise al mayor grupo de personas posible.

¡DESCUIDO MORTAL!

—¡Por favor cariño!... ¡Hazlo por mí!... ¡Hoy sí que no puedo!

Aurora intentaba negociar con su marido. Llegaba tarde a trabajar y pretendía que él se hiciera cargo de llevar a la pequeña a la guardería.

—Te juro que hoy es el peor día, teníamos que haber finalizado la obra hace dos semanas y todo el mundo se me está echando encima, en una hora tengo una reunión que no he preparado... ¿Seguro que tú no puedes llevarla?

—¡Ya sabes que si pudiera la llevaría yo!... ¡Como todos los días! Bueno, cariño, me voy... ¡Luego te llamo! ¡Cuida de Adela!

Aurora dio un gran beso a su niñita de diez meses y salió a toda prisa dando un sonoro portazo cuando se marchó. A Adolfo se le cayó el mundo encima:

—¡Dios mío! ¡Me voy corriendo o no llego!

Cogió el capacho de la pequeña y bajó al coche, la ató con el cinturón de seguridad en el asiento trasero, y se dirigió hacia la guardería. El teléfono no dejaba de sonar...

—¿Sí? ¿Dígame? ¡Ah! Sí, ya lo sé… ¿Cómo que habéis adelantado media hora la reunión?… Oye, espera, estoy recibiendo otra llamada…

Adolfo conducía a toda velocidad mientras hablaba por el móvil, la niña con todo aquel ajetreo se quedó dormida.

—¿Dígame? Hola, buenos días… ¿Cómo que no hemos recibido el material? Dile a Rosa que llame al almacén y que me lo pase.

El teléfono no dejaba de sonar. Adolfo se pasó de largo la guardería, sin darse cuenta se fue directamente hacia la obra donde se celebraba la reunión. Dejó el coche aparcado donde pudo, y urgentemente, se dirigió a la caseta donde se llevaba a cabo la junta…

—Siento llegar tarde, si estamos todos ya podemos empezar.

A las pocas horas, Aurora recibió una llamada de la guardería.

—¿Cómo? ¡Qué raro! Seguramente su padre se habrá quedado finalmente con la niña en casa, bueno le llamaré para preguntarle, muchas gracias por avisar.

Aurora colgó el teléfono y se dispuso a marcar el de su marido para saber qué había ocurrido con Adela.

—¿Sí? ¡Cariño, llámame en media hora, todavía no hemos terminado la reunión!

—¿Sigues en la reunión? —preguntó preocupada—. ¿Y Adela? ¿La tienes ahí?… ¿Adolfo? ¿Adolfo?

Aurora sólo escuchó el ruido producido por el teléfono al caer al suelo. Adolfo, angustiado, salió rápidamente hacia donde había aparcado el coche. Mientras llegaba hacia el vehículo, pudo comprobar horrorizado cómo las ventanillas estaban cerradas y el coche aparcado al sol. Temiéndose lo peor, se acercó tembloroso a la ventanilla…

¡El espectáculo era dantesco! Su pobre niña estaba prácticamente abrasada debido a la temperatura que se registró en el interior del vehículo… La pequeña tuvo que sufrir una muerte horrible…

ROBOS

Un robo muy peculiar

Martín era conocido en el entorno de aquella pequeña localidad playera de la costa levantina… y no precisamente por sus buenos actos. La policía local le había fichado en varias ocasiones. El joven tenía el «pequeño vicio» de cambiar los coches de sitio sin permiso de sus dueños. Luego los vendía por un precio casi ridículo, pero que le permitía darse todos los caprichos que le pedía el cuerpo.

Pero ese día... ¡Iba a ser distinto! Martín había ligado con una alemana impresionante, y le prometió un fin de semana muy especial, en las afueras, con buena música, mucho whisky... En fin, necesitaba un coche amplio y elegante... Nada de las cutreces que se levantaba últimamente... «Hoy esto iba a cambiar!», pensó.

Martín paseaba de calle en calle para ver si «fichaba» algo parecido a lo que se quería «levantar», en un instante sus ojos no daban crédito a lo que veía... ¡Una ranchera de color oscuro y con las puertas abiertas! ¡Parecía que le estaba llamando!

No se lo pensó dos veces, y sin apenas mirar, se metió en el coche, hizo un puente y pisó el acelerador con todas sus fuerzas. A los pocos minutos, observó por el espejo retrovisor para comprobar que nadie lo seguía. ¡El corazón casi le estalla! Aterrorizado comprobó cómo a través del cristal tenía fija la mirada de una pálida anciana, que le observaba inmóvil desde su ataúd, todavía sin cerrar...

El frenazo se escuchó en varias manzanas a la redonda, y pensamos que Martín todavía sigue corriendo por esas calles como alma que persigue el diablo.

...

Aquí encontramos el factor persona que roba el vehículo y se encuentra algo desagradable. Es quizás lo que a todos nos encantaría: que el ladrón tuviera su merecido y se le castigara por su acción. Esta leyenda tiene múltiples variantes y siempre la moraleja es: ¡El que la hace la paga!

EL RAPERO

¡No se lo podía creer! ¡Un BMW! El sueño de toda su vida transformado en realidad. Jamás pensó que un negro iba a conseguir tanto en un país de blancos, pero la música le había proporcionado un estatus que ni en sus mejores sueños hubiera imaginado.

Se sentía orgulloso conduciendo aquella impresionante máquina, estaba deseoso de enseñarles el coche nuevo a sus amigos, hacía mucho tiempo que no pasaba por su antiguo barrio, una de

165

las zonas más peligrosas de la ciudad. Subió el volumen de la música y, mirándose en el espejo retrovisor, se ajustó la gorra y los collares...

—¡Sí señor..., me siento elegante!

Nada más entrar en el barrio, junto a un descampado, el vehículo comenzó a fallar hasta que finalmente se detuvo.

—¡Maldita sea! ¡Seguro que me lo han entregado deteriorado aposta!

Bajó del coche, levantó el capó y comenzó a echar un vistazo al motor para intentar descubrir lo que estaba pasando. A los pocos minutos notó cómo el vehículo se movía. Miró y vio cómo en un lateral había un chaval de aspecto latino colocando unos ladrillos junto a su rueda.

—¡Eh! ¿Qué estás haciendo? —le gritó indignado.

—¡Eh, tranqui, tío! ¡No te agobies! Tú sigue cogiendo lo que quieras del motor... ¡Yo sólo quiero trincar las ruedas!...

CON CHÁNDAL Y A LO LOCO

Como cada mañana, me enfundé en el chándal y crucé la calle. Tenía el privilegio de vivir frente al parque del Retiro. Este parque es maravilloso para los amantes del deporte, salir a correr comenzó a hacerse casi imprescindible en mi vida. Ahora que había llegado el buen tiempo, darse una carrera por este inmenso jardín era como meditar en movimiento. Me divertía coger velocidad mientras escuchaba el sonido de los pájaros, y disfrutaba de las maravillosas vistas. Además, a estas horas el parque se encontraba medio vacío. Tan sólo algún que otro deportista alteraba tu soledad.

Iba yo pensando en lo privilegiado que me sentía, cuando un corredor que venía frente a mí se chocó conmigo. Fue tan fuerte el impacto que casi me caigo al suelo.

—¡Pero bueno!... ¿Te has vuelto loco o qué? —le grité enfurecido.

—¡Perdona! —se disculpó—... ¿Estás bien?

—Sí, creo que sí —le dije indignado.

El hombre siguió corriendo como si no hubiera ocurrido nada, nadie había sido testigo de aquel encontronazo.

Instintivamente y sin saber muy bien por qué, me eché mano a la cartera y comprobé horrorizado que había desaparecido.

—¡Me ha robado la cartera!

Comencé a perseguirle como si me hubiera vuelto loco. Recordaba que aquel cabrón no tenía ni media hostia, y pensaba darle unas cuantas. Ya le veía a lo lejos, un esprint más y lo cogería... ¡En efecto! En cuanto llegué a su altura lo enganché por la espalda y le tiré al suelo. El mamón tenía cara de sorprendido.

—¡Por favor, no me hagas daño! —me gritó como una nenaza.

—¡Dame la cartera o te abro la cabeza! —le grité amenazándolo con el puño.

Aquel tipo era un cobarde redomado, y sin apenas resistirse, me la entregó. Salí corriendo a toda prisa con dirección a casa, y con la alegría del deber cumplido cuando me sonó el móvil.

—¿Cariño? —Escuché la voz de mi mujer.

—Sí, dime —contesté con la voz entrecortada por el cansancio y la tensión.

—Hoy no te acerques a comprar el pan... Te has olvidado la cartera en casa, te la dejo sobre la mesa de la cocina, que me voy a trabajar... ¡Te quiero!

Cuando mi mujer colgó me quedé petrificado, observé la cartera que llevaba guardada esperando lo peor... ¡En efecto! Me encontré con un monedero que no era el mío. Intenté regresar hasta el punto donde había tirado al suelo a aquel pobre. Cuando llegaba, tuve que dar la vuelta a toda prisa. El tipo estaba charlando con dos policías, creo que no he corrido tanto en toda mi vida.

En cuanto llegué a la oficina puse la cartera en un sobre y la mandé por correo a la dirección que venía en el carné de identidad. Eso sí, añadí un billete de cien euros para intentar compensar el susto que le di a aquel ingenuo.

ROBO EN LA CARRETERA

Mariano era representante de casas prefabricadas. Su vehículo era casi como su oficina y donde pasaba el mayor tiempo de la jornada. Esa tarde ya estaba oscureciendo, y todavía le quedaban doscientos kilómetros que recorrer por aquella carretera abandonada. No era extraño que de vez en cuando cogiera algún autoestopista para que le hiciera compañía. Al ver uno a lo lejos, no se lo pensó. Puso las luces de emergencias y paró lentamente el vehículo en el arcén.

—¿Hacia dónde se dirige? —preguntó Mariano al hombre que le había parado.

—¡Pues hasta donde usted me llevé! —contestó.

Mariano abrió los seguros de su coche y permitió que el extraño subiera. A los pocos minutos ya estaba arrepentido. Aquel individuo no le ofrecía ninguna seguridad, y su aspecto era algo descuidado, sin afeitar, despeinado y con ropa vieja.

A quinientos metros divisó otro hombre haciendo dedo. Pudo comprobar que tenía mejor aspecto, y pensó que podía estar bien llevarle en el coche, de este modo estaría más protegido. Volvió a parar en el arcén, recogió al nuevo pasajero, que se sentó en la parte trasera y reanudó la marcha. Al parecer el recién llegado (que vestía con mejores ropas y ofrecía más confianza) iba a unos cien kilómetros más adelante en esa misma dirección, a una universidad cercana.

El hombre respiró más tranquilo con el nuevo pasajero. Sin embargo, le duró bien poco la alegría. Cuando no habían recorrido ni un kilómetro, el joven universitario sacó una pistola y le apuntó obligándole a parar en un lateral.

Nervioso, se incorporó a la derecha. Puso el intermitente y detuvo el vehículo. Cuando el delincuente indicó con un gesto de la pistola que se bajaran, el copiloto aprovechó el despiste para propinarle un puñetazo que dejó al ladrón sin conocimiento.

Salieron del coche, y el primer autoestopista sacó al segundo arrastrando del vehículo. Le quitó la pistola y la cartera, y le indicó al comerciante que se pusieran rápidamente en marcha.

—Bufff, ¡Dios mío! Casi no puedo apretar el acelerador, con los nervios me tiemblan las rodillas y es imposible hacer fuerza, menos mal que estaba usted —afirmó el dueño del vehículo agradecido con la poca energía que le quedaba.

—No se preocupe —respondió el copiloto mientras revolvía en la cartera sustraída al ladrón—. Mire, lleva cien euros, cincuenta para usted y cincuenta para mí.

—¡No! ¡Noooo! Muchas gracias, quédeselo usted.

—Bueno, bueno, como quiera, pero a este chaval se le veía muy inexperto, ¡Mira que utilizar la pistola para señalar y bajar la guardia! ¡Ese fallo es de aprendiz! Yo llevo quince años en el negocio y no cometo unos errores tan tontos.

El comerciante lo miró horrorizado pensando que no se libraba de un final peor, ya le temblaban hasta los brazos y el sudor frío le salpicaba la frente

—¡Ehhh! No me mire así y no se preocupe, voy de visita y me he tomado el día libre, no tiene nada que temer. ¡Hoy no pienso trabajar!

. . .

Esta leyenda se popularizó en Estados Unidos y lleva en circulación aproximadamente desde 1930. Obviamente trata de infundirnos temor a la hora de recoger a algún extraño en la carretera.

EL CANDADO

Como cada noche, dejaba aparcada su motocicleta nueva en la parte trasera de la residencia. Había comprado una cadena y un candado de esos que aseguraban que eran imposibles de robar, no quería arriesgarse a que se la quitaran. Una mañana bajó a por su moto y la encontró atada a otra farola diferente a la que la dejaba siempre, con una nota que decía: «Si la queremos... ¡nos la llevamos!».

EL PAPEL

Hace unos minutos he puesto la denuncia en comisaría y he rellenado los papeles del seguro... hacía mucho tiempo que no pasaba un ridículo tan espantoso. Ha sido un poco humillante tener que relatar cómo ha sucedido todo...

Me encontraba en el garaje, iba a recoger mi automóvil para regresar a casa. Abro el vehículo, dejo el maletín en el asiento del copiloto, me coloco el cinturón de seguridad, enciendo el motor y miro por el espejo retrovisor para situarlo bien. En ese momento, descubro que hay un papel colocado en la ventana trasera que me impide la visibilidad. Me bajo del coche y comienzo a retirarlo pero estaba en parte pegado. ¡Todavía no puedo explicarme de dónde salió aquel individuo! Lo cierto es que entró en el auto, bajó los seguros y se escapó a toda velocidad... ¡A punto estuvo de atropellarme!

Creo que jamás un ladrón tuvo más facilidades: coche abierto, llaves puestas, y para más ventajas, el maletín con todos mis papeles dentro. ¡Ah! ¡Se me olvidaba! Tengo la maldita costumbre de sacar el teléfono móvil y la cartera del bolsillo antes de sentarme en el automóvil para depositarlos junto a las marchas, seguramente el caco lo estará celebrando todavía.

. . .

Si existe algo evidente, es que los ladrones han inventado todo tipo de trucos y estratagemas para llevar a cabo su único fin: dejarnos sin nada. Las compañías fabricantes de vehículos, sobre todo las de lujo, intentan en cada nuevo modelo incluir las mayores medidas de seguridad posibles. Pero los amigos de lo ajeno siguen ingeniándoselas para apoderarse de un producto con una «gran salida comercial».

En la mayoría de los ejemplos de robos a vehículos o conductores, la leyenda urbana deja paso a la realidad y cada vez tenemos más casos de robos inverosímiles. Se contaba uno que a mí me llamó la atención en su momento:

La víctima solía ser una persona que se acercaba a una entidad bancaria a sacar dinero de su cuenta y dejaba el coche en doble fila. En el atraco actuaban varios compinches: uno de ellos se encontraba dentro del banco haciéndose pasar por cliente (era el que avisaba al de afuera si la víctima en cuestión sacaba una cantidad suficiente como para que mereciera la pena robarle). Cuando ya tenían claro su objetivo, esperaban a que la persona se metiera en su coche, momento en el que pasaba uno de ellos bordeando el coche, y con un cuchillo, le asestaba una puñalada a la rueda provocando un pequeño ruido que el conductor del vehículo interpretaba como un pinchazo del neumático.

En el momento que se bajaba del auto, un componente de la banda aprovechaba para montarse y salir a toda prisa con el dinero del incauto dentro.

Esta historia, que en su tiempo se divulgó como un rumor, se convirtió en realidad, al menos en mí caso. Con este método, tres individuos intentaron robarme en pleno centro de Madrid. Tuve la gran fortuna de ser alertado de lo sucedido por un motorista, y no paré el vehículo hasta unos metros más adelante, justo ante la puerta de una embajada.

Cuando bajé para comprobar lo que había sucedido con la rueda, el guardia civil que estaba en la puerta se acercó para decirme que no se podía estacionar allí; momento que los tres ladrones, que ya estaban a pocos metros de mí, aprovecharon para salir huyendo a la carrera. En mis propias carnes comprobé cómo, a veces, las leyendas urbanas se convierten en realidad.

Aquella noche tenía una cena y le apetecía estar espectacular. Por ese motivo decidió ponerse una mascarilla. Quería tener el cutis resplandeciente. Se sentó frente a la cómoda y comenzó a untarse la espesa crema. Poco a poco, y según se iba secando, notó cómo se le empezaba a endurecer el rostro. A los pocos minutos tendría el rostro como de cerámica.

La cara se le tensaba, tenía que esperar algunos minutos más para quitársela con agua caliente. De pronto, algo la incomodó, se escuchaba un ruido al otro lado de la casa.

Se quedó absorta, inmóvil, deseando que fueran sonidos en la casa contigua, pero no... ¡Habían entrado en su apartamento seguramente para robarla!

Paralizada por el miedo, decidió esconderse en el armario. Pensaba que podía ser el sitio más seguro. Sin apenas poder mover la cara debido a la mascarilla, se camufló entre la ropa del armario empotrado. Escuchó cómo el ratero entraba en su cuarto y comenzaba a revolverlo todo. De pronto, notó cómo abrían el armario... Se quedó inmóvil, su cuerpo no respondía.

El ladrón abrió el armario. Unos ojos se movían tras una máscara de porcelana. La mujer no pudo aguantar la tensión y cayó sobre el delincuente, que, atemorizado al ver aquella mirada como surgida del más allá, tropezó precipitándose hacia atrás y golpeando su cabeza con la cómoda.

La mujer estuvo casi media hora desmayada sobre el intruso, el tiempo suficiente para que éste se desangrara. Cuando despertó los gritos se escucharon hasta en la calle.

Estaba aturdida y empapada de la sangre del ladrón, no entendía cómo había podido llegar hasta esa situación, ni cómo había muerto aquel individuo, sólo sabía que tenía que gritar porque debido a la mascarilla no podía articular palabra.

CÓDIGOS SECRETOS

Si hay un miedo latente en el ser humano es que le roben. Cada vez que cerramos la puerta de nuestro domicilio, sentimos cierta inquietud sólo de pensar que a la vuelta, los amigos de lo ajeno, han podido dejarnos sin nada de valor. No es de extrañar que desde hace un tiempo circule este mail de ordenador en ordenador: (copia literal)

AVISO URGENTE DE LA POLICÍA

Informe de Inteligencia:

Se ha encontrado un documento con signos en el vehículo de un delincuente y se ha contrastado por personas ya robadas que los signos indicados son ciertos.

Dichos signos son pintados con TIZA o marcados con algún objeto punzante en timbres de entrada, suelos e incluso debajo del felpudo de entradas o paredes.

Naturalmente no tienen hora, pero se ha observado que entre las 13:00 y las 16:00 son realizados gran parte de los signos por los delincuentes.

Por lo tanto, se aconseja:

A) Mantener la puerta del portal bien cerrada.

B) No piense usted que nunca le va a pasar.

C) Antes de abrir la puerta cerciórese de quién es.

D) Si observa alguna señal, bórrela dejando la menor huella posible.

E) Y lo más importante: rogamos que dé la mayor difusión posible a este comunicado entre familiares, amigos, vecinos, comunidades, centros de trabajo, etc.

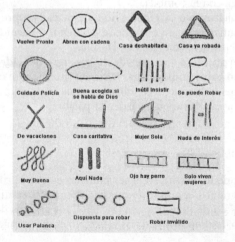

VIII

Naturaleza, animales y plantas

Es lo primero a lo que se ha enfrentado el ser humano, desde el comienzo de los tiempos. Convivir con la naturaleza y, en definitiva, con los animales y las plantas, convirtiéndoles en nuestros fieles servidores a lo largo de la historia. Con ellos nos hemos alimentado y curado. De la naturaleza recogimos, y aún hoy lo hacemos, todo lo que necesitamos para nuestro bienestar; pero, en el fondo... ¡También la tememos! Hemos crecido con las historias que nos contaban nuestros padres o abuelos, referentes a malvadas criaturas que vivían en los bosques y que bajaban por la noche para llevarse a los más pequeños, sobre todo a los que se portaban mal. Relatos que nos llenaban de inquietud y que, con el tiempo, se han transformado en leyendas urbanas.

La naturaleza siempre ha mantenido esa ambivalencia. Todos tenemos el miedo instalado en nuestro inconsciente, por ejemplo, a las plantas carnívoras, a las venenosas, a las arenas movedizas... Pero... ¿Y a los animales?

Hay algunos que no se pueden ni mencionar a determinadas personas: serpientes, murciélagos... Otros nos inquietan por su aspecto misterioso, como los gatos, compañeros inseparables de magos y brujas; o las ratas, asociadas a la pobreza o la enfermedad, y un gran número de ellos han arrastrado durante largo tiempo el apelativo de malditos. Otros incluso se han escogido como representación en la tierra del demonio.

Si embargo, si existe algo que nos produce auténtica fobia son los insectos: las arañas, las cucarachas, los gusanos, etcétera, seres que nos remueven y asquean, bichos perseguidos desde remotos tiempos por convertirse en auténticas plagas, como las temibles langostas, y que se han utilizado, en muchas ocasiones, como protagonistas para las leyendas urbanas como las que vienen a continuación.

AQUEL SIMPÁTICO PERRITO

Aquel verano volvimos a disfrutar de la casa que unos amigos tenían junto al embarcadero, en la ciudad de Miami, en Estados Unidos. Ya era el tercer año que pasábamos con ellos, y apenas quedaban dos días para regresar a Madrid.

Esa mañana, mi mujer y yo la pasamos navegando. Despidiéndonos de la maravillosa lancha que estos amigos poseían. Estábamos con el motor de la lancha apagado, disfrutando del sol americano, cuando oímos como una especie de quejido. Flotando sobre una tabla había un perrillo totalmente mojado y tembloroso. ¡No nos lo pensamos dos veces! Lo metimos en la barca, lo secamos y le dimos de comer, ¡estaba hambriento! Lo devoró todo como si no hubiera comido en una semana... ¡Seguramente sería el superviviente de algún naufragio!

Cuando llegamos a puerto, el animal todavía continuaba temblando y decidimos que se viniera a casa, total ya sólo quedaba un día para regresar a España, ¡nos lo llevaríamos!

Compramos una jaula especial para el transporte, y nos acompañó de regreso hasta nuestro hogar. ¡Cómo disfrutaba correteando por toda la casa!

Aunque... hubo un incidente que, al pensarlo, todavía me recorre un escalofrío. Fue a los pocos días, cuando mi hermana se marchaba de fin de semana, y nos dejó a su gato para que lo cuidáramos. En principio, pensamos que nuestra mascota y él no serían incompatibles... ¡Sólo los dejamos juntos durante los diez minutos que tardamos en ir al supermercado de la esquina! Al llegar, el espectáculo era dantesco: ¡El gato estaba despedazado y había sangre por toda la casa!

Nuestro perrillo volvía a estar tembloroso, acurrucado en una esquina. Rápidamente, lo cogimos y lo llevamos al veterinario para que le hiciera una revisión, y para que intentara explicarnos lo sucedido.

El veterinario estaba de espaldas colocando sus utensilios, y nos pidió que fuéramos poniendo sobre la camilla a nuestra mascota. Al darse la vuelta, soltó un grito desgarrador, y cogiendo la bandeja de aluminio que tenía a su lado, comenzó a golpear con todas sus fuerzas a nuestro perro. Un golpe tras otro hasta que el pobre animalito dejó de respirar... ¡Fue horrible!

—¿Se ha vuelto loco o qué? ¡Dios... ha sido un espanto! —le increpé al veterinario.

—¿Loco? ¡Usted sí que está loco! Una persona en plenas facultades mentales no habría traído hasta mi consulta una rata de estas dimensiones.

—¿Una rata? ¿Está usted seguro? —le pregunté aterrorizado.

—No podría estarlo más, caballero.

En aquel momento no pude reprimir varias arcadas. El asco me recorrió la garganta sólo de recordar los momentos que habíamos pasado con ese bicho inmundo.

Ya han pasado varios meses, y les puedo asegurar que sólo de pensarlo un escalofrío se apodera de mí y aquella sensación de asco me vuelve a la boca. Obviamente, no hemos vuelto a tener animales en casa.

. . .

Lo más curioso de esta leyenda es que se ha ido publicando en diferentes épocas, y siempre con distintos protagonistas. Continuamente, al relato se le ha intentado otorgar un trasfondo racista incluyendo, por ejemplo, que la terrible rata a veces era una especie que provenía de China, México o África. En definitiva, se pretendía alarmarnos de los peligros que nos puede acarrear tener una mascota extranjera.

UNA CARTA PELIGROSA

Javier era botones en una empresa de cartografía, allá por los años setenta. Entre sus múltiples ocupaciones se incluía la de acudir cada día a la oficina postal para llevar y recoger el correo de la empresa. Como cada mañana, cogió los sobres que había que enviar para ponerles los sellos y cerrarlos.

—¡Desde luego, siempre igual! —una vez más, la esponja húmeda que se utilizaba para pegar los sellos y cerrar los sobres se encontraba seca y rígida.

—Buaagggg...

Con tal de no ir hasta el baño para humedecerla, Javier cerró los sobres con la lengua.

—¡Estos sobres saben a rayos!

Uno a uno, Javier fue sellando los sobres que tenía que enviar. Hasta que, de pronto, soltó un grito. Se había cortado con el filo de uno de ellos. Estuvo un buen rato tratando de recuperarse, pero pasaron varias horas hasta que pudo introducir algún líquido en la boca.

La mañana trascurrió normal para Javier. Acudió a correos, tuvo que llevar dos paquetes a Seur y una carta al Banco de España. Eso sí, cada vez le molestaba más el corte que se había hecho en la lengua. Cuando llegó por la noche a casa, tenía ya la lengua que le estallaba de dolor.

Casi toda la noche la pasó sin dormir, dando vueltas y más vueltas, retorciéndose de dolor. Al día siguiente, no pudo ir a trabajar. La herida se había hinchado, y muy a su pesar, decidió que debería ir a urgencias. En la sala tuvo que esperar cerca de hora y media para que le atendieran. Estaba tan nervioso, que se subía por las paredes.

Por fin escuchó su nombre por la megafonía y acudió a toda prisa a la sala que le habían asignado. Allí le esperaba un barbudo doctor.

Javier le indicó al médico que tenía una herida en la lengua.

—Pero... ¿Cómo te has hecho esto? Tiene muy mal aspecto.

Javier explicó lo que había pasado.

—Pues creo que vamos a tener que abrir para que supure, —aseveró el doctor—. Pero no te preocupes, porque no te va a doler, te voy a inyectar un poco de anestesia.

El médico pidió ayuda a la enfermera. Tumbaron a Javier en la camilla, y acercándole un foco, comenzó a ponerle con una jeringuilla una dosis de anestesia. A los pocos minutos, el sedante había comenzado a hacer su efecto, y con un bisturí el doctor realizó una pequeña incisión.

El médico se quedó impactado cuando a través del corte... ¡surgió una pequeña y repugnante cucaracha sangrienta! Parece ser que se había adosado en el pegamento que llevaba el sobre para su cierre, un huevo de cucaracha que, en el interior de la herida y gracias al calor y a la humedad, terminó incubándose.

Javier aprendió la lección, comenzó a ser menos perezoso y, por supuesto, a partir de aquel día siempre utilizó la esponja para pegar los sobres y los sellos.

. . .

Esta leyenda urbana es tan sólo una variante de la original, donde el incidente de la cucaracha se produce en un establecimiento de comidas. En concreto, en uno de los restaurantes de la famosa cadena americana de comida rápida Taco Bell.

Esta historia, que trataba de desprestigiar a la cadena, comenzó a circular por Estados Unidos a través del correo electrónico a mediados de la década de 1990, aunque rápidamente se hizo más popular la versión del lametón en el sobre de correos. Incluso, en esta variante, al enviarse por correo electrónico, se acompañaba con la declaración de un supuesto trabajador de una empresa californiana que fabricaba sobres y que denunciaba la cantidad de porquería que flotaba junto al pegamento que se usaba para el cierre de los mismos. En el caso del texto en el que se implica al restaurante Taco Bell, tiene el claro objetivo de desprestigiar a esa empresa, y en general, a la comida rápida.

Estas leyendas a veces tienen como fin provocar perjuicio a la compañía en cuestión, y en su mayoría provienen, o bien de clientes descontentos, de empleados despechados, o bien de la competencia. En este caso en particular se nos intenta enseñar también que la pereza, la dejadez y la holgazanería no suelen ser buenas consejeras y que el realizar ciertos trabajos con desidia (en el caso de no querer levantarse a poner agua en la esponja) al final trae fatídicas consecuencias.

SIN AIRE

Las noticias últimamente no dejaban de atemorizar. Cuando una se sentaba a la hora de comer y comenzaba a ver los informativos, no podía evitar que un pequeño escalofrío le recorriera la espalda. Eso, me llevó hace tiempo a plantearme adquirir una mascota que me pudiera proteger. Finalmente opté por comprarme un perro de la raza Doberman, y esa decisión me salvó la vida aquella tarde.

Cada día llegaba sobre las seis a casa, y mientras introducía la llave en la puerta, comenzaba a escuchar cómo Tom, mi querida mascota, arañaba la puerta... ¡Se ponía histérico!

Llegué a pensar que estábamos interconectados. A veces, mientras bajaba del coche, ya se le oía golpear con sus pezuñas. Daba la impresión de que tenía un sexto sentido para adivinar mi llegada. Por eso me extrañó que aquella tarde no se le escuchara. Estaba convencida de que algo no iba bien.

Abrí más rápido de lo habitual la puerta y comencé a llamarlo:

—¡Tooommmm!... ¡Toooommm! ¿Estás ahí?

Miré por las habitaciones y lo encontré arriba, en mi dormitorio, estaba tosiendo, algo le ahogaba. Sin pensarlo dos veces, lo cogí en brazos, lo cargué con mucho esfuerzo en el coche, y lo llevé al veterinario... ¡Daba pena verle respirar así!

Llamé desde el móvil a la clínica para advertirles de mi llegada. En cuanto aparqué, ya me estaban esperando. Enseguida el veterinario lo pasó a una sala. Una asistente me dijo que podía marcharme a casa porque tendrían para un buen rato.

Justo cuando abría la puerta de casa escuché que sonaba el teléfono. Por la urgencia de saber si le pasaba algo a Tom, descolgué el teléfono del salón, que era el que me pillaba más a mano.

—¿Dígame?

—¿Señora Tielmes? ¿Es usted?

—¡Sí, soy yo! —contesté. La voz, del otro lado, parecía nerviosa.

—¡Soy el veterinario! ¡Por favor salga inmediatamente de su casa! ¿Me oye? —gritaba el doctor.

—¿Por qué? ¿Qué ocurre?

—¡Hágame caso y salga de casa! —Me ordenó preocupado.

Ante la insistencia, decidí salir de la vivienda. En ese momento escuché a lo lejos varias sirenas de la policía... ¡No entendía nada!

Los policías me apartaron y entraron en casa. A los pocos minutos, los agentes salían con un negro esposado que sangraba de una mano. Los agentes, lo encontraron escondido en mi armario, casi desmayado por la pérdida de sangre. Atónita, no me podía creer lo que estaba viendo. En ese momento sonó mi teléfono móvil.

—Señora Tielmes, ¿está bien? —preguntó el veterinario.

—Sí, todo bien, acaba de llegar la policía.

—Sí, lo sé, la hemos avisado nosotros cuando descubrimos que lo que asfixiaba a su perro... ¡Eran dos dedos de un individuo de raza negra!

. . .

Esta leyenda se cree que comenzó en Estados Unidos a mediados de la década de 1950. Claramente, uno descubre la falsedad de la historia porque hay algunas cosas muy evidentes: la principal es que un veterinario no tarda ni un minuto en descubrir el objeto que asfixia al animal. Es obvio también que la mascota no se hubiera conformado con un solo dedo, y habría seguido atacando a su víctima. Y, por último, lo más lógico es que el delincuente hubiera intentado, por todos los medios, acabar con el animal. Tiene dos objetivos claros: el primero es crear inquietud, sobre todo en las mujeres que se quedan solas en casa para que tomen todas las medidas de seguridad posibles. Por otro lado, contiene obviamente, connotaciones racistas, porque siempre el delincuente suele ser negro o latinoamericano (dependiendo de la zona o el país en el que germine la leyenda urbana).

UN BONITO CARDADO

Magú era una compañera mía de clase. Sus padres eran de Cabo Verde y llevaban en España cerca de cinco años. Tanto ella como yo habíamos cumplido los quince y acudíamos juntas al Instituto Juan Alcocer. Desde que llegó no nos habíamos separado, algo que parecía curioso porque éramos totalmente diferentes: en la ropa, en el color de la piel, en los gustos..., hasta en la música, a mí me encantaba El canto del loco y a ella le apasionaba una cantante de su país a la que imitaba constantemente; vestía su misma ropa, se adornaba con los mismos complementos, y un día comprobé angustiada que ¡hasta se peinaba de la misma manera!

—Pero... ¡Por favor, tía! ¿Qué te has hecho en el pelo? —pregunté horrorizada a Magú. Me había quedado alucinada al verla entrar en clase, con el pelo cardado y mantenido hacia el cielo, en una extraña escultura modelada a base de laca y más laca.

—Ya ves, es la nueva moda en mi país, lo he visto en Internet, visitando la página de mi cantante favorita, así lo lleva ella —contestó una Magú alucinada—. No me digas que no te gusta porque me he tirado media hora echándome laca para que se quedara de esta forma tan alucinante, creo que no me voy a poder lavar el pelo en unas cuantas semanas.

—¡Jo, tía!, eres más rara que un perro verde pero... ¡Tú sabrás!, Ahora... una cosa sí te digo: en cuanto empieces a oler pasaré de salir contigo —la aseguré divertida.

Yo, sinceramente, pensé que cualquier día cambiaría de idea y se quitaría ese peinado tan horrible, pero no fue así. Después de dos semanas, Magú seguía manteniendo su estilismo.

Una tarde, estábamos en el patio del instituto haciendo planes para el fin de semana, cuando Magú se desvaneció. Cayó al suelo entre espasmos. Comenzó a moverse como una posesa, arañándose la cabeza. Yo estaba horrorizada, viéndola gritar entre convulsiones. Era horrible verla sufrir así, pero se revolcaba con tal intensidad, que no podía parar. De repente, comenzó a moverse más despacio, hasta que súbitamente, se paró. De su frente, cayó un hilo de sangre. Salí gritando a buscar ayuda.

Cuando regresé con un profesor, Magú había muerto.

El forense examinó el cadáver. Me contaron que casi cae fulminado cuando buscando la causa de la muerte, abrió el peinado de mi amiga. Descubrió... ¡Más de dos docenas de crías de arañas asesinas!

Al parecer, una hembra de araña roja había anidado en su pelo incubando los huevos. Cuando nacieron las temibles crías, comenzaron a comerse el cuero cabelludo hasta llegar al cerebro. ¡Mi amiga no se merecía una muerte tan horrible!

Existe una versión de esta misma historia, pero con un final diferente:

La compañera de Magú, después de dos semanas, obliga a su amiga a cambiarse de peinado, o al menos, a lavarse la cabeza. La muchacha cayó fulminada al lavarse el pelo. Al parecer, una araña viuda negra, había anidado en su cabeza y asustada por el agua picó en la cabeza a la joven que murió a los pocos segundos.

En ocasiones, las leyendas esconden alguna parte de realidad. En este caso, la prensa se ha hecho eco de un par de noticias inquietantes que nos hacen pensar que algunas historias no están del todo inventadas...

(Publicado por Yahoo noticias el 7 de mayo de 2007)

Extraen dos arañas que causaban dolor de oído a un niño en Estados Unidos
Lunes, 7 de mayo, Washington (EFE)

Dos pequeñas arañas, una viva y otra muerta, fueron encontradas en la oreja de un niño que acudió al médico aquejado de un fuerte dolor de oído, informó hoy el diario *Democrat-Herald*, de Albany, Oregón (EE UU).

Según el rotativo, Jesse Courtney, de 9 años, dijo a su madre el pasado 22 de abril que escuchaba un continuo ruido en sus orejas, «como el que hacen los "rice crispies"» y que empezó a sentirse algo incómodo, aunque no dolorido.

Sin embargo, tres días después, la molestia tornó en dolor y Diane Courtney, la madre del niño, decidió llevarlo al médico para descubrir el origen de su malestar.

«Tan sólo examiné sus oídos, su nariz, su garganta, sus ojos, como hago normalmente», declaró el doctor David Irvine a la prensa local.

«Parecía que había algo en el interior de su oreja. No podíamos identificarlo, así que procedimos a irrigarle el oído y dos arañas salieron de él», añadió Irvine. Courtney explicó que al principio sólo se encontró una. La segunda, que seguía viva, se negaba a abandonar su nueva vivienda y hubo que animarla a salir con una segunda irrigación».

La segunda noticia fue publicada entre otros diarios por *IBL News*, y transcribimos la noticia textual:

Una araña vivió en la oreja de una sueca durante 27 días
11 de enero de 2006

Una araña que eligió domicilio en la oreja de una sueca fue desalojada después de 27 días, informó este miércoles el diario *Expressen*, que indicó que la araña, de color negro y «grande como la uña del pulgar», aprovechó que la sueca dormía para introducirse en su oreja.

Pasado casi un mes desde que la araña entrara en su nuevo hogar, la mujer recordó haber visto y sacudido una sobre su cama, una tarde de noviembre, 27 días antes del descubrimiento de la intrusa.

Desde un primer momento, la sueca constató «una reducción de su capacidad de escucha», pero pensó que se trataba de un tapón de cera, escribe el periódico. Fue con un ruido como de raspón dentro de su oreja como se dio cuenta de que algo no iba bien y acudió a la farmacia para comprar un producto líquido limpiador.

Por su parte, la araña salió viva de la oreja y continuó su marcha.

La niñita

La pequeñaja no dejaba de quejarse, y su madre estaba ya desesperada. Cada media hora se echaba las manos a la nariz, no paraba de rascarse y se ponía a gritar como una histérica revolviéndose de dolor.

Una noche, mientras la niñita —que tendría cuatro o cinco años— cenaba, comenzaron de nuevo los dolores, y entre sollozos, se clavó el tenedor entre los ojos. La madre se quedó paralizada al ver la escena: de la nariz de la niña, salieron arrastrándose un ejército de hormigas que habían anidado en las fosas nasales de la pobre niñita.

Sentencias varias

Cuando pases junto a una avispa o se te pose en el cuerpo, muérdete la lengua y no te picará...

Si ves a un perro haciendo sus necesidades, cruza los dedos delante de él, y se le corta la faena...

Si juegas con tortugas..., te quedarás calvo...

De gatos

Dicen que si le estiras los párpados a un gato y le miras fijamente a los ojos... puedes ver al diablo cruzarse por ellos...

Cuenta una antigua leyenda que si miras fijamente a los ojos de un gato y le pides un deseo..., se te cumplirá; eso sí..., debes de estar dispuesto a pagarlo...

Se rumorea que si una noche ves una película de miedo junto a un gato..., esa misma noche se te aparece el monstruo o la criatura protagonista de la película pero con la cara de tu gato...

Dicen que si un gato negro salta sobre un cadáver, el muerto se convierte en vampiro...

Una colitis de peso

Frederic, el cuidador de los elefantes, estaba esa tarde preocupado. Su elefanta favorita, Rose, llevaba varios días estreñida y él sabía que para un elefante la falta de evacuación no era buena, si seguía prolongándose algunos días más, podía llegar incluso a producirle la muerte.

—Si es necesario, le pondré un edema —comentó Frederic preocupado al director del circo.

—Prueba si quieres primero con unos cuantos laxantes, a lo mejor es suficiente.

Frederic comenzó aquella tarde por darle de comer a Rose bayas, higos y ciruelas. Confiaba que con aquello fuese suficiente.

Pasadas las horas se acercó a la carpa donde descansaba su elefanta favorita. Observó alrededor, comprobando que la dieta no había surtido efecto. Tendría que comenzar a administrarla laxantes. Con paciencia, fue depositando en Rose unas cuantas tabletas de laxantes. Las recomendadas eran seis, pero viendo los resultados, Frederic administró más del doble. El pobre animal se retorcía de dolor.

El cuidador volvió entrada la noche. ¡Nada! Los laxantes no habían surtido efecto. Preocupado, no se lo pensó dos veces y fue a por un tubo para intentar desatascar a Rose manualmente, como si se tratara de un bebé estreñido.

Justo al introducirle el tubo, Rose reaccionó expulsando con gran fuerza parte de lo que tenía en su interior. Fue tal la violencia que Frederic cayó hacia atrás golpeándose la cabeza contra el suelo. Rose no pudo parar de evacuar y decenas de kilos de heces cayeron sobre el cuerpo inconsciente del cuidador, que permaneció bajo la masa tóxica varias horas hasta que su ayudante lo descubrió a la mañana siguiente. Fue demasiado tarde. Bajo la descomunal masa de estiércol sólo se veían los pies y las piernas del cuidador, muerto ahogado en aquella montaña de excrementos.

EL CONEJITO RESUCITADO

La anciana se pasaba muchas horas charlando con su vecinita de tan sólo cinco añitos. La pequeña vivía en la casa contigua. Varios vecinos compartían un pequeño jardín y una piscina.

La pequeña tenía un conejito blanco con motas marrones. Andaba todo el día jugando con él, y la anciana adoraba ver a la pequeña y a su mascota. Pero el peligro acechaba constantemente. En la casa de al lado tenían un perro al que había que mantener a raya, para que no se «zampara» al pequeño conejo moteado.

Una tarde, la mujer daba un paseo por el jardín, añorando a su vecinita que había marchado con sus padres a casa de los abuelos. Fue entonces cuando descubrió horrorizada, el cuerpo sin vida de la mascota de la niña.

—¡Dios mío! ¡Pobre conejito! —la anciana, sólo pensaba en lo mal que se encontraría la niña al ver a su mascota.

Inclinó su dolorida columna para recoger al animalito del suelo. Comprobó que tenía arena y sangre por todo el cuerpo y además se dibujaban dos orificios en el cuello.

—¡Éste ha tenido que ser el perro del vecino! ¡Sabía que esto ocurriría!

Sin saber muy bien cómo actuar, la mujer se lo llevó a su casa. Allí lo lavó, y con un secador de pelo, lo dejó impecable. Se acercó al porche de su vecinita, para depositar el conejito muerto dentro de la jaula.

—¡Así mi pobre niñita creerá que ha muerto plácidamente de un ataque al corazón y no devorado por esa bestia asesina de perro! —pensó.

La anciana estuvo toda la tarde pendiente de que llegara la niña. Escuchó cómo entraban en su casa y a los pocos minutos un gran grito.

La mujer corrió a casa de su vecina, que gritaba horrorizada.

—¿Qué ha pasado? —preguntó a la madre de la niña, que era la que gritaba histérica.

—¡Dios mío! Ayer enterramos al conejo de la niña en el jardín porque había muerto, y ahora, nos lo hemos encontrado perfecto dentro de la jaula. ¡No me puedo explicar lo que ha podido ocurrir! —gritaba aterrorizada la vecina.

La anciana no se atrevió a decir lo que había sucedido. Seguramente, el perro de los vecinos desenterró el conejo de la arena y luego ella se lo encontró. Ante semejante bochorno, decidió que aquel secreto la acompañaría hasta la tumba.

¡CUIDADO CON LAS PAPELERAS!

Paseando el otro día junto a un compañero, fui a tirar un papel a la papelera. Como hacía un poco de viento, intenté meter la mano dentro para que la basura no saliera volando. Mi amigo al verme gritó:

—¡Ten cuidado! ¿Pero qué haces..., estás loco?

—¿Loco? ¿A qué viene eso?

—¡Ah! ¿No conoces la historia de lo de las papeleras? —me preguntó mi amigo extrañado.

—Pues no, ¿qué ocurre?

—Por lo visto, hay unos chavales que se dedican a meter ratas vivas en las papeleras. Allí se alimentan de los restos que les van echando y acaban volviéndose locas al no poder salir de un espacio tan pequeño. Al parecer, ya han mordido a varias personas que habían introducido la mano.

Como comprenderán, ahora llevo los bolsillos llenos de papeles. No me atrevo a tirarlos en las papeleras, y cargo con ellos hasta que llego a casa. ¡En qué hora me habrán contado a mí esta historia!

. . .

Esta increíble historia no podría suceder en Madrid, por ejemplo, donde los servicios de limpieza vacían y limpian las papeleras varias veces al día. Lo que sí es posible es que, en la Gran Vía madrileña, si uno intenta introducir la mano dentro de la papelera una noche cualquiera, la persona que se encuentre a su lado se lo prohíba, ya que son utilizadas para guardar en su interior el género que se vende en la calle y así burlar el control policial y evitar que se les confisque la mercancía.

EL PERRO MALDITO

—Tengo que confesar que soy una persona creyente, quizás por eso actué de la forma que lo hice, pero... ¿Tenía otra salida?

Todo comenzó la tarde que trajeron a un bonito perro a la perrera que yo dirijo. Llevo cuatro años recogiendo las mascotas que otros abandonan, ofreciéndoles una vida mejor, con buena comida, con todos los cuidados posibles, con amor. Los animalitos cambian en cuanto están con nosotros una semana. Vienen desahuciados los pobres, se les nota como tristes, y terminan alegres y juguetones, excepto aquel perro. ¡Ése era diferente! Se trataba de un perro guía adiestrado para el cuidado de personas ciegas, pero algo extraño ocurría con él. Lo traían a la perrera porque había acabado con la vida de sus tres anteriores amos.

A simple vista parecía un perro normal, sano y bonito. Pero si te fijabas bien, había algo en su mirada que te dejaba congelado. Parecía como si al mirar te penetrara con sus ojos casi transparentes. Lo que más me llamó la atención es que un día, al ver mi crucifijo, comenzó a ladrar como si se hubiera vuelto loco. Extrañado, y observando que lo que le provocaba era mi colgante, se lo acerqué. ¡Se puso histérico! Empezó a revolcarse y a echar una extraña espuma verdosa por la boca. Yo me quedé horrorizado al presenciar la escena.

En los siguientes días no me pude ni acercar al perro. En cuanto me veía, se revolvía violento. La actitud de aquel animal hizo que me diera cuenta de que aquello no era normal. Decidí llamar a su cuidador, para conocer más detalles del perro. Cuando comenzó a relatarme el historial de la mascota, tuve claro que debía hacer algo...

—Sí, es una historia algo escalofriante —reconoció su cuidador—. El primer ciego que adoptó a este perro falleció atropellado por un autobús, al parecer, la mascota lo guió justo delante del vehículo en marcha. Fue una muerte horrible, tuvimos que sedar al animal porque se volvió medio loco y comenzó a comerse los trozos de su amo desperdigados por el suelo.

—¿Y aun así no hicieron nada? —pregunté horrorizado.

—No, pensamos que se había tratado de un accidente. Más tarde encontramos un nuevo dueño para Lucy (así era como se llamaba el perro lazarillo). Estuvieron juntos cerca de un año. Al parecer, un resbalón acabó con su dueño en el estanque de El Retiro. Murió ahogado sin que nadie pudiera evitarlo.

El cuidador, según relataba las historias, se iba dando cuenta de la gravedad de los hechos.

—Ahora que lo pienso..., su última dueña... ¡También sufrió un accidente! Decidimos que lo adoptara una mujer para ver si la actitud de Lucy cambiaba, pero también fue un fracaso. Falleció mientras el perro la conducía por el andén del metro, justo cuando se acercaba... ¡Zaasss! Sufrió un tropezón y cayó a la vía. Fue cuando determinamos apartarlo de los humanos y recluirlo aquí.

Yo estaba muy impresionado, y todo comenzaba a encajar: el nombre del animal, los accidentes, su actitud ante el crucifijo... No sé si realmente fue una paranoia mía, lo cierto es que esa misma tarde, añadí a su comida una buena dosis de veneno. Le estuve observando mientras comía, y puedo jurar que cuando terminó el plato, levantó la cabeza y me sonrió, jamás lo olvidaré.

¡Cómo me gustaba aquella chica! Trabajaba en un departamento cercano al mío, y me encontraba con ella cientos de veces al cabo del día. Cada vez que nos cruzábamos, yo la miraba fijamente a los ojos, sonriente, y ella terminaba siempre por devolverme la sonrisa.

Coincidí en varias ocasiones con ella en la cafetería. Incluso, crucé alguna palabra, y el otro día, por fin, la invité a un café. Estuvimos charlando diez minutos. Resultó que teníamos aficiones similares.

—¿Y qué te parece si vamos la semana que viene al teatro? —le pregunté, armándome de valor.

—¡Me parecería genial! —me dijo.

A la semana siguiente yo estaba como loco. Habíamos coincidido algún día más durante el desayuno, y se notaba que allí había atracción por las dos partes. Me pidió que pasara a buscarla a su apartamento, y así lo hice. Cuando me abrió la puerta, estaba espectacular.

—¿Qué tal? Pasa, por favor, espérame un segundito en el salón mientras termino de arreglarme. ¿Quieres tomar algo?

¿Algo, algo...? Pensé yo, te tomaría a ti entera.

—Estoooo... ¡No, gracias!

—Muy bien, ¡Ponte cómodo! Enseguida salgo.

Observé a mi alrededor, y comprobé que tenía un ático precioso, muy espacioso. Ella me había comentado que era de sus padres, pero que ahora vivían en otra ciudad. Esa noche se disfrutaba de una temperatura ideal, y todas las ventanas estaban abiertas de par en par. La brisa se colaba por todos los rincones. Allí, en el salón, había un enorme perro tumbado medio dormido junto a una pelota. Un gran danés de color marrón, que descansaba plácidamente. Cogí su pelota y se la enseñé.

—¿La quieres? ¿La quieres? —el perro se había levantado y movía la cola desesperado—. ¡Corre a por ella!

Le lancé la pelota, y enseguida el animal la trajo en su descomunal boca. Estuve tirándosela durante varios minutos. De pronto me despisté y la pelota realizó un giro raro, botó y salió despedida por un gran ventanal. El perro dio un gran salto, volando tras la pelota. En ese momento, salió Laura.

—¿Nos vamos?

Me quedé paralizado y no supe reaccionar. Creo que debió de notar algo.

—¡Estooo!... eh... ¡Por supuesto!

No comprendo como no dije nada. Pero, en ese momento, pensaba que era mejor callarse; no sé, ¡estaba asustado! Nos dirigimos hacia el teatro, pero antes paramos a tomar algo. Charlamos un buen rato de cosas banales, y de pronto, la pregunta que yo deseaba que nunca me hiciera:

—¿Has visto a Charlie, mi perro?

—Sí muy majo —contesté yo con la voz temblorosa—, allí estaba medio dormido, no lo he querido despertar.

—¡Sí, es un pachón!

Juro que en más de cien ocasiones, intenté decirle que su perro había salido volando por la ventana de su décimo piso. Sin embargo, no tuve el valor suficiente. En ese momento sonó una llamada en su móvil

—¿Cómo? ¿En serio? ¡Por favor, no me lo puedo creer! ¡Voy corriendo! —las lágrimas, comenzaron a inundar su cara.

—¡Lo siento! Me tengo que marchar, han encontrado a Charlie muerto en el patio, al parecer ha debido saltar desde una de las ventanas... ¡No me lo explico!

¡Ni siquiera tuve el valor de acompañarla! Obviamente, ese detalle la dejó helada y desilusionada, no entendió que no estuviera a su lado en aquellas circunstancias, y no la juzgo. ¡Yo hubiera hecho lo mismo!

Yo la sigo mirando cuando nos cruzamos alguna vez por el pasillo, pero ella sigue sin prestarme atención... ¡Ha sido una de las relaciones más cortas de mi vida!

Esta historia ha sido muy divulgada en Estados Unidos, y parece ser que la popularizó Truman Capote, quien la contó en varias ocasiones. Más tarde ha sido reflejada en la literatura y en el cine; es más, en esta historia se basaron incluso para realizar un anuncio televisivo de cerveza sin alcohol. Obviamente, no se tiene constancia de que en la vida real haya sucedido un episodio parecido.

¡BUEN CHICO!

Habíamos tenido un año especialmente bueno en la productora, y mi socio y yo decidimos que teníamos que tomarnos unos días de descanso. Mientras compartíamos almuerzo, le mostré unos cuantos catálogos del todoterreno que me pensaba comprar. Yo soy un gran aficionado a la caza, y estaba convencido de que le iba a sacar partido.

—Bueno, tú me dirás. ¿Qué te parece?

—Pueeeesss, no sé. ¿No te has vuelto loco? ¡Este cochazo debe de valer una pasta!

—Ya, pero lo pago en un montón de mensualidades y no me sale tan caro, además, le pienso dar un buen uso, de momento creo que le voy a hacer unos miles de kilómetros porque estoy estudiando la posibilidad de que nos vayamos a cazar patos a Rusia...

—¿Juntos tú y yo? —preguntó mi socio mosqueado.

—Bueno..., nosotros y Tom (así es como se llamaba mi gran danés).

—¿Crees que podemos dejar tantos días el estudio? ¿Se las arreglarán sin nosotros?

—¡Nadie es imprescindible! Vete preparando tu equipo de caza, ropa de abrigo y whisky que nos marchamos en cuanto tengamos el 4×4.

¡Dicho y hecho! Recogí el coche en el concesionario, y a los dos días, nos habíamos puesto en marcha recorriendo las autopistas europeas, parando cuando nos apetecía, disfrutando del paisaje. Ya comenzábamos a olvidarnos del estudio donde trabajábamos y del bullicio madrileño.

Casi sin darnos cuenta nos encontrábamos cerca de Rusia. Habíamos alquilado una bonita caseta de madera a pocos minutos de un lago maravilloso, donde tenían un coto para cazar patos impresionantes. Al pasar por el último pueblo, compramos algunos víveres que íbamos a necesitar, y unas cuantas cajas de cervezas, imprescindibles para dos amigos solos con ganas de pasarlo bien.

Al amanecer del día siguiente, cocinamos un buen plato de huevos fritos con beicon. Comprobamos el equipo y preparamos el todoterreno con todo el material, y por supuesto, con unas cuantas cervezas frías.

—¡Toooomm, Tooooommm! ¡Vamos arriba! El perro se había portado como un campeón, ¡buen chico!

Cuando llegamos al lugar, nos quedamos impresionados. Las vistas eran de película. Se respiraba un aire puro mezclado con aromas de bosque, que casi teníamos olvidados, y tan sólo escuchábamos el sonido de algunos pajaritos cercanos. El lago estaba completamente helado. Me puse a saltar en uno de los bordes. No había duda de que debía de tener varios centímetros de grosor.

—Bueno, ¿qué hacemos? Porque aquí va a ser difícil atraer a los patos. —Me preguntó mi socio, más inexperto.

—De momento... ¡Tomarnos una cerveza!

Al final fueron dos o tres las que nos tomamos, mientras Tom correteaba sorprendido por el lago helado. Era graciosísimo verle resbalar por su superficie, como si fuera una bailarina.

—He pensado que podíamos hacer un agujero en el centro del lago y colocar flotando en el agua un par de señuelos. Estoy convencido de que los patos lo verán y alguno parará, al menos, para descansar o beber —comenté a mi amigo.

—Sí, creo que esa idea es muy buena, lo que ocurre es que para romper el hielo vamos a necesitar algo más que una sierra.

—¡No te preocupes! ¿Somos o no somos profesionales? ¡Mira lo que he traído! —fui a la parte trasera del vehículo y le enseñé un cartucho de dinamita.

—¡Así me gusta! ¡Tecnología punta! —mi socio se reía sorprendido—. ¿Qué te parece si nos tomamos otra cervecita para celebrarlo?

—¡Perfecto! Lo malo va a ser luego acertarle a los patos...

—Estoy pensando —me dijo mi socio—, ¿cuánto tiempo tenemos desde que se enciende el cartucho hasta que explota?

—Pues... unos cuarenta segundos. ¿Por qué?

—Te lo digo porque si encendemos el cartucho en el centro del lago, corremos el riesgo de que no nos dé tiempo a llegar a cubierto.

—Sí, tienes razón. Había pensado lanzarlo desde aquí.

Desenfundamos nuestras escopetas, y las cargamos con la munición. Me colgué la bandolera con el armamento. Cogí el cartucho de dinamita y me dirigí hacia la orilla.

—¿Estás preparado? —mi socio movió la cabeza afirmativamente.

Encendí la mecha, y lancé el cartucho todo lo lejos que pude. Fue a parar justo al medio del lago helado. En ese momento, nuestra expresión cambió radicalmente. Observamos horrorizados cómo Tom salía corriendo hacia el cartucho, el perro pensaba que se trataba de un juego.

—¡Nooo! ¡Toooommmmm! ¡Noooooo! —yo gritaba al perro fuera de mí—. ¡Dios mío! ¡Nos lo va a traer!

El perro, obediente, cogió la dinamita entre sus grandes fauces y se dirigió a la carrera hacia nosotros.

¡Yo me volví loco! La situación me desbordaba, y las cervezas no me dejaban pensar con claridad. Lo único que se me ocurrió fue coger el rifle apuntar al pobre perro y disparar. El cartucho impactó en mi servicial mascota, pero al ser munición para patos, no consiguió detener al pesado animal, paró extrañado, sintiendo la herida en su pecho. Nos miró intentando encontrar un porqué a todo aquello.

Los segundos iban pasando...

—¡Nooo! ¡Toommmm! ¡Noooooo! —volvimos a gritarle mientras hacíamos todo tipo de movimientos con los brazos. El perro no entendió nada, y comenzó de nuevo a correr hacia nosotros, con la dinamita en la boca. Mi socio realizó un segundo disparo.

Tom, pensando que nos habíamos vuelto locos, se asustó, e intentó guarecerse. ¡Debajo del todoterreno! Tuvimos los segundos justos para salir corriendo y escuchar la explosión. La onda expansiva casi nos tiró al suelo.

¡No pude reprimir las lágrimas! En apenas unos segundos, mi vida cambió de manera radical. Observé mi coche nuevo, ladeado por la fuerza de la explosión, con todos los bajos reventados. Mi perro, mi amado Tom, con el que había compartido tantos años, era ahora un puñado de trocitos diseminados por toda la zona, y nos encontrábamos en medio de Europa, sin coche y con miles de kilómetros por delante.

—*¡Cuaaacccckkkk! ¡Cuaaacccckkkk!*

Aquel sonido me parecía familiar, levanté la cabeza y observé a varias decenas de patos volando sobre nuestras cabezas. Con la rabia contenida, agarramos las escopetas y nos liamos a tiros con los pobres animales. Al menos, volveríamos a España con la prueba de que habíamos estado cazando patos.

EL GATITO GLOTÓN

Todo estaba preparado para la fiesta: las bebidas, los canapés, una gran jarra con ponche, e incluso, un salmón enorme que habían ahumado especialmente para la ocasión. Los invitados fueron llegando, y la anfitriona fue recibiéndolos. Finalmente, se juntaron cerca de treinta amigos. Todo se sucedía según lo previsto.

La dueña de la casa entró un momento en la cocina para pedir a la camarera que sirviera más canapés, y descubrió horrorizada a su gato sobre la mesa de la cocina, hundiendo su hocico en el salmón preparado para servir. Rápidamente, le agarró del lomo, abrió la puerta del jardín y lo echó de la casa.

Comprobó que el gato no había hecho mucho destrozo en el salmón, y con un par de rodajas de limón y algo de perejil, lo dejó como nuevo.

Ninguno de los presentes notó nada extraño en el salmón del que dieron buena cuenta, al fin y al cabo, no había resultado tan grave el pequeño accidente.

Cuando ya tomaban el café, la señora de la casa regresó a la cocina.

—¡Marieeee! ¡Marieeee! ¡Que chica esta, ya se ha dejado aquí en medio la basura!

Abrió la puerta del jardín para sacar la bolsa. Y se quedó helada. En el porche del jardín estaba muerto su pobre gatito.

La mujer quedó impresionada, pensaba que el animal se había envenenado al comer el salmón. Se vio obligada a comentar lo sucedido a todos los que se encontraban en la reunión. Para prevenir, decidieron trasladarse hasta el hospital más próximo para que en urgencias les realizaran un lavado de estómago.

—¡Dios mío, qué horror! ¡Qué desastre de fiesta! —la mujer se quejaba entre sollozos.

Con el estómago dolorido, y mientras se tomaba una tila para intentar que su organismo se tranquilizara, llamaron a la puerta de casa. Abrió y se encontró con su vecina.

—¿Qué tal, vecina? ¿Quieres pasar un rato?

—¡Hola!, no, muchas gracias. Sólo venía a disculparme por lo de tu gatito, de verdad que estoy avergonzada.

—¿Lo de mi gatito? —preguntó desconcertada.

—Sí, sin querer al aparcar... ¡lo atropellé! Como estabas tan liada en la fiesta, no te quise molestar y lo dejé en el porche, estaba esperando que se marcharan todos tus invitados para comentártelo.

La cara de la mujer era todo un poema. Tendrían que pasar muchos meses para que alguno de sus conocidos quisiera comer algo preparado por ella.

Hay animales marcados por el hombre, algunos incluso a lo largo de la historia se les ha considerado como malditos. Generación tras generación, el hombre ha encontrado en algunos de ellos al mensajero que nos anuncia nuestro próximo fallecimiento. Aquí hemos rescatado algunos de los más peregrinos:

«Alguien morirá pronto en la casa si se oye a una gallina imitando el canto de un gallo».

«Si en la ventana de la habitación del enfermo golpean las alas de un murciélago por la noche, morirá prontamente».

«Cuando un caballo negro durante un cortejo fúnebre posa su mirada sobre una persona, le está anunciando su próxima muerte».

«También indica un rápido fallecimiento los graznidos de lechuzas o búhos, si revolotean alrededor de las ventanas o si se posan en el techo de la casa».

«Cuando el enfermo ve a un búho blanco».

«Si escucha a un cisne cantar, el relinchar de un caballo sin motivo, los maullidos incontrolables de un gato, los aullidos nocturnos de los perros».

«Colocamos un pájaro llamado calandria delante del enfermo; si éste lo mira, el pájaro se llevará la enfermedad; pero si no lo observa, morirá seguro».

«Si un perro se come la levadura que le ofrece el enfermo, éste sanará; pero si la rechaza, morirá irremediablemente».

Estas leyendas vienen desde la más remota antigüedad...

«Entre los babilónicos, cuando un médico-exorcista acudía a casa de un enfermo, si un halcón cruzaba el cielo por el lado izquierdo, indicaba que el enfermo moriría; señal parecida era si una luciérnaga pasaba brillando de derecha a izquierda del enfermo».

PLANTAS

Cumpleaños feliz

«Y que cuumplaaaassss muchooos másssss... ¡Bieeeeeennnn!». Todos los invitados aplaudían celebrando mi cuarenta y dos cumpleaños. Después de soplar las velas, mis amigos comenzaron a entregarme los regalos. ¡No faltaba de nada! El típico calzoncillo con dibujitos, la botella de whisky caro, hasta una fantástica planta de esas que se estaban poniendo tan de moda: un tronco del Brasil. ¡No había casa que se preciara que no tuviera su tronquito!

—¡Ponlo en la mesilla! —me recomendó María—. ¡Trae suerte!

¡Vaya responsabilidad! ¿Cómo sería mi vida a partir de ahora si no ponía la puta plantita en la mesilla? Obviamente, aquella noche el tronquito estaba durmiendo a mi vera. Y no sólo aquella noche, también la siguiente y la siguiente; ya casi era un elemento más de decoración del cuarto. Al menos, no necesitaba mucha atención, porque sólo había que regarla una vez al mes.

Los domingos era el único día que no madrugaba. El sábado por la noche acostumbraba a levantar algo la persiana. Me encantaba despertarme con la luz del sol.

Ya había amanecido hacía varias horas, y yo todavía me estaba desperezando, cuando me pareció oír un ruidito procedente del maldito tronquito. Puse atención y... ¡En efecto! Se escuchaba como un ruido que provenía del tronco del Brasil.

De pronto la planta se movió y cayó contra el suelo. El tiesto se partió, y me pareció ver deslizarse bajo la cama algo negro, como del tamaño de un limón. ¿Qué podría ser?

—¡Qué mala suerte! —me dije a mí mismo.

—Yo con toda la casa hecha un cristo y en mi día libre. ¡Ahora mismo voy a recoger lo que queda de la maldita planta y la tiro a la basura!

Antes de saltar de la cama tomé precauciones, y miré debajo para ver si había algo o había sido mi imaginación. Levanté con cautela la colcha y no observé nada raro. Me puse las zapatillas, y fui a por una escoba y un recogedor. En cuanto acerqué la escoba a lo que quedaba del tronco, comenzaron a salir espantadas cientos de arañitas diminutas que corrieron en todas direcciones. Tiré la escoba, el recogedor, y porque no tenía más cosas, y salí zumbando de la habitación. Desde la acera de debajo de mi casa, con el batín y el pijama como única vestimenta, llamé con mi móvil a la policía municipal que a su vez avisó a un equipo de fumigación.

No me pregunten qué hicieron en las dos siguientes horas, ni lo que se encontraron, porque no lo quise saber. Sólo recuerdo que colgué en la terraza el cartel de «se vende», y rompí mi carné de Ecologistas en Acción.

...

Esta leyenda comenzó a circular a principios de la década de 1970 en los países escandinavos. Al poco tiempo llegó hasta Inglaterra, y de ahí, al resto del mundo. En los orígenes se hablaba de que este suceso había ocurrido con una planta en particular: la yuca, y concretamente con la que se vendía en una tienda determinada: Marks & Spencer.

En este caso estaba muy claro: querían desprestigiar una famosa marca de establecimientos. También, como muchas otras, tiene sesgos racistas, porque curiosamente todas las plantas a las que se atribuye la leyenda son originarias de América Latina.

IX

Negocios, tecnología e Internet

Algo demoníaco debe de tener la tecnología —sobre todo para el que no la domina— que en infinidad de ocasiones se tiene que advertir de sus peligros y maldades. De esta forma han surgido, sobre todo en los últimos tiempos, cientos de leyendas relacionadas con las nuevas tecnologías, entre las que se encuentra, por supuesto, la Red de redes.

No cabe duda de que todo lo relacionado con Internet y con sus posibilidades sigue atemorizando. Cuando algún usuario se conecta a la Red, tiene acceso a un mundo virtual apasionante. Se abren ante nuestros ojos cientos de opciones, muchas de ellas desconocidas, y comenzamos a exponernos a un sin número de peligros; no para su seguridad, pero sí para la de su ordenador: virus, *spam*, *hoax*, programas espías..., unos términos que no hacen más que despertar nuestra ansiedad e inquietud.

Según un artículo publicado en el diario *ABC* el 11-03-07:

España ha vuelto al tercer puesto entre los países más afectados del mundo por los ataques de *phishing* (una modalidad de estafa en la que haciéndose pasar por una entidad bancaria, intentan apropiarse de sus contraseñas o conseguir datos de sus tarjetas de crédito) a entidades financieras durante el mes de enero.

Durante muchos años, y esto no es leyenda urbana, había quienes pensaban que dentro de los aparatos de radio había humanos, pequeños seres diminutos que cantaban o leían noticias. No es de extrañar que todo lo que esté fabricado con cables y componentes despierte algo de miedo e incertidumbre.

De hecho, en Boston (Estados Unidos) hace muy poco se vivió un incidente que tuvo alertada durante varias horas a la población. Al parecer, una empresa de marketing había colocado por toda la ciudad unos dispositivos luminosos que anunciaban el próximo lanzamiento de una nueva serie de animación llamada *Aqua Teen Hunger Force*, de la compañía Cartoon Network. Curiosamente fueron decenas de denuncias las que alertaron a la policía de la colocación de pequeños artefactos explosivos.

MONEDAS Y BILLETES

Pedro tomaba a diario la línea 2 de autobús. Le acercaba hasta Gran Vía, el lugar donde trabajaba. Un recorrido que le transportaba por una de las zonas más bonitas de Madrid. Disfrutaba especialmente con la Puerta de Alcalá y con la bajada hasta la plaza de Cibeles. A veces viajaba absorto mirando a través de la ventanilla; otras, pendiente de dos pasajeros que debían de trabajar en la sede del Banco de España. Siempre hablaban de monedas, billetes, euros..., y para un economista como él, este tipo de conversaciones le mantenían distraído. Hoy, más que nunca...

—¿Te has enterado de lo de las monedas vascas? —le preguntaba al del bigote el más bajito.

—No, ¡cuenta, cuenta! —casi era más una orden que una súplica.

—¡Menuda se ha armado en la fábrica de la moneda! Al parecer, el otro día, un operario que inspeccionaba una moneda de un euro, se encontró con un reverso que, en principio, creyó que era el de la bandera inglesa. Cuando lo revisó junto a otros compañeros, descubrieron que no se trataba de esa divisa, sino de la del País Vasco. —El funcionario más bajito se sentía muy importante al conocer esa información, según iba desgranando la noticia, parecía crecer algunos centímetros, haciéndose cada vez más alto.

—¡Venga ya! ¿Pero qué me cuentas?

—Lo que escuchas. Por lo visto, comenzaron una investigación y han detenido a dos operarios, uno de ellos un modelista oficial que era el que había realizado el molde con la bandera de Euskadi. El otro trabajaba en máquinas.

—¿Y pudieron fabricar muchas? —preguntó el funcionario.

—No se sabe con certeza. Casi todas las que descubrieron las trituraron para que no se pusieran en circulación. Pero se rumorea que hubo una partida que se distribuyó por algunas entidades bancarias. Hay quien asegura que algún coleccionista está pagando un dineral por uno de esos euros.

—Pues no me digas más... A partir de ahora, a revisar todas las que me lleguen para ver si encuentro una y me forro.

...

Cada cierto tiempo circula una historia de este tipo. En cada país existen diferentes versiones, que consiguen que las personas que la conocen se sientan en la obligación de revisar cada moneda que llega a su poder, creando la necesidad de comprobar con asiduidad si se posee alguna defectuosa.

He conocido personas, sobre todo mayores, que instintivamente revisan con frecuencia sus monedas intentando conseguir dinero fácil. Es posible que éste sea el motivo de que la leyenda perdure en el tiempo. Eso sí, también es necesario que en el reverso se encuentre algún símbolo verdaderamente comprometido y polémico, por eso en cada país cambia la cruz de la moneda.

Esta historia del falso reverso en la moneda se popularizó en gran medida cuando en nuestro país se cambió de la peseta al euro, y curiosamente, no fue la única que comenzó a popularizarse. A continuación, una selección de las más importantes.

Fragilidad de la moneda de dos euros

A menudo se ha rumoreado también acerca de la fragilidad de las monedas (sobre todo las de dos euros), al parecer debido a que en su fabricación se han utilizado dos aleaciones distintas, con dos materiales diferentes.

La leyenda que comenzó a airearse es que las monedas se podían partir en dos, principalmente si caían violentamente de canto contra el suelo. Se llegó a comentar que fueron muchos los ciudadanos que acudieron a las sucursales bancarias para cambiar sus euros rotos por otros nuevos.

Billetes que destiñen

Haciendo referencia a un informe realizado por el Banco Central Europeo, corrió el bulo de que existía una gran preocupación en las altas esferas financieras con relación a los nuevos billetes. Supuestamente, la tinta que se había empleado en su impresión no cumplía las garantías de durabilidad necesarias, por lo que el billete se desteñía simplemente al frotarlo con un paño o al exponerlo de continuo a la acción de los rayos solares. Aquello se vendía como un gran problema, porque el dinero ya estaba en circulación y se hallaba en los bolsillos de más de trescientos millones de ciudadanos.

A este invento había que darle un poco más de credibilidad, por lo que se añadía que, según otro estudio (esta vez realizado por rigurosos investigadores de la Universidad de Lovaina, en Bélgica), la vida útil de estos billetes no llegaría a diez años, pues antes de esa fecha habrían perdido totalmente su color.

La leyenda apuntaba que el BCE estaba apresurándose a poner en marcha un plan secreto para retirar, sin causar alarma, todos los billetes en circulación por otros mucho más resistentes. Y... ¡Vaya si lo ha conseguido! De hecho, no conozco a nadie a quien se le hayan desteñido los billetes... ¿Y usted?

Billetes con cocaína

Un falso relato comenzó a popularizarse primero en la década de 1970 en Estados Unidos, y con posterioridad, en el resto del mundo. En él se hace referencia a dos curiosos informes: uno realizado en 1985 por la DEA, la agencia antidroga estadounidense. Según este departamento, un treinta por ciento de los billetes de cincuenta y cien dólares examinados mostraban restos de cocaína.

El segundo se suponía estaba realizado en 1997 por el Argonne National Laboratory, y en él se llegaba a conclusiones similares: la cantidad de droga contenida en un «papel verde» es de dieciséis microgramos. La razón es la contaminación que puede existir cuando un billete se encuentra en contacto con otros utilizados para esnifar cocaína.

UN NEGOCIO MUY RENTABLE

En infinidad de ocasiones las leyendas urbanas nos hablan de supuestos hombres de negocios tan despiadados que no les importa provocar la ruina personal de mucha gente con tal de sacar pingües beneficios. No es de extrañar que en Estados Unidos se expandiera el rumor de que los bares de los casinos invitaban a tres consumiciones a quien, a cambio, entregara su «placa» de Alcohólicos Anónimos. Parece ser que en esta asociación se obsequia a sus miembros con una medalla que, por un lado lleva la inscripción «9 meses», y por el otro, «Dios, concédeme serenidad» para que recuerden, en los peores momentos, su compromiso.

De esta forma tan inhumana conseguirían que alcohólicos rehabilitados o en proceso de desintoxicación volvieran a ser clientes habituales.

EL INDIGENTE DE LEGO

Durante muchos años, sobre todo en Estados Unidos, circuló el bulo de que en las cajas de las construcciones Lego se podía encontrar entre los muñequitos la figura de un indigente. Muchas asociaciones de ayuda humanitaria alzaron sus voces indignadas al conocer la inventada noticia.

Cada cierto tiempo, la compañía tiene que acudir a los medios de comunicación para desmentir la noticia, aunque eso no va a evitar que siempre que se compre una caja de construcciones de esta marca se revisen todas las piezas para ver si ésa en cuestión aparece.

UN GOLPE DE SUERTE

Mabel iba, como casi todos los días, a sacar dinero del cajero automático de su calle, cuando descubrió que había una tarjeta de crédito tirada en el suelo. Pensó que la mejor manera de devolvérsela a su dueño, sería introducirla en el cajero y teclear una clave al azar. A la tercera numeración errónea, el banco la bloquearía y se la entregaría a su dueño. Insertó la tarjeta encontrada y tecleó varios números sin pensarlos mucho. La primera... ¡Nada! La segunda... ¡Nada! Y a la tercera, después de teclear una clave, en la pantalla apareció un mensaje: «¡Correcto! ¿Qué cantidad desea retirar?».

¡TE LO CAMBIAMOS!

A lo largo de la historia muchos han sido los que se han querido aprovechar de las gentes de buena fe que, con tal de ayudar, coleccionaban durante meses y meses, los artículos más peregrinos pensando que se podrían cambiar por una silla de ruedas para alguien necesitado, o incluso por un perro guía o por una máquina de diálisis.

Entre los objetos recolectados destacan las tiras de celofán de los paquetes de cigarrillos (un kilo de estas tiras, más o menos cien millones, daban derecho a una silla de ruedas), lengüetas de latas de refresco (se rumoreaba, que cincuenta mil daban acceso a cincuenta mil minutos en una máquina de diálisis en cierto hospital).

EL VIAJERO EN EL TIEMPO

Aquel tipo trajeado abandonaba a toda prisa el edificio de la Bolsa. En el acceso principal fue interceptado por otros dos hombres camuflados en sendas gabardinas, que le agarraron por el brazo.

—¿El señor Canting? ¿Es usted Thomas Canting? —le preguntó uno de ellos.

—Pues sí, ¿ocurre algo?

—Soy el inspector Sánchez, pertenezco a la Unidad contra el Delito Económico y Fiscal; —le explicó el más alto— necesitamos que nos acompañe a comisaría para aclarar unas cuantas cuestiones.

El misterioso hombre les siguió sin oponer resistencia. Parecía como si estuviera esperando aquel desenlace.

Al llegar a la comisaría, le hicieron pasar a una habitación en la que tan sólo había una mesa y una silla. Estaba iluminada por un flexo de grandes dimensiones, y una de las paredes la conformaba un gran espejo.

Los dos inspectores comenzaron a realizar preguntas a toda velocidad:

—Señor Canting, ¿sabe de qué se le acusa? —Thomas se tomó su tiempo para contestar. Fríamente añadió:

—¡Estoy esperando a que ustedes me lo digan!

—Bien... ¡Pues se lo diremos! —le gritó uno de los inspectores—. Usted en poco tiempo, y con una aportación inicial de tan sólo 800 euros, ha conseguido reunir 350 millones, y todo ello en apenas un año. Ha realizado 126 operaciones financieras de alto riesgo sin fallar en ninguna. ¿Ve usted algo sospechoso en todo esto? ¿No cree que para conseguir algo así necesariamente se tiene que estar jugando sucio?

—Es sólo cuestión de suerte y de un pelín de información, —contestó el señor Canting, ahora ya algo preocupado.

—¿Suerte? —uno de los agentes golpeó con fuerza la mesa—. ¿Usted se cree que somos tontos o qué? —le recriminó, amenazándole con el puño—, espero que colabore o va a pasar el resto de su vida en la trena —advirtió.

El *broker* comenzó a desmoronarse, y pidió llegar a un acuerdo antes de soltar la información.

—¡Tú habla y después ya veremos! —le increparon.

—Está bien —comenzó su relato Thomas Canting—, en realidad no me llamo como les he dicho, ni soy quien ustedes creen que soy. Mi nombre es Mac Steven y vengo del año 2256. En la era en la que vivo se sabía perfectamente que el 2006, es uno de los años más problemáticos de la historia. Rebusqué entre las operaciones realizadas y las anoté. Cuando he llegado a este año, ha sido muy fácil comenzar a ganar dinero. En principio, sólo quería unos cuantos euros, pero después me empecé a enganchar y no supe parar a tiempo. —Los dos agentes, más los que se encontraban tras el espejo, no daban crédito a lo que escuchaban.

—¿Pero?... —balbuceó uno de ellos.

—¡No me interrumpa, por favor! No deseo absolutamente nada. Devolveré todo el dinero que he ganado hasta el momento a cambio de que me dejen partir en mi nave. Les daré alguna información clave para el momento actual.

—¿Alguna información clave? —los agentes no se podían creer lo que estaban escuchando.

—Sí. En cuanto me dejen abandonar su tiempo les podría decir, por ejemplo, el paradero de Bin Laden, o cómo curar el sida, ustedes sabrán. Éstas van a ser las últimas palabras que salgan de mi boca, en sus manos está el destino de la historia.

Los dos agentes salieron de aquel cuarto agobiante dando un portazo, y con la impresión de que iban a tener que utilizar mucha mano izquierda, y sobre todo, mucha paciencia para cerrar aquel caso que había dado un giro incomprensible.

. . .

Esta historia, que ha corrido como la pólvora a través de la Red, tiene como protagonista a Andrew Carlssin y está ubicada en la ciudad de Nueva York. Lo curioso es que comenzó en Internet, concretamente en un periódico en Red, llamado *Weekly World News*, que suele publicar historias sensacionalistas, habitualmente inventadas. Lo cierto es que Yahoo, en su sección de noticias, en ocasiones cuelga alguna historia sin avisar que es inventada, y a menudo crean confusión, e incluso mucha gente llega a pensar que es verdadera.

Un factor fundamental para que una leyenda se expanda es que nos cause temor o inquietud. Por eso, muchas de estas historias con las que intentan hacernos creer que personajes venidos de otros tiempos, inmortales, o incluso extraterrestres cohabitan con nosotros se hacen muy populares. No hay nada más angustioso que imaginar que no estamos solos y que, a lo mejor, la persona que se encuentra a nuestro lado en la cafetería o en el autobús no pertenece a nuestra especie.

EL PIN AL REVÉS

Miles de internautas habrán recibido ya un correo electrónico similar al siguiente:

> **IMPORTANTE:** ¡INVERTIR SU NÚMERO DE PIN PUEDE SALVARLE!
>
> Si usted está siendo forzado/a por un ladrón al retirar su dinero de un cajero automático, usted puede notificarlo a la policía marcando su PIN al revés.
>
> Por ejemplo, si su número de PIN es 1234 márquelo al revés: 4321.
>
> El cajero reconoce que su número secreto está siendo marcado al revés, de lo que usted lo tenía configurado y aunque el cajero le dé el dinero solicitado, a la vez la policía será avisada del robo y saldrán con urgencia en su ayuda. Esta información se transmitió recientemente por la TELEVISIÓN y declararon en el programa televisivo que raramente se usa porque las personas no saben que existe. ¡Por favor, comunique esta información a todos tus contactos!

. . .

Obviamente esta leyenda no tiene ninguna base real. En primer lugar, imagine lo que ocurriría si su número de PIN fuera capicúa o si los cuatro dígitos fueran iguales (como suele tener la mayoría de usuarios).

Siendo muy mal pensados, también podríamos señalar que no hay duda de que se trata de una leyenda urbana, porque en el texto se asegura que la policía acudirá «rápidamente» en nuestro apoyo, ¡imagínense!

En el escrito se señala que esta información se ha difundido a través de televisión. Es una buena estrategia para conseguir que más gente la crea (para muchos espectadores todo lo que se dice en televisión sienta cátedra). Por último, cuando contacté con una entidad bancaria, ésta me desmintió la veracidad de estos hechos.

VIRUS TELEFÓNICO, ¿DÍGAME?

Juan escuchó su teléfono móvil. Observó la pantalla para comprobar si era un número conocido. Se sorprendió cuando leyó: «*Unavailable*».

Dudó durante unos segundos, no estaba seguro si responder o no la llamada, finalmente, ante la insistencia, terminó por contestar:

—¿Dígame? —no se escuchaba nadie al otro lado del auricular.

—¿Quién es? —¡nada, ni caso!

Juan colgó y automáticamente su teléfono se volvió loco. Comenzó a borrar toda la agenda, las llamadas, los mensajes, las fotos... ¡Toda la información!, y cuando por fin se apagó ya no pudo volver a encenderlo.

. . .

Esto es un ejemplo de lo que, supuestamente, podía pasarle a alguien que respondiera a una llamada con ese texto en pantalla. Al parecer, al aceptar la conexión, nos entraba un virus que acababa con toda la información del teléfono, y que hacía imposible cualquier conexión con la operadora.

La leyenda nos hablaba de que en Estados Unidos ya había más de tres millones de usuarios con el móvil averiado por el virus, y que varias compañías telefónicas, las más importantes, lo habían confirmado.

Lo cierto es que corrió la noticia de que, durante las celebraciones del Mundial de Atletismo del 2005, que tuvo lugar en el estadio olímpico de Helsinki, cientos de teléfonos móviles fueron infectados por un virus llamado *Cabir* a través de la conexión inalámbrica de corto alcance Bluetooth.

Pocos meses después apareció otro nuevo virus, *Commwarrio*, capaz de replicarse no sólo a través de Bluetooth, sino también a través de mensajes de texto con imágenes y sonido (MMS), y enviarse a las direcciones y números de la agenda de sus víctimas. Por primera vez, los virus para teléfonos móviles se convertían en algo mucho más real y más cercano de lo que se suponía.

El Instituto Nacional de Tecnologías de la Comunicación (INTECO) tuvo que confirmar la noticia, asegurando que en España todavía no habíamos sido atacados con ningún virus informático a nivel masivo. Tanta inquietud suscitó la noticia, que el instituto tuvo que dar algunos consejos para que no nos sucediera en nuestro teléfono móvil. Éstas eran esas recomendaciones:

– Actualice el software y sistema operativo de su móvil e instale un antivirus (si su dispositivo móvil se lo permite).

– Si su dispositivo móvil está equipado con infrarrojos, no permita la recepción de datos de fuentes que no conoce o de las que desconfía.

– Si tiene dispositivo Bluetooth en su sistema móvil, téngalo desactivado por defecto cuando no necesite hacer uso de esta tecnología y actívelo sólo cuando vaya a usarlo.

– Tenga su sistema móvil siempre protegido con una contraseña —y recuerde cambiar la que aparece por defecto en su dispositivo— para evitar que entren con facilidad desde otro sistema.

Algunas variantes

¡Da miedo tener un teléfono! Son tantos los peligros que nos acechan a los usuarios que dan ganas de hacer como en un pueblo de España: «lanzamiento de móvil». En serio, el concurso existe, esto sí que no es una leyenda urbana. Aquí van algunos ejemplos de los riesgos que aceptamos al comprar un móvil:

Comprobación telefónica: una llamada de nuestra supuesta operadora de telefonía nos anuncia que están intentando solucionar un problema en nuestra línea. Nos indicarán una serie de teclas que debemos ir pulsando y nos pedirán que introduzcamos nuestro número de «pin». De esta forma pueden cambiar nuestro código de acceso y realizar una copia de nuestra tarjeta.

Los peligros del teléfono móvil: si te llaman y al descolgar escuchas la voz de un contestador automático comunicándote que has recibido un mensaje de texto, no sigas sus indicaciones. La voz te pedirá que pulses una serie de teclas, tras lo cual, según la leyenda, tu teléfono quedará secuestrado por parte del estafador, quien podrá realizar llamadas internacionales y de larga distancia con tu línea de teléfono.

EL POSAVASOS

—Repara hardware, ¿dígame? El técnico de la tienda estaba solo esa mañana, y no le quedaba más remedio que hacer también de recepcionista.

—Hola, muy buenas, mire, verá... Quería saber si podía llevar a reparar mi ordenador, creo que tengo problemas con el posavasos.

—¿Con el posavasos? —preguntó escamado el técnico.

—¡Sí! Creo que lo empujé con demasiada fuerza sin darme cuenta y ahora no me recoge como antes —respondió el cliente. El técnico no salía de su asombro. En tono divertido preguntó:

—¿En qué parte del ordenador tiene usted situado el posavasos?

—Pues... ¡En la parte delantera! Ya sabe..., la repisita que sale para poner la taza de café mientras trabajo.

—¡Ya, ya! —dijo el técnico, conteniendo la risa—, lo que pasa es que creo que usted me está hablando de la bandeja para introducir el CD-ROM, me parece que le tengo que decepcionar, pero los ordenadores no llevan ningún dispositivo para sostener el café. ¡Lo siento! Y ahora si me permite... ¡Tengo mucho trabajo! —dijo aguantándose la risa. Después, colgó.

SATÁNICO YAHOO

Las grandes compañías de servicios informáticos e Internet no se iban a librar así como así de las leyendas urbanas. Alguna tan surrealistas como la que, a través del envío del correo electrónico masivo, aseguraba que la empresa Yahoo, conocida por su buscador y su servidor de correo, destinaba parte de sus ingresos a la Iglesia de Satán. A continuación reproducimos literalmente aquel curioso e-mail:

Asunto: El presidente de Yahoo se ríe de los cristianos.

El presidente de YAHOO: Durk I. Jager, Chmn. apareció en el show de Sally Jessy Raphaël el 1 de marzo de 2003, declarando que debido a la apertura de nuestra sociedad, él reconocía su afiliación a la Iglesia de Satanás, confirmando que gran parte de los beneficios que genera YAHOO, específicamente YAHOO-NET, y su asociación con AVANTEL, tienen como último objetivo apoyar la Iglesia de Satanás, ya que la empresa sólo fue creada con el propósito de generar recursos para esta causa. Cuando Sally Jessy Raphaël le preguntó si asegurar esto en la televisión no dañaría su negocio, él respondió:

«No hay suficientes cristianos para que lo logren, además ese mercado no es importante, ya que si por algo se distinguen los cristianos es por su ignorancia y no hay muchos usuarios de Internet entre los creyentes».

Si no estás seguro de que un producto es de un patrocinador de YAHOO o de su socio AVANTEL, a partir del 1 de enero del 2004 busca el logo que los identificará. El logo formará el 666, que es conocido como el número satánico. Debemos recordar que cuando contratemos cualquiera de sus servicios o adquiramos cualquier producto que se anuncie en YAHOO estaremos contribuyendo con la Iglesia de Satanás...

Informa a otros sobre estos hechos y paremos de consumir productos que se anuncien en las páginas de YAHOO, así como la contratación de sus servicios.

Demostrémosle a YAHOO y AVANTEL que sí hay suficientes cristianos y que marcamos la diferencia. De hecho, en un programa previo del show de Jenny el dueño de YAHOO dijo:

«Si Satanás me hace prosperar, le daría mi corazón y mi alma».

En el siguiente programa le dio las gracias a Satanás por su prosperidad.

DIOS TE BENDIGA, FREDY SORTO.

IGLESIA CRISTIANA WESLEYANA
PENTECOSTAL, ICWESPE – PERÚ

Muchas empresas en Estados Unidos han tenido que salir al paso de esta acusación. Yahoo fue una de las más conocidas, pero también perjudicó mucho a la compañía Proctor & Gamble Corporation, o incluso a MacDonald's, a la que también se le acusó de donar parte de sus ingresos a la Iglesia de Satán.

RICO EN UN ABRIR Y CERRAR DE E-MAIL

Pedro era el dueño de una empresa textil en un pueblo industrial del levante español. Hacía poco que se había incorporado al complicado mundo de la tecnología, y ahora casi todas las noches se sentaba un rato frente al ordenador con la intención de ir descubriendo el fascinante campo que representaba Internet. Iba pasando de página web en página web con una sola mano. En la otra sostenía una copa de Magno. Mientras miraba los titulares de la prensa regional, un pitido de su ordenador le alertó: «Tiene un mensaje nuevo». Como un niño pequeño con un juguete nuevo, pulsó con el ratón en el icono del correo electrónico. Allí aparecía marcado en «negrita» el nuevo mensaje:

From: «*SHAW LUMUMBA*» <*shawl@zwallet.com*>

Asunto: Contacto. Sorprendido por aquel extraño correo comenzó su lectura:

MALABO
GUINEA ECUATORIAL

A su atención:

Mi nombre es SHAW LUMUMBA, un ciudadano de la República Democrática del Congo, y anteriormente ayudante personal del difunto presidente LAURENT KABILA. En la actualidad resido en Guinea Ecuatorial en situación de asilo.

Pedro estaba intrigadísimo con aquel e-mail. Dio un nuevo trago a la copa de coñac y prosiguió con la lectura:

Después de la muerte del presidente Kabila, ocurrida en extrañas circunstancias, comprendí que mi vida también corría peligro y que en cualquier momento podía perderlo todo.

Actuando de la manera más rápida posible, decidí desviar unos fondos destinados a la compra de armamento (unos 15 millones de euros) a dos cajas fuertes. Estos fondos están en este momento en una empresa de seguridad, la cual desconoce el verdadero contenido de lo que allí he depositado.

Ahora mi problema es que, las leyes del Guinea Ecuatorial no me son favorables al estar exiliado de mi país y como la situación política y económica de Guinea es tan inestable, necesitaría de su ayuda y colaboración para poder sacar los fondos desde allí.

Mi futuro depende de este dinero y por eso solicito su colaboración, no deseo ningún favor ni ninguna gestión de manera gratuita, mi intención es que usted forme parte de esta operación como socio, necesito la colaboración de alguien como usted para que el dinero esté durante un tiempo a salvo.

Si le interesa mi propuesta, le ruego me haga llegar su nombre completo, dirección y un número de teléfono personal a esta dirección de correo electrónico: slumumba@excite.com y mi abogado se pondrá en contacto con usted y seguramente le propondrá una reunión, será nuestro intermediario hasta que yo pueda salir definitivamente del país.

Por favor, confío en su total discreción en un tema tan sensible y complicado.

Atentamente,
Shaw Lumumba (coronel retirado)

Pedro no controlaba del todo las nuevas tecnologías y no llegaba a comprender cómo se podían haber puesto en contacto con él desde Guinea. Sin embargo, como no pedían dinero alguno, ni los números de cuenta, ni nada similar, decidió que no tenía nada que perder. Mandó sus datos, y no volvió a recordar el tema hasta que recibió, pasados unos días, una llamada a su móvil:

—¿Dígame?

—Disculpe... ¿Pedro Rodríguez? —una voz misteriosa sonaba al otro lado del teléfono.

—¡Sí, soy yo! ¿Con quién hablo?

—Verá, soy Paulo Shinter, abogado del coronel Lumumba de Guinea. Quería solicitar una cita con usted para que pudiéramos hablar de negocios...

La reunión se celebró varios días después en un restaurante cercano a la fábrica de Pedro. El abogado del guineano resultó ser una persona encantadora, elegante, educado y con un buen don de gentes. En pocos minutos, Pedro estaba convencido de que tenía que participar en un suculento negocio que le aportaría pingües beneficios, y tan sólo con la aportación de 6.000 euros. El dinero lo utilizaría el abogado para volar a Guinea y sacar con celeridad todos los millones que se supone había camuflado el coronel. Del mismo modo, con esa cantidad se compraría una nueva identidad para Lumumba y el billete de avión para la huida. Pedro volvió a quedar con el señor Shinter, al que entregó la cantidad pactada en billetes de cincuenta euros. Fue lo último que supo del abogado y de aquel negocio tan boyante. Eso sí, ha prometido tener más cuidado con las nuevas tecnologías.

ES DURO PEDIR

A veces hay personas insensibles que tratan de sobrevivir estafando a gentes de buen corazón. Se aprovechan de cualquier patraña para hacer negocios sucios. Es el caso de los e-mails en los que se nos alerta de la enfermedad de algún niño pequeño. He investigado muchos de ellos, y la inmensa mayoría, por no decir la totalidad, sólo persiguen sembrar angustia para que el receptor, conmovido, actúe haciendo lo que se pide. Lo habitual es que se nos pida que enviemos el e-mail a cuantas más personas mejor, para así aprovecharse de esas direcciones para enviarles todo tipo de publicidad no deseada. Éstos son algunos ejemplos:

Asunto: Leucemia, por favor léelo y reenvíalo.
Si borras esto, sinceramente no tienes corazón...
Soy un padre de 29 años. Mi esposa y yo hemos tenido una bella vida juntos. Dios también nos ha bendecido con una niña. Nuestra hija se llama Raquel y tiene diez meses de vida. No hace mucho, los doctores encontraron un cáncer cerebral en su pequeño cuerpecito. Solamente hay un camino para salvarla... ¡La operación! Desgraciadamente no tenemos suficiente dinero para operarla. Las compañías AOL y ZDNET nos van a ayudar. Lo que piden es que este e-mail se

reenvíe a cuantas más personas mejor. AOL rastreará este correo y contará las personas que lo han recibido.

Por cada persona que abra este correo y lo reenvíe a tres direcciones recibiremos 32 centavos.

¡Por favor, ayúdanos!

Otra versión:

Me llamo Antonio de Roble Pérez, tengo un hijo de 12 años que sufre un grave tumor maligno llamado mixoma en la aurícula izquierda del corazón. Intento pagarle el tratamiento en el hospital para niños de Boston, pero ni los ahorros de toda mi vida son suficientes para ello.

Les agradecería de todo corazón su ayuda, sólo necesito que manden esto a tantas personas como les sea posible, un minuto de su vida puede salvar la vida de mi hijo.

Por cada e-mail enviado mi hijo recibirá un centavo de dólar, enviado a mi cuenta a través de la compañía compatible.

Atentamente y muy agradecido.

Otra más:

En la vida hay ciertas cosas que son difíciles de superar. Un hijo es la gran ilusión de un padre. ¿Quién desearía que le pasara algo a un hijo? ¡Yo, no!

La historia que les presento a continuación es real. Mi nombre es Rodolfo Núñez y la foto que ven es la de mi hijo Luisito, él nació con una grave enfermedad llamada hidrocefalia, la única forma de que mi hijo se salve es sometiéndole a una operación carísima que la verdad no podemos costear.

Mi esposa y yo hemos luchado por cielo, mar y tierra para conseguir los medios necesarios para la operación, hemos hablado con el presidente de PRODIGY y nos ha prometido que se donarían 50 centavos por cada vez que este e-mail sea reenviado, ya que será rastreado. Ahora el favor que les pido es que se tomen la pequeña molestia de reenviar este e-mail a sus contactos, por favor, nada les cuesta y ayuden a que un niño tenga mejor calidad de vida.

De antemano, gracias.

Creo que tres ejemplos son suficientes para demostrar cómo son de ruines algunas personas. Como hemos comprobado, son e-mails muy parecidos, y con el único objetivo de estafarnos. La próxima vez que reciba uno parecido directamente ¡Bórrelo!

Hay un caso muy significativo ocurrido en Estados Unidos, un niño pequeño apellidado Craig que sufría una terrible enfermedad y que quería batir el récord mundial de recogida de postales, su sueño era figurar en el libro Guiness de los récords.

El periódico *The Sun* publicó su caso en septiembre del año 1989 y la respuesta fue inmediata: el joven reunió más de veinte millones de postales de todo el mundo.

Lo curioso es que, finalmente, y gracias a la publicidad de su caso, pudo recolectar dinero para su operación. Fue operado y hoy en día sigue vivo... ¡Y recibiendo postales!

EL WINDOWS DE LOS ANILLOS

La leyenda que reproduzco a continuación es tan surrealista que estuve tentado de no incluirla, aunque es un buen reflejo de lo que algunas personas son capaces de inventar:

El otro día vino a visitarme a casa un amigo. Yo acababa de comprar un ordenador portátil, y como le gustaba mucho la tecnología y la informática, se lo mostré. Lo primero que hizo fue preguntarme:

—¿Qué sistema operativo usas?

—Windows 98 —contesté.

—¿Tienes el disco original?

—Sí, aquí lo tienes.

—¡Acompáñame a la cocina! —me dijo.

Reconozco que me tenía totalmente alucinado. Al llegar a la cocina, cogió la caja, la metió en el microondas y lo puso a funcionar. ¡Deberían de haber visto mi cara!

—Pero... ¿Te has vuelto loco o qué?

—¡Tranquilo! ¡Confía en mí!

A los dos minutos lo sacó, abrió la caja y me pasó el CD... ¡Estaba frío y pesaba algo más!

—Bueno ¿Qué? ¿Ves algo? —me preguntó mi amigo—. Fíjate en el centro, mira esa inscripción que brilla.

—¡Era cierto! Había una cadena de números iluminados: 74 6F 64 6F 73 2C 20 75 6E 20 53 2E 4F 2E55 6E 20 53 2E 4F 2E 20 70 61 72 61 20 67 6F 62 65 72 6E 61 72 6C 6F 73 20 61 20 73 2C 20 20 70 61 72 61 20 65 6E 63 6F 6E 74 72 61 72 6C 6F.

—¡Son sólo números!

—¿Sólo números? ¡Qué ingenuo eres! ¡Son dígitos hexadecimales! Es una antigua escritura que he conseguido descifrar después de muchos años, esta gente es muy astuta.

—¿Una clave? —yo cada vez andaba más sorprendido—. ¿Y qué mensaje lleva escrito?

—En español diría más o menos así:

«Un sistema operativo para gobernarlos a todos... Un sistema operativo para encontrarlos... Un sistema operativo para atraerlos a todos y en las tinieblas... ¡ATARLOS!».

Es de imaginar que desde ese mismo día cambié el sistema operativo. Ahora soy un usuario más de Linux.

X

Famosos

¿Que mejor caldo de cultivo para una leyenda urbana que incluir dentro de la historia el nombre de un famoso?

Da igual que lo que se cuente sea cierto o no, la historia tratará siempre de desvelar ese lado oculto del famoso, que a veces se rumorea y otras directamente se inventa.

Si lo pensamos bien, es posible que los llamados programas «rosas» o «del corazón» sean simplemente leyendas urbanas televisadas. A diario se inventan noticias y rumores, la mayoría de las veces sin contrastar. No importa que el famoso seleccionado haya realizado el acto en cuestión del que se le acusa, el comentario o la opinión lanzada servirá para rellenar varios espacios televisivos y, de paso, algunos bolsillos. Este tipo de relatos inventados sobre los famosos tiene su origen, nada más y nada menos, en la Edad Media y se llamaban pasquines. Eran panfletos que circulaban a gran velocidad por los pueblos o las ciudades importantes, eran textos y en ocasiones caricaturas o dibujos con historias acusatorias (a veces reales y otras inventadas) criticando al papa, a los obispos o a cualquier autoridad, fuera civil o militar.

Los «famosos» de aquella época comprobaban con inquietud cómo de un día para otro los temibles pasquines se ponían en circulación y al día siguiente su prestigio se encontraba vilipendiado. Daba igual que el rumor fuera cierto o no, una vez que el pueblo leía el panfleto, el daño estaba hecho, algo muy parecido a lo que ocurre hoy en día.

¿Quién me va a entregar sus emociones?.... ¿Quién me va a pedir que nunca la abandone?... ¿Quién me tapará esta noche si hace frío? ¿Quién me va a curar el corazón partío... La radio de Marta tronaba a toda pastilla mientras circulaba por aquella carretera que tantas noches había recorrido, rumbo al hotel que le ponía la productora para que al día siguiente pudiera estar a las ocho en la reunión de contenidos del programa que dirigía. De repente vio en el arcén de la carretera a un hombre que le hacía señas para que parara. No estaba muy segura si detener el vehículo, pero hubo algo en aquella persona que la infundió confianza. Paró lentamente y bajó la ventanilla del copiloto.

—Disculpe, ¿sería tan amable de acercarme a la gasolinera más cercana? He tenido un accidente con mi coche y tengo que llamar a la grúa.

Marta no podía salir de su asombro. Aquel rostro que divisaba a través de la ventanilla era el de su actor de cine favorito... ¡No se lo podía creer!

—Estooooo.... ¡Sí, por supuesto! ¡Suba, yo le acerco!

Instintivamente se llevó la mano al botón de la blusa y se lo desabrochó para que se pudiera adivinar, aún más, su marcado canalillo.

—¿Eres Carmelo, verdad?

—Pues sí, creo que todavía me queda algo de él —contestó divertido.

—Pues esto es casi como un sueño hecho realidad... ¡La de veces que habré imaginado este encuentro!... —le confesó Marta ruborizada.

Carmelo no pudo evitar echar un vistazo a aquella joven, y pronto su vista se detuvo en el generoso pecho. Fue bajando la vista y la detuvo en las torneadas piernas, sólo tapadas por un trocito de minifalda.

—¡Mira!, allí a lo lejos se distinguen las luces de un motel, y además con restaurante. ¿Me dejarás que te invite a cenar por haber sido tan amable de recogerme?

—¡Por supuesto!, esto también era parte de mi sueño, je, je...

Compartieron mesa, mantel y vino. Dos botellas de un espléndido Arzuaga que en pocos minutos comenzó a hacer efecto.

—Bueno, me tienes que decir cómo terminaba tu sueño —le preguntó un pícaro Carmelo.

—Primero, me tienes que firmar un autógrafo en esta servilleta.

—Eso está hecho, aquí lo tienes... Para Marta con todo mi amor y con el deseo de que sea el principio de una bonita relación... ¡Venga, ahora tú! ¿Cómo acababa?

—Acababa contigo encima —le susurró Marta, que ya había pasado de la timidez al descaro más absoluto.

Sin pensárselo dos veces, se dirigieron al mostrador del motel y pidieron habitación. El resto de la noche lo dedicaron a hacer realidad todos los sueños de Marta. A las pocas horas, el sol que entraba por la ventana la despertó. Tentó con su mano a su dulce acompañante y no sintió nada. Se había marchado. Se duchó; después de vestirse, llamó a Toledo para avisar que llegaría tarde a la reunión y bajó a la recepción del hotel.

—Perdone, ¿ha dejado alguna nota mi acompañante?

—No lo sé señorita, voy a comprobarlo. ¿En qué habitación estaban?

—En la 111.

—Perdone, pero aquí me consta la habitación sólo a su nombre.

—Es imposible, la compartí con... —Marta bajó el tono de voz, y le susurró el nombre de su actor favorito. El recepcionista puso una mueca rara al escuchar el nombre que Marta le decía.

—Pues perdóneme, pero... ¡Creo que eso es algo complicado!... Mire el periódico.

Marta leyó a toda prisa los titulares al ver la foto de Carmelo en la portada.

—Pero... ¡No puede ser!... ¡Anoche estaba conmigo!... Estuvimos toda la noche juntos...

—¡Pues el periódico no se lo va a inventar! —el recepcionista intentaba no perder la paciencia.

—Murió ayer en un accidente de coche, a eso de las nueve de la noche, muy cerquita de aquí.

A la joven casi se le sale el corazón. Subió a toda prisa a la habitación, y descubrió horrorizada sobre la mesilla la servilleta escrita de su puño y letra. «Para Marta con todo mi amor y con el deseo de que sea el principio de una bonita relación». ¡No le había jugado una mala pasada su imaginación!

Marta jamás tuvo dudas de que aquella noche la había pasado con Carmelo. Tampoco realizó muchos esfuerzos, tres meses después, para saber quién era el padre de su hijo cuando el médico le notificó que estaba embarazada...

UN ÁNGEL LLAMADO JUAN CARLOS

Después de muchos años de intentarlo, por fin nos habíamos reunido los compañeros de la mili. La reunión se celebró en un asador. Litros de vino y algún que otro kilo de cordero fueron testigos de nuestro encuentro, y, como siempre, con los cafés y los licores comenzó la tertulia.

—Oye Rafa, me acabo de enterar de lo de tu accidente...

—Sí, ya ves, fue horrible. Pero vas a alucinar cuando te cuente toda la historia: resulta que venía de Valencia con mi novia y, en un cambio de rasante, el coche se salió de la carretera. Dimos cuatro vueltas de campana, y lo peor es que el motor parecía que se iba a incendiar y no éramos capaces de abrir las puertas. Yo me empecé a agobiar bastante, me puse a golpear las ventanas como un loco, a gritar auxilio con todas mis fuerzas, pero ese día casi no había tráfico por aquella carretera. De repente, escuchamos una moto derrapar y un tipo que se baja y nos empieza a ayudar desde fuera. Gracias a él pudimos salir del coche y apartarnos del incendio. Aquel señor se montó en su moto y cuando se quitó el casco para llamar a la Guardia Civil..., me quedé de piedra. ¡Se trataba del Rey! La pena es que no me dio ni tiempo a agradecerle la ayuda. Arrancó y se marchó en segundos. A los pocos minutos llegó a auxiliarnos la Guardia Civil. Fue increíble.

—¡Esto sí que es alucinante!... —comentó otro de los amigos.

—¿Sabéis que mi vecino se lo encontró el otro día en una gasolinera? Estaban llenando el depósito cuando se les situó en el surtidor de al lado un motorista con una moto de las de gran cilindrada. Se levantó la visera y se puso a echar gasolina. Su hijo fue el primero que se dio cuenta y señalándole comenzó a gritar: ¡Mira papá, es el Rey! Mi vecino no se lo terminaba de creer, pero de repente aparecieron dos coches con los cristales de las ventanas tintados y se bajaron varios escoltas, que le dijeron: «Lo sentimos majestad, pero debe acompañarnos al coche». Al segundo, uno de ellos se montó en la moto, y la comitiva salió disparada.

—Sí, sí... Yo también he oído que lo han encontrado muchas veces escapándose de los escoltas o con su coche o con la moto... —todos los amigos parecían haber escuchado la misma historia.

—¡Venga ya! ¿Es que os lo creéis todo? Si es así... ¡Ese tío es un crack!... Lo raro es que no hubiera hecho la mili con nosotros...

Al momento, todos comenzaron a reír y se escuchó un nuevo brindis.

—¡Por el Rey! ¡Y por los Voluntarios del 83! Je, je, je...

LEYENDAS A DISCRECIÓN

De españoles

Del grupo musical Estopa se llegó a rumorear que tuvo que retrasar uno de los vuelos en los que viajaba debido a un coma etílico de uno de los hermanos.

El cantante Melendi ya tiene en su haber varias leyendas urbanas. La primera, le adjudicaba una detención por posesión y tráfico de estupefacientes. En la siguiente se hablaba de que estaba en libertad bajo fianza, y que sólo salía de prisión para realizar sus conciertos. También se llegó a rumorear que en una entrevista comentó que jamás había leído un libro.

Me resultó sorprendente que un oyente de mi programa de radio de la Cadena SER, «Ser Curiosos», me escribiera indignado tras haber escuchado en antena una canción de Melendi que habíamos emitido. Según este oyente, una persona que ha reconocido no haber leído un libro en su vida, no se merece que le publiciten su música.

A Alejandro Sanz también se le adjudican algunas leyendas urbanas relacionadas, sobre todo, a sus inclinaciones sexuales.

La Oreja de Van Gogh tuvo hasta su propio *hoax*, en el que se les acusaba de realizar propaganda a favor de ETA en un programa televisivo. El e-mail decía así:

Queridos amigos:

Me acaban de dar una noticia que me ha dejado sorprendido y, a la vez, acojonado. No había oído nada hasta ahora. Vosotros quizá ya lo sabéis, pero por si acaso voy a contároslo. El pasado jueves, en el programa de Pedro Ruiz, tenían invitados a la tertulia a los componentes de La Oreja de Van Gogh. Al parecer, en el transcurso de la entrevista, Pedro Ruiz les preguntó si era cierto que donaban la mitad de sus ingresos a una ONG. Respondieron que sí. Pedro Ruiz les preguntó qué ONG, si Cruz Roja, Médicos sin Fronteras. Respondieron que no, que era una ONG de un nombre que no me acuerdo. Resulta que a Pedro Ruiz, ese nombre le sonaba a algo y les dijo: «... ¿pero esa ONG no es una organización pro-etarra???». Ellos respondieron que sí, que los miembros de ese grupo eran de esa misma ideología, se consideraban pro-etarras. Pedro Ruiz, en directo, les echó del programa. Muy bien hecho... ¡Con un par! Me he quedado helado, porque es un grupo que me gusta bastante, y no me esperaba nada de esto. Para los que, como yo, estáis en contra de que haya gente que asesine, que sepáis que la mitad de lo que ganan cada vez que se compra un disco suyo, la mitad de los ingresos por la compra de una entrada a un concierto... va destinada para que ETA compre armas, dinamita, ponga coches bomba y dé tiros en la nuca. Es bueno que la gente lo sepa y no esté engañada. Boicot total. Gracias por vuestra atención y saludos a todos.

De falsas enfermedades

Son muchos los artistas españoles —seguramente ocurrirá lo mismo en cada país— que han caído en las redes de los falsos rumores, y se les ha achacado una determinada enfermedad.

En el caso de nuestro país, creo que el personaje que más leyendas ha arrastrado ha sido Miguel Bosé. El cantante siempre ha jugado con una escondida ambigüedad que ha originado numerosas leyendas. Así, los medios de comunicación le han enterrado varias veces, y no hay año que pase sin que se anuncie que está gravemente enfermo de sida.

Otro de nuestros artistas más internacionales, Julio Iglesias, ha sido declarado enfermo por los medios en múltiples ocasiones. Se llegó a publicar que tenía cáncer de piel debido al abuso de los rayos solares; que tenía colocada, en su tabique nasal, una prótesis de platino debido al excesivo uso de sustancias euforizantes, o que se retoca quirúrgicamente su aspecto tres veces al año.

Los más mayores también recordarán el caso de la actriz Amparo Muñoz, a la que también se la ingresó en la unidad de cuidados intensivos de un conocido hospital a causa de, según publicaron, estar en la fase terminal de sida. Los más jóvenes se acordarán de la polvareda que levantó la afonía y abandono de los escenarios por unos meses de la cantante de Operación Triunfo, Rosa. Los rumores apuntaban desde una depresión provocada por su pérdida de peso hasta un embarazo.

Y una de las clásicas: la que hablaba de que a Ana Obregón en un vuelo rumbo a Venezuela (donde se suponía que iba a grabar un capítulo para una telenovela) la explotó uno de sus implantes mamarios de silicona.

De parejas de ficción

Muchas han sido las parejas que los rumores han conformado, algunas de las más dispares y surrealistas, y otras, simplemente por desacreditar o hacer daño.

Una de las que más escándalo provocó fue la que se dijo que formaban la actriz Cayetana Guillén Cuervo y el ex presidente del Gobierno José María Aznar. El bulo que circuló a través de Internet decía así (copia literal):

Nuestro amadísimo «Pepe Aznar» está a punto de divorciarse de nuestra siempre «amadísima y respetadísima» Ana Botella. ¡Se ve que tiene un lío con Cayetana Guillén Cuervo! La fuente: Periodistas y semejantes, pero claro... las elecciones están demasiado cerca y sería un escándalo destaparlo antes de tiempo... (ya sabéis, las urnas mandan... y en la «España profunda» quizá no se aceptaría gratamente que nuestro líder conservador, que tanto ha luchado por la unidad de España, pidiera ahora la autonomía o la autodeterminación. Bueno, pues se ve que es rumor conocido y tapado... Para muestra un botón: ¿Visteis ayer (martes) el programa del Buenafuente? ¿Alguno de vosotros recuerda lo que Corbacho dijo sobre un rumor relacionado con alguien MUY IMPORTANTE y un PERSONAJE CONOCIDO? Y ¿recordáis cómo dijo también que no podía seguir hablando porque por el «pinganillo» le estaban «sugiriendo» que callara? Bien, ya sabéis que el binomio: política-medios de comunicación funciona a la perfección, y que sólo «se destapa» aquello que interesa y sobre todo: ¡En el momento en que interesa!... NOTICIÓN, ¿verdad? Pues bien: Pasadlo. ¡Que se les destape el pastel antes de tiempo!!!!!

Fue tal el escándalo que se organizó, que a los pocos días la abogada de la actriz decidió publicar un comunicado, éste el es texto:

A TODOS LOS MEDIOS DE COMUNICACIÓN:

DOÑA CRISTINA ALMEIDA CASTRO, Abogada del Ilustre Colegio de Madrid, con despacho abierto en esta capital en el Paseo de la Castellana 123, 3.º B, como representante legal y mandataria verbal de DOÑA CAYETANA GUILLÉN CUERVO, me dirijo en su nombre a todos los medios de comunicación, en cualquier soporte de expresión (prensa escrita diaria, revistas semanales o mensuales, Internet, televisión, radio, agencias o por cualquier otro procedimiento), para dejar constancia de los siguientes extremos:

1.º– Que a través de distintos medios ha llegado a conocimiento de mi patrocinada Doña Cayetana Guillén Cuervo, que circula un rumor del que desconoce la fuente, a través del cual se la relaciona con un conocido político, con el que supuestamente mantiene una relación de índole sentimental.

2.º– Que dicho rumor ha ido tomando consistencia hasta el punto de que en distintos medios escritos y en la Televisión, se ha llegado a dar públicamente el nombre de Cayetana Guillén Cuervo como vinculada a esa persona por una relación sentimental.

3.º– Que mi patrocinada DOÑA CAYETANA GUILLÉN CUERVO, a través de este comunicado, quiere salir al paso de tales manifestaciones por ser absolutamente falsas; puras mentiras, que en nada tienen que ver con mi patrocinada, que comparte felizmente su vida sentimental con una persona, ajena a la vida pública, que le supone la serenidad y el afec-

222

to, y que hechos como éstos, ajenos por completo a mi patrocinada, perjudican su imagen, afectan a sus sentimientos y causan un daño innecesario por tratarse de falsedades absolutas.

4.º– Que a mi patrocinada no le une ninguna relación personal, profesional o política con el personaje al que se la vincula, al que ni conoce más que al resto de políticos de nuestro país, con el que habrá coincidido una o dos veces en su vida y siempre en actos públicos para los que ha sido convocada y sin que mantuviera con el mismo ninguna relación.

5.º– Que mi patrocinada es una profesional del cine, la radio o la Televisión, que trabaja desde muy joven, que lo que ha sido y es se lo debe a su propio esfuerzo y trabajo y en todo caso al cariño y a la ayuda que ha recibido de sus padres, y que nunca ha medrado ante ningún político para la realización de sus trabajos.

6.º– Que dado que la existencia de estos falsos rumores, y sobre todo de la aceptación irresponsable de los mismos por diversos medios de comunicación, han afectado a mi patrocinada, a su imagen, a su círculo de amistades, a su vida afectiva, a sus ideas, y pueden afectar a esas terceras personas, que también se ven involucradas por esta supuesta e inexistente relación, causando daños y dolor, por la actuación de personas sin escrúpulos que son capaces de emitir sin contrastar este tipo de noticias.

Por ello, a través de este comunicado, en nombre de Doña Cayetana Guillén Cuervo quiero manifestar su intención de ejercer cuantas acciones civiles o penales se puedan derivar del hecho de que consciente de la falsedad de estos rumores, noticias o información, que le reitero en este comunicado, haga uso del nombre, imagen de mi patrocinada o comente esa noticia en relación con Doña Cayetana Guillén Cuervo que nada tiene que ver con esa supuesta relación.

Madrid a 4 de febrero del 2004

Pero las relaciones inventadas continúan y se podrían escribir a centenares:

A Eduardo Zaplana se le ha emparejado con Cristina Tárrega y con Paloma Lago.

223

A Felipe González, con Merry Martínez Bordiú y Pilar Miró.

A José Borrel, con el torero José Ortega Cano.

A Pepe Navarro se le emparejó con la Veneno e Ivonne Reyes.

A Isabel Pantoja, con Encarna Sánchez y María del Monte.

A Miguel Bosé, con Toni Cantó o con Alejandro Sanz (entre otros muchos).

A María Escario, con la vicepresidenta María Teresa Fernández de la Vega, a las que incluso han llegado a casar en Zaragoza.

Y quizás la más famosa, la que emparejaba a don Juan Carlos con Bárbara Rey, con Paloma San Basilio o con Antonia Dell'Atte.

De extranjeros

Imagínese la situación: Un hospital norteamericano —generalmente— recibe un ingreso en urgencias a altas horas de la madrugada. Parece ser que una persona se encuentra aquejada de graves dolores estomacales. Cuando los médicos intervienen al paciente, tienen que extraerle varios litros de semen de su estómago.

Esta leyenda urbana es muy popular sobre todo en Estados Unidos. Cada cierto tiempo vuelve a circular con un nuevo famoso como protagonista. Ya han sido sufridores de este macabro rumor famosos de la talla de Rod Stewart, Mick Jagger, David Bowie, Jon Bon Jovi, New Kids on the Block, Andy Warhol, etc. La lista casi no tiene fin.

De Jean Claude van Damm se ha llegado a decir que se extirpó un testículo para conseguir más flexibilidad, algo que le beneficiaría para practicar con mayor destreza las artes marciales. Tampoco otro «cachas» de la pantalla se ha librado de los rumores: de Sylvester Stallone se publicó que se había realizado un alargamiento de pene, y que sus músculos se habían conseguido a base de productos ilegales y prohibidos.

El alargamiento de pene también ha sido algo recurrente para imputar a algún famoso. Se conocen, entre otros, dos casos: por un lado, el fallecido cantante de Queen, Freddy Mercury, y el de los Rolling Stones, Mick Jagger. De ambos se rumoreó que se habían implantado el descomunal pene de un árabe, aunque de Mick se publicó recientemente una curiosa noticia en varios diarios como en el periódico digital *20 minutos* el 24 de mayo de 2007, decía así:

Mick Jagger se alargó el pene mediante picaduras de abejas

Ni suspensorios ni bombas manuales en los riñones. Mick Jagger, descontento con sus atributos viriles, recurrió a un método más ecológico: un rito amazónico tan extraño como doloroso.

Mick Jagger ha usado, al menos en alguna ocasión, abejas peruanas para conseguir potentes erecciones, aumentar el tamaño de su miembro y dar mayor satisfacción sexual a sus amantes. Un allegado del cantante, Julien Temple, director del vídeo *Undercover of the night*, que actualmente se encuentra en México dirigiendo la grabación con los componentes de la banda, ha declarado: «Jagger, de 63 años, cubrió su pene con una caña de bambú e insertó varias abejas, que al atacar el miembro lo hincharon e hicieron crecer de tamaño».

Jagger, según confesó Temple al programa Filme, de Radio 4, producido por la BBC, se sometió al rito amazónico de boda durante el rodaje de *Fitzcarraldo*, en 1981.

«El rito iniciático del Amazonas incluía ponerse una caña de bambú en el pene y llenarlo de abejas picadoras, para que el miembro lograra el tamaño del bambú. Mick pasó meses en la selva de Perú, y yo creo que casi se vuelve loco allí».

La confesión de Temple se ha producido en un momento muy inoportuno. Hace tan sólo unos días Jane Dickynson, ex de Jagger, declaró en un programa de la televisión británica que Mick «la tiene muy pequeña».

Paris Hilton es una de las mujeres más mediáticas que existen en la actualidad. Todo lo que toca se convierte en oro y es una auténtica máquina de ganar dinero. Sería imposible que alguna leyenda urbana no la hubiera salpicado. En este caso se rumorea que en una ocasión la robaron su *ipod*. La policía lo pudo recuperar pero, para su sorpresa, todas las canciones que contenía eran de corte satánico.

Del rapero Eminem se aseguró que estaba muerto. ¿Las pruebas? En su álbum *Encore* aparece en la fotografía de portada con un traje negro y con un fondo similar a un ataúd. En los agradecimientos puede leerse la siguiente frase: «A mi familia y todos mis amigos. Gracias por todo. Siempre os querré. A mis fans. Lo siento, Marshall». Este texto fue motivo suficiente para que muchos de sus seguidores creyeran encontrar una carta de despedida.

De Madonna se rumoreó que en realidad era Tabitha, una graciosa niñita que aparecía en la serie de televisión *Embrujadas*. Algo imposible, porque aquella joven actriz se llamaba Erin Murphy.

A Shakira la han acusado en reiteradas ocasiones de tener una doble que la sustituye en algunos compromisos, para que así pueda disfrutar sin agobios con su novio. La cadena CPN Radio, lo comentaba así el pasado 13 de febrero: «La cantante colombiana Shakira tuvo que recurrir a una doble para zafarse de la prensa y pasar un rato con su novio, Antonio de la Rúa, en Monterrey, en el norte de México».

MARYLIN MANSON

Me he visto también obligado a destacar en grande el nombre de este extravagante rockero, porque es fuente inagotable de leyendas urbanas. Aquí relatamos unas decenas de ellas:

— Tiene el esqueleto de su abuela en su cuarto.

— Murió de una sobredosis.

— Es caníbal y come niños.

— Manson era el niño pequeño de *Mr. Belvedere* y Paul de *Aquellos maravillosos años*.

— Su padre era sacerdote.

— Se ha extirpado quirúrgicamente las costillas flotantes para poder succionar su propio miembro.

— Trabajó de *stripper*.

— Se cortó su propio pie para poder inyectarse heroína directamente por la vena.

— Manson tiene sida.

— Se sacó un ojo y se colocó una canica, estéticamente pensaba que le beneficiaba.

— Manson realizó una felación en un concierto en directo a Twiggy, uno de los integrantes de su grupo.

— Orinó en una cruz y asesinó a un perro como tributo a Satán.

– Come carne de perro.

– Se va a crucificar en un concierto.

Marilyn Manson es de los pocos artistas que posee su propio *hoax*, y que traducido (es mucho más popular en Estados Unidos) sería más o menos así:

Para todo aquel al que le interese y quiera leer esto: Hoy es el 30 de marzo de 1999. Hoy he recibido una información y esto hay que detenerlo. Todos habréis escuchado el nombre de Marilyn Manson, pues bien, este hombre está enfermo. Conozco a alguien que fue a uno de sus conciertos. Abusa de animales. Lanzó varios cachorros a la muchedumbre antes de su espectáculo, y luego anunció a la muchedumbre que no comenzaría el concierto hasta que los perritos fueran matados. En resumen, varios cachorros son matados en cada concierto de Marilyn Manson. Se trata de un comportamiento enfermizo que debemos detener, y somos los únicos que podemos acabar con esto. Estoy enviando este e-mail a toda mi lista de contactos, si usted pudiera, POR FAVOR, envíe esto por lo menos a diez personas, podemos marcar la diferencia. Si la gente se da cuenta de que lo está haciendo un hombre enfermo, no acudirá a sus conciertos, y cuando no vaya nadie, no podrá asesinar a más cachorros.

Por favor, enviando este texto puede salvar a una pareja de cachorros. Y permítame decirle, que si usted no lo envía, no es más que un perdedor egoísta y sin escrúpulos

Los grupos rockeros son los que más portadas de prensa acumulan debido a sus excentricidades. En más de una ocasión hemos leído cómo tal o cual rockero ha destrozado la habitación del lujoso hotel donde se hospedaba, o ha mandado por los aires parte de la vajilla de algún restaurante. Por esto, seguramente, han surgido tantas leyendas urbanas hablando de sus «fechorías». Uno de mis favoritos, y de los que más historias posee, es el grupo americano KISS. Lo integran cuatro rockeros maquillados y uniformados con atuendos futuristas. Sus excentricidades y escándalos fueron muy sonados en la década de 1980. El grupo recibió la oferta de Marvel para realizar un cómic con sus aventuras. Se dice que aceptaron, y que ante notario, uno de los dos líderes del grupo, Gene Simmons, vertió su sangre dentro de un recipiente con tinta para que se utilizara en su elaboración. Ésta sólo se utilizó en la primera edición, y se rumorea que la cotización en el mercado de subastas alcanza cifras espectaculares.

No dejamos de lado el rock duro, y continuamos con algunas leyendas referidas a sus grupos:

De Ozzy Osborne se rumoreó que en un concierto arrancó de un bocado la cabeza de un murciélago que le lanzó un seguidor. Mas tarde explicaría que pensó que el animalito en cuestión era de goma, y no de verdad, como resultó ser.

De WASP llegaron a decirse auténticas barbaridades. Muchos piensan que inventadas por ellos para darse mayor publicidad, como que pisaban en el escenario pollitos vivos o que mataron a cuchilladas una vaca en plena actuación.

Si ya esto es bastante repulsivo, qué decir de la leyenda del famoso vaso, uno de un litro de capacidad, más o menos, que pasaban por el público para que hiciera en él lo que deseara: orinar, defecar, vomitar... Una vez completo, el vaso regresaba a las manos del cantante, que saboreaba ante sus fans enfervorizados.

También llegó a escandalizar la historia de que el grupo ofreció un dineral a la familia de un enfermo terminal para darle muerte en el escenario durante uno de sus conciertos.

De Iron Maiden se rumoreó que su primer cantante murió al ingerir todos los vómitos de los demás en una apuesta.

De Manowar y Twisted Sister: entre los seguidores del *heavy metal* también se popularizó mucho el rumor de que los integrantes del grupo Manowar quedaron para darse de palos con los del grupo Twisted Sister en el Central Park de Nueva York. Dicen que, finalmente, los de Manowar no se presentaron (seguramente los fanáticos de este grupo contarán la leyenda al revés).

LOS GRANDES MITOS MUSICALES

Paul McCartney

¿Qué puede haber peor que a uno le consideren muerto? En la historia de la rumorología y las leyendas existen infinidad de casos. De McCartney se publicó que había fallecido en un accidente de coche y que lo habían sustituido por un doble desde 1966, para que la carrera de los Beatles continuara triunfante.

A partir de ese instante, sus fans comenzaron a encontrar mensajes y códigos ocultos en las letras de las canciones o en las portadas de los discos que demostraban esta teoría.

Las dos portadas que más inquietud crearon entre sus seguidores fueron las de Abbey Road, donde los cuatro miembros del grupo atraviesan en fila un paso de cebra. Paul lleva el paso cambiado, y es el único que lleva los ojos cerrados y camina descalzo (en los rituales del Tíbet, que en aquella época eran muy populares, los muertos iban descalzos).

Y la otra polémica portada fue la de *Sgt Pepper's Lonely Hearts Club Band*, en la que aparece el grupo rodeado de famosos personajes. Si analizamos bien la situación, los conspiradores descubrieron que, sobre la cabeza de Paul se encuentra una mano que en algunas religiones orientales simbolizaba la muerte, y el instrumento que sostiene en sus manos es de color negro, para muchos, una prueba indiscutible de que el famoso Beatle estaba muerto.

Michael Jackson

Yo estoy convencido de que muchas estrellas del panorama musical, sobre todo norteamericano, están creadas en oficinas con grandes especialistas de marketing, porque si no es inaudito que algunos tengan a su espalda tantos y tantos rumores que sobrepasan la imaginación del más brillante de los publicistas.

En el *top* se encuentra sin ninguna duda Michael Jackson, el gran Michael, querido y odiado, perseguido por la justicia y con un pasado complicado.

Pues bien, el gran Michael sufrió un aparatoso accidente en 1984, cuando grababa un anuncio publicitario para la multinacional Pepsi, que le dejó graves quemaduras en el cuerpo. Según las leyendas, éste fue el inicio de su afición por los quirófanos y, sobre todo, por los analgésicos. En algún momento se llegó a asegurar que Jackson había muerto en aquel accidente y que había sido sustituido por una muchacha que guardaba un notable parecido con él, y que además conocía todas sus canciones y hasta sus pasos de baile. Los creadores de esta leyenda no imaginaban que tiempo después, el cantante de color estaría enjuiciado por diversos delitos, en los que, entre otras cosas, se ha sometido a varias pruebas de ADN para demostrar su inocencia.

Por especular, se llegó a decir que en una de las redadas realizadas por los agentes americanos en las dependencias de Neverland
(la residencia del cantante) había aparecido enterrado el cadáver del
pequeño de los Jackson.

Su piel, su nariz, su condición sexual, sus perversiones... No
pararíamos de incluir rumores y rumores sobre las distintas face-
tas del cantante, aunque me quedo con una de ellas: durante un
concierto perdió la nariz en una de sus coreografías. ¿Alguien da
más?

Elvis Presley

También la vida y obra de este rockero ha dado para numerosas
leyendas urbanas. La más increíble es la que sitúa la muerte de
Elvis Presley en el año 1959, precisamente cuando realizaba el servicio militar en Alemania. Al parecer, el verdadero Elvis sufrió un
accidente automovilístico en Alemania, todo un desastre para el servicio de propaganda militar norteamericano. Aquella muerte se
dejó en manos de la CIA que, antes de hacerla pública, escarbó bien
en la vida del presunto fallecido y descubrió que tenía un hermano
gemelo que vivía en Texas. Según el rumor, los padres del Rey del
rock no tenían suficiente dinero para mantener a los dos hermanos
y dieron a uno en adopción.

Al hermano de Elvis, llamado Jesse, le secuestraron los servicios de inteligencia y lo trasladaron a Alemania, donde le instruye-
ron con urgencia en baile y canto, con el fin de que sustituyera a su
hermano lo antes posible.

Al regresar del ejército, los fans lo notaron cambiado, comenzó
a suavizar su estilo incluyendo muchas más baladas en su reperto-
rio y dejó algo de lado las actuaciones para dedicarse de lleno a su
carrera cinematográfica. Según la leyenda, Jesse, cansado de su-
plantar a su hermano, chantajeó a los servicios de inteligencia. Ame-
nazó con contarlo todo si no se le cambiaba de vida y se le dejaba
al margen de la vida pública. No les quedó más remedio a los agentes de la CIA que urdir una trama para que la muerte de Elvis Presley resultara creíble.

Hay quien asegura que, aunque muy anciano ya, Jesse sigue
viviendo al margen de la popularidad en un pequeño pueblecito
americano, obviamente bajo otra identidad.

Pequeños protagonistas

Muchos han sido los rumores que han alertado de abusos hacia los enanos, creando gran indignación entre la buena gente inflexible con las injusticias hacia los más débiles.

Se contó, por ejemplo, que el muñeco de la *Guerra de las Galaxias* R2D2 lo manejó un enano, cuando en realidad fue el pequeño actor Kenny Baker. También se dijo que ET era manipulado por un enano. Nada más alejado de la verdad, porque ET era un muñeco inanimado. Asimismo, se dijo que Alf, la mascota de los más pequeños, llevaba dentro un enano, cuando lo cierto es que era un muñeco manejado por un par de titiriteros.

En España tampoco nos libramos. Recuerdo que en la Navidad de 2002 se acusó al mentalista Anthony Blake de haber introducido un enano dentro de un atril... El mago debía adivinar en un programa en directo de Antena 3 el número premiado en la lotería de Navidad. Blake, supuestamente, había escrito el número premiado con anterioridad en las tapas de un libro, que estuvo custodiado hasta el momento del sorteo dentro de una urna. El programa se grabó en directo y se transportó la urna hasta el plató. En ese momento, siempre según el rumor, se introdujo en el atril un enano que escribió el 8.103, número premiado, y permaneció escondido dentro hasta el final del programa. Cuentan que, incluso, estuvo a punto de sufrir una lipotimia. Al día siguiente, el diario *El Mundo* publicó la noticia acusando al mago de lo que era un secreto a voces.

Esta leyenda la viví muy de cerca porque Blake es amigo, y esos días compartimos muchos momentos juntos, y les aseguro que, cada vez que salía el tema, lo pasaba en grande y se lo tomaba a risa. Fue una historia urdida con inteligencia.

Tommy Hilfiger, un diseñador con clase

No se sabe si amparada por sus competidores, pero la noticia de que Tommy Hilfiger había lanzado comentarios racistas circuló de e-mail en e-mail a través de Internet.

El bulo hablaba de que el famoso diseñador de moda acudió al programa televisivo de Oprah Winfrey, y allí se despachó a gusto con frases del tipo: «Me arrepiento de diseñar ropa que tiempo después es utilizada por hispanos, negros o asiáticos».

Este comentario desató la ira de muchos ciudadanos. De hecho, la conductora del famoso programa televisivo tuvo que desmentir que el diseñador hubiera estado nunca en su show. Hilfiger también publicó en su página web (www.tommy.com) una declaración en la que hacía constar:

«... Creo ropa para todo tipo de gente sin importar su raza, religión o bagaje cultural. Soy víctima de una leyenda urbana...».

WALT DISNEY BAJO CERO

Mucho se rumoreó en su día sobre la muerte del famoso dibujante. Los bulos apuntaban a que fue criogenizado después de su fallecimiento. Lo cierto es que Disney falleció el 15 de diciembre de 1996 y fue incinerado, tal y como consta en su acta de defunción guardada en los registros del condado de Orange, en California.

Existen más leyendas en torno al imperio Disney: la primera tiene que ver con su construcción. Se rumorea que el parque de California está situado sobre un antiguo cementerio indígena. La leyenda asegura que jamás ha muerto nadie en ninguno de los parques Disney, o más bien, que si alguien muere en sus instalaciones, por ejemplo, de un repentino ataque al corazón, rápidamente lo sacan de los dominios del parque para que su defunción sea considerada fuera del recinto.

La realidad es bien distinta: lógicamente hay gente que ha fallecido en los parques temáticos Disney por causas naturales, y también debido a accidentes. La lista completa desde 1989 es de unas quince personas, e incluye infartos, derrames cerebrales, e incluso, a un empleado disfrazado de muñeco Disney que fue atropellado durante un espectáculo.

XI

Las inclasificables

¡Aquí cabe todo! Y es que después de dar vueltas, y más vueltas, con algunas leyendas, me he dado cuenta de que no entraban dentro de ningún género, pero muchas de ellas tenían que figurar en este libro. Algunas más divertidas, otras más escabrosas, pero todas al fin y al cabo imprescindibles.

No ha sido fácil hacer la selección por capítulos del libro porque la descompensación era evidente. Donde he podido recabar más información, y encontrar más documentación, ha sido en los relatos de terror. Algo justificado, porque el fin último de cualquier leyenda urbana es despertar la angustia y la inquietud de la audiencia. También son numerosas las historias relacionadas con las carreteras. Es posible que se deba a que este tipo de relatos se encuentran desde la más remota antigüedad, porque desde siempre el ser humano ha sentido la necesidad de desplazarse, de recorrer los caminos y carreteras en busca de comida, nuevos territorios o simplemente por el afán de la aventura.

Estas otras leyendas, las huérfanas, las que no han tenido cabida en ningún otro capítulo, seguro que también despertarán en el lector inquietud y asombro.

LAS LUCES

Había recibido en la redacción una misteriosa carta. Una mujer me escribió para contarme una extraña historia sucedida a una conocida suya. No dudé, dada la importancia del testimonio, en quedar con ella. Llegó a la hora estipulada. La hice pasar a la sala de juntas, cogí mi cuaderno, mi grabadora y me senté junto a ella. Esto fue lo que me contó:

La protagonista murió la semana pasada, era amiga mía, ahora ya no hay problema porque le cuente la historia que vivió y que hemos silenciado hasta hoy.

Esta mujer tendría unos cuarenta años cuando marchó junto con su marido a Alemania. Aquí las cosas no les funcionaban bien, y decidieron que ese país podía ser un buen destino. En Dortmund fijaron su residencia en un apartamento que la dueña les alquiló sin apenas hacerles preguntas y a un precio muy barato comparado con lo que habían visto anteriormente. Pensaban que la suerte estaba de su parte... ¡Infelices!

Aquella casa fue su perdición. A los pocos días de estar instalados ya comenzaron los ruidos, sonidos extraños e inquietantes para los que no encontraban explicación. Luego vinieron los rasguños en la almohada, las extrañas historias sólo le ocurrían a ella. Mi amiga soportó estos extraños sucesos durante varios meses sin hablar con nadie. Pensaba que eran alucinaciones suyas debidas al estrés de encontrarse en un país extraño, pero lo fuerte aún estaba por suceder... Una mañana, mientras descansaba tumbada en la cama y su marido se afeitaba en el cuarto de baño, vio salir de debajo de la cama unas extrañas lucecitas. Eran del tamaño de una canica y desprendían una intensa luz azulada e intermitente que se volvía cada vez más brillante. Las bolas luminosas, eran unas seis o siete, ascendieron hasta ponerse sobre ella y allí empezaron a moverse como si siguieran una curiosa coreografía. De pronto comenzaron a girar con más fuerza. Realizaban cada vez movimientos más bruscos... Mi amiga se empezó a preocupar y llamó a su marido, que, al escuchar sus gritos, intentó correr hacia la habitación pero la puerta del baño se cerró bruscamente impidiéndole salir. Las bolas luminosas emanaban cada vez más fuerza. Los movimientos eran más y más bruscos. Mi amiga notó esa fuerza en puñetazos y patadas invisibles que la golpeaban duramente, la fuerza la llegó incluso a estampar contra las paredes. Cuando todo aquello cesó, la puerta del cuarto de baño se abrió, y el marido de mi amiga salió a toda velocidad. Cuando echó un vistazo a su mujer se quedó congelado: tenía todo el cuerpo amoratado, por algunas heridas sangraba y los ojos estaban como ausentes. No se atrevieron a denunciar los hechos por miedo a que la policía no los creyera. ¡Imagínese! Habrían tardado muy poquito en acusar a su marido. La pareja abandonó

Alemania a los pocos días y volvió a España. Jamás contaron a nadie la terrible historia que les sucedió. Sólo yo la conozco y ahora, que ella descansa tranquila, me he visto con la obligación de contársela aunque estoy convencida de que tampoco a mí me creerán.

LADRONES DE LLUVIA

La cosecha empezaba a debilitarse. Hacía varias semanas que no llovía y los agricultores de la zona comenzaban a ponerse nerviosos. Pero esa mañana todo había cambiado: unas grandes nubes negras empezaban a salpicar los cielos de la zona, casi se podía oler la lluvia. Con las primeras luces del día, Agustín salía de su casa para realizar las faenas que no podían esperar. Observaba el cielo esperanzado. De pronto, un sonido conocido se escuchaba en la lejanía...

—¡Maldita sea, otra vez esos condenados aviones!

Agustín veía incrédulo las siluetas de varias avionetas que sobrevolaban las nubes. A las pocas horas, las nubes habían desaparecido. De nuevo tendrían que esperar unos días más.

¡NO MÁS GOLF!

Aquel hombre llevaba un día de perros. Erraba un golpe tras otro y ya había enviado al agua tres o cuatro pelotas. Su paciencia se empezaba a resquebrajar...

—¡Juro que como vuelva a fallar lo mando todo al garete! —se le escuchó mascullar.

Concentró toda su atención en el siguiente golpe. ¡No debía fallar! Tomó aire, balanceó ligeramente el palo y le pegó con determinación. La pelota, efectuó una pequeña parábola y fue directamente... ¡Al agua!

—¡Maldita sea! —Esta vez, se le escuchó con más claridad.

Ni corto ni perezoso, y visiblemente enfadado, cogió la bolsa con los palos y directamente la lanzó al agua:

Ante la sorpresa de todo el mundo, que llevaba tiempo observándolo (estaba justo frente a los cristales de la cafetería), el indignado hombre caminó con paso firme hacia la salida. Todavía no habían salido de su asombro los clientes del bar, cuando lo vieron aparecer de nuevo en el campo. Se dirigió a un jardinero, al que amablemente le solicitó un rastrillo, con el que acto seguido recuperó la bolsa con los palos. Abrió un bolsillo lateral, sacó las llaves del coche y volvió a lanzar la bolsa al agua. El público no se pudo contener y comenzó a aplaudirle.

ACUPUNTURA ADICTIVA

El miedo a otras culturas siempre está presente en nuestro inconsciente. Cuanto menos conocemos una, más inquietud nos produce. Por eso existe el tópico, probablemente sacado de las películas americanas, de que los chinos son malvados, traicioneros y embusteros. En España, siempre se ha rumoreado que jamás muere un ciudadano chino. La familia se encargaría de enterrarlo (los más macabros aseguran que los trocean y nos los hacen pasar por ternera picante) y luego uno nuevo adopta su personalidad (por aquello que a nosotros todos se nos parecen). Otros hablan de que los restaurantes y tiendas que proliferan en nuestro país son solamente tapaderas de grandes mafias, que los utilizan para blanquear dinero. Por todo ello no es de extrañar que circulara la leyenda de los acupuntores.

Se supone que un ciudadano acude inocentemente a la consulta de acupuntura de algún maestro chino, aquejado, por ejemplo, de un dolor de espalda o porque simplemente desea dejar de fumar. Una vez tumbado en la camilla, comienzan a clavarle una serie de agujas que, sin él saberlo, están impregnadas de un líquido que lleva una sustancia adictiva, que automáticamente, le convierte en un zombi que ya no puede vivir sin sus sesiones de acupuntura. De ahí dicen que el que lo prueba una vez... ¡Repite!

¡NOS VAMOS A PIQUE!

Cuenta esta leyenda que un marinero iba a los mandos del timón del trasatlántico *Queen Mary*. Llevaba varias horas navegando y el aburrimiento hizo presa en él. Sacó su navajita del bolsillo y comenzó a escribir sus iniciales en el timón de madera.

Tuvo la mala suerte de ser sorprendido por el capitán del barco, que a modo de castigo le obligó a pagarlo, descontándoselo de su sueldo de ese mes.

Cuando a los tres días comprobó su nómina, observó contrariado que le habían descontado el importe del timón y, ni corto ni perezoso, en el siguiente turno que le tocó patronear la nave, cogió un destornillador y lo desmontó.

El barco estuvo unos minutos sin gobierno en medio del océano. Cuando el capitán le pidió explicaciones, el timonel alegó que el timón lo había pagado él y que por tanto era suyo. Obviamente, el capitán tuvo que disculparse, y volver a abonar al marino el importe del timón. La venganza no se hizo esperar, y en el siguiente puerto les esperaba un nuevo timón y un recién contratado timonel.

¡Estás despedido!

Aquí no acaban los despedidos. Vamos con otro, sucedido en una refinería de petróleo propiedad de una empresa norteamericana en México.

Mientras el equipo de perforación sacaba los cientos de metros de tubería del pozo para reemplazarlos por una nueva broca, para continuar con la extracción, uno de los trabajadores de la empresa, y por accidente, dejó caer dentro del orificio una llave inglesa. ¡Había que escuchar los gritos del jefe del equipo de perforación! Ese error les llevaría varios días de parada, y miles de dólares de pérdida. Cuando, a los tres días sacaron al fin la dichosa llave inglesa, el encargado del pozo se dirigió al empleado que había cometido la torpeza y a gritos le increpó:

—¡Toma tu maldita llave inglesa! Tú y tu herramienta le habéis costado un dineral a la empresa... ¡Condenado cabrón! Ahora cógela y lárgate con ella. ¡Estás despedido!

—De acuerdo —dijo el operario sin apenas inmutarse—, pero es una pena que reacciones tan mal ante un accidente. A ver si ahora actúas igual de mal.

Y volvió a arrojar, esta vez aposta, la llave inglesa por el orificio.

Extraño ritual de admisión

Esta historia me ha parecido tan peregrina que no he podido menos que incluirla tal y como la he leído, porque no tiene desperdicio:

En Pasto, Colombia, existe un grupo secreto el cual para permitir el ingreso de sus miembros los somete a las pruebas más extremas. Se dice que primero son confinados en un depósito con un tanque de 100 litros de licor, el cual deben terminar en su totalidad antes de dos días. Quien sobrevive ha de escalar la cumbre del volcán Galeras. Una vez allí debe arrojar a su interior tres gatos negros. Para complicar más las cosas, esta prueba la debe realizar descalzo. Aquel que sobrevive a estos sufrimientos aún deberá enfrentarse a un tribunal que lo juzga y decide si puede ser admitido como nuevo miembro. Lo más extraño es que dicen que desde la fecha de aparición del grupo llamado Triquis se han presentado 128 candidatos. En estos momentos la banda la componen 18 miembros y, curiosamente, desde la creación de este rito de iniciación han desaparecido en extrañas circunstancias 110 personas. ¿Sospechoso?

¿CINE RELIGIOSO?

Si hay algo que altere al ser humano, sobre todo al creyente, es que se nombre a Jesús. En nuestro programa de radio Milenio 3 lo sabemos muy bien. En cuanto hablamos de cualquier pasaje de la vida de Jesús, cientos de SMS inundan nuestra pantalla del ordenador criticándolo. Da igual que lo que se cuente sea respetuoso. El simple hecho de mencionar su nombre ya enciende una pequeña señal de alarma.

Esto lo saben muy bien los creadores de leyendas urbanas y por eso no es de extrañar que circulara un e-mail alertándonos sobre una increíble película que se iba a estrenar (copia literal):

Hola a todos:

En verdad, éste es un acto de irreverencia que no tiene límites. Léanlo y, por favor, ¡fírmenlo! Creo que es importante que la gente a la que le llegue este e-mail sepa que somos muchos los que desaprobamos esto. Blasfemia a Jesús. ¡No lo puedo creer!

Para el 2001 se espera el estreno de una película llamada *Jesús y sus discípulos gays* (homosexuales).

Ya han comenzado a verse algunas imágenes a través de Internet. ¡A lo mejor podemos hacer algo!

POR FAVOR, MANDA ESTE E-MAIL A TODOS TUS AMIGOS Y QUE FIRMEN PARA QUE PAREN LA PELÍCULA, TENEMOS QUE CONSEGUIR QUE NO SE PROGRAME EN LOS CINES.

En Europa ya empezaron a mandar firmas para que la película no salga y funcionó. Nosotros también podemos hacer lo mismo. Sólo necesitamos conseguir una gran cantidad de firmas y... ¡Tú nos puedes ayudar! Por favor... No borres esto... Si lo borras no tienes respeto por el que dio la vida por nosotros en la cruz. ¡Por favor, ayuda!

FIRMA Y MÁNDALO A TODOS TUS CONOCIDOS, CREO QUE JUNTOS LO PODREMOS LOGRAR Y CONSEGUIREMOS QUE ESTO PARE!!! POR FAVOR!!!!!!

El e-mail lleva fecha de 2001 y, que yo sepa, no se ha estrenado ninguna película con esta temática. Claro que los creadores de la leyenda siempre pueden argumentar que habrá sido gracias a las firmas recogidas.

EL CANAPÉ HUMANO

Al parecer, esta historia se publicó en Internet en 1996. Hablaba de una mujer enferma de obesidad mórbida que fue trasladada al servicio de urgencias de un hospital norteamericano para ser tratada de una dificultad respiratoria. Para su traslado tuvieron que intervenir, aparte de los operarios de la ambulancia, seis bomberos.

Una vez en la sala de urgencias y para sorpresa de los allí presentes, al levantarle los brazos para intentar sacarle la blusa, un inhalador para el asma cayó de su axila derecha (al parecer, lo había perdido en el pliegue de su piel días atrás). Lo primero que hicieron los doctores de guardia fue realizar una radiografía para conocer el estado de sus pulmones. En las imágenes aparecía una especie de mancha redonda. Debajo de uno de sus flácidos pechos las enfermeras encontraron pegada una moneda de diez centavos.

No fue lo único descubierto. Entre los pliegues de sus nalgas encontraron varias toallitas de las utilizadas para limpiar a los niños, y en su entrepierna, un mando a distancia de televisión. A los pocos días, la paciente se recuperó y volvió a su domicilio. Entre los trabajadores del hospital corrió el nuevo mote de la enferma, «el canapé humano».

¡SÍ QUIERO! (Bodas y despedidas de soltero)

Pequeñas discusiones

Muchas son las tensiones que se viven los días previos a la boda. Todo tiene que quedar perfecto, y esto altera, obviamente, el comportamiento de las parejas que pasan por ese trance. De hecho, muchas llegan a romper días o incluso unas horas antes de la ceremonia. A veces, las discusiones pueden subir un poquito de tono. Esta noticia se publicó en un diario hará cosa de dos años (texto literal):

Una pareja se enfrenta a tiros ante un consejero matrimonial

Una pareja austriaca, harta de sus problemas de relación, decidió ir a un consejero matrimonial, y así resolver parte de sus diferencias. Al parecer, ambas partes no se ponían de acuerdo con sus ideas acerca de su vida matrimonial, lo que fue aumentando la tensión entre los cónyuges.

Después de discutir a gritos, el hombre sacó una pistola y disparó a su mujer, que mientras estaba en el suelo, sacó otra arma y disparó a su marido. Los dos se encuentran graves en el hospital.

A veces la realidad supera la ficción. Lo malo es que la siguiente leyenda urbana también fue verdadera: ocurrió en 1991 y se publicó en varios periódicos estadounidenses:

¡Que se besen! ¡Que se besen!

Los invitados no paraban de corear la frasecita a la pareja y los novios, Carmen y Juan, no dudaron en darse un apasionado beso ante la mirada de todos los asistentes. Sus labios permanecieron sellados durante varios minutos. Finalmente, todo había salido bien. Merecieron la pena las horas de discusiones, carreras y nervios que se habían vivido los días anteriores. Después de cortar la tarta y del baile de rigor, Juan y Carmen se tomaron un par de copas con los amigos y decidieron seguir la fiesta en casa, pero esta vez los dos solos. Intentaron que no se notara mucho su ausencia, y con sigilo, salieron por la puerta del restaurante, aunque no pudieron evitar que todos se percataran al escuchar la ristra de latas que tenían adosadas al coche.

—Bueno, ¿cómo has visto todo? —preguntó Carmen a su ya marido mientras se dirigían a casa.

—Yo muy bien, ha estado genial. ¡Qué risa! Hay que ver cómo se ha emborrachado tu tía abuela, me partía viéndola dar bandazos de un lado al otro del pasillo yendo hacia los servicios, ¡es una crack! —dijo Juan intentando conseguir la sonrisa de su amada.

Al parecer, a Carmen aquel comentario no le había gustado un pelo y contraatacó...

—¡Pues tu padre iba fino también! ¡Dios mío, he perdido la cuenta de las copas de vino que se ha tomado! ¿Quince? ¿Veinte?

Juan no quiso seguir con aquella conversación para evitar una pelea que ya se estaba mascando. A fin de intentar arreglar la situación, en cuanto llegaron a su domicilio, Juan bajó del coche y cogió a Carmen en brazos.

—¡No seas tonto, Juan! ¡Me vas a tirar!

Juan la alzó en brazos. Como pudo abrió la puerta, y ¡zaasss! La cabeza de Carmen fue a dar con una arista del marco.

—¡De verdad, Juan! ¡No puedes hacer bien ni esto! ¡Mira que eres torpe!

La pareja se iba encendiendo poco a poco. Las copas que se habían tomado también ayudaban en algo. Esta vez fue Carmen la que intentó cambiar de tema y le dijo a Juan:

—Bueno, vamos a tranquilizarnos; mi amor, perdona por lo que te he dicho; mira, nos han traído aquí todos los regalos. ¿Qué te parece si los abrimos?

—¡Venga, me parece estupendo! ¿Por cuál empezamos?

Fueron abriendo todos los regalos y la cosa no mejoraba. No dejaban de decirse improperios, y cada vez que abrían un presente de la otra familia, los comentarios despectivos entre uno y otro no cesaban. El salón parecía un bazar repleto de platos, vajillas, vasos, adornos...

Sólo quedaba una caja. Al abrirla, Juan comentó con sorna:

—¡Buaaffff! ¡Vaya porquería de adorno! A ver... ¿De quién es? ¡Mira, si es de la borracha de tu tía abuela! Debía de ir bebida cuando lo compró, je, je...

Carmen no aguantó más y le tiró el cubata que se estaba bebiendo a la cara, y sin pensárselo dos veces, Juan le pegó una bofetada. Parecía que en ese momento hubiera despertado un animal, porque Carmen se volvió como loca, y cogiendo lo primero que encontró (en este caso fue una sartén perteneciente a una batería de cocina que les habían regalado), comenzó a golpear como una histérica a su marido: sólo cuando vio que tirado en el suelo Juan no se movía, paró de golpearlo.

—¡Dios mío! ¿Qué he hecho? ¡Juan! ¿Estás bien? ¡Despierta Juan!

Al hombre tuvieron que reanimarlo los servicios de emergencia, que acudieron a los pocos minutos. Lo trasladaron en una camilla hasta el hospital más cercano, y tuvo que permanecer ingresado un par de días. A punto estuvo Carmen de acabar con su vida.

La novia pasó esa noche detenida en los calabozos. Al día siguiente pudo salir de prisión bajo fianza. Al final, el agua no llegó al río, y Juan no puso denuncia contra ella alegando que habían bebido bastante y que estaban muy nerviosos. A los nueve meses, Carmen y Juan tuvieron una niña preciosa.

LA CORBATA

¿Hay algo peor en una boda que una panda de amigos graciosos y borrachos? Pocas conjunciones puede haber más nefastas, y Manuel lo supo muy bien. Hasta ese momento todo había transcurrido con normalidad, pero él sabía que tarde o temprano algo iba a suceder, conocía demasiado bien a sus amigos.

De pronto, vio salir a varios de ellos del salón donde se estaba celebrando la cena. Manuel miró angustiado a su ya mujer.

—¡Verás cómo éstos me organizan alguna!

—¡No seas mal pensado! Se han comportado genial durante toda la boda.

—Sí, lo sé, pero justamente por eso... ¡Estoy extrañadísimo!

Mientras hablaba con su chica, escuchó a lo lejos un ruido extraño, como de un motor...

A los pocos segundos aparecieron los de la cuadrilla en un estado deplorable, porque se les notaba a la legua que se habían bebido todo lo que les habían servido y algo más. A Pedro daba pena verlo: el traje le estaba un poco justo (había aumentado en los últimos meses al menos tres o cuatro tallas), el pantalón, lo llevaba pesquero; le salía parte de la camisa por fuera, el nudo de la corbata estaba deshecho, y le habían colocado una máscara del protagonista de *La matanza de Texas*. El ruido que se escuchaba era de una sierra mecánica que portaba en sus temblorosos brazos.

—¡La corbata! A cortarle al novio la corbata —casi ni se entendía lo que decían. Menos mal que el coro de amigos repetía:

—¡Hay que cortarle al novio la corbata!

Entre todos los compañeros levantaron a Manuel de su asiento y le colocaron delante de la mesa presidencial. Pedro le enseñaba la sierra amenazadoramente.

—¡Sonríe Manolillo! ¡Ha llegado tu hora!

Pedro aproximó aquel artilugio mecánico al cuello de su amigo. En ese momento, el fotógrafo gritó:

—¡Sonreír chicos, va foto!

Todos miraron a la cámara. Al unísono pudo escucharse un grito estremecedor... La sangre del cuello de Manuel fluyó por todos lados, empapando la ropa y la cara de su amigo. El descuido había resultado fatal. Los compañeros observaron horrorizados cómo Manuel tuvo aún tiempo de dar dos o tres espasmos más, hasta que su vida se consumió. Hubo que arrancar de las manos de Pedro la sierra eléctrica, porque al ver a su amigo muerto, se intentó seccionar el cuello. La pandilla todavía lo visita en el hospital psiquiátrico donde se encuentra ingresado.

XII

Las imprescindibles

¡No podía ser de otro modo! Y en serio. Estuve meditando durante largo tiempo si incluirlas o no. Algunas de estas historias me resultaban tan conocidas, que pensaba que era mejor no repetirse. Lo curioso es que según iba comentando el contenido del libro con algunos amigos y familiares todavía se quedaban sorprendidos con la chica de la curva o con los cocodrilos de Nueva York, por lo que me sentí «obligado» a incluirlas en este libro. He de reconocer que no me he arrepentido. Ha sido todo un placer volver a releer algunas, y sobre todo a documentarme sobre otras. Dos o tres incluso me han sorprendido aún en la actualidad.

Me ha hecho mucha gracia cuando recordaba con mis compañeros la leyenda de Ricky Martin y comprobaba que seguía abierta la polémica:

—¡Que te he dicho que era mermelada!... Eso no te lo crees ni tú, yo a ti te aseguro que era foie gras, ehhh... ¡Chicooooos! ¡Recordad que era solamente una leyenda urbana! ¡Que no existió!

Todos nos miramos, y por unos minutos, reconocimos que casi manejábamos la situación como si fuera real.

Espero que disfrute tanto como yo lo he hecho y que... ¡prácticamente se las aprenda de memoria! Si quiere sorprender a sus amigos con alguno de estos relatos, no tiene más remedio que conocer y controlar: ¡las leyendas imprescindibles!

LA CHICA DE LA CURVA

Fidel no se encontraba muy «católico» aquella noche. Le habían propuesto un negocio en el País Vasco y tenía que conducir toda la madrugada para poder estar al día siguiente en una reunión con los patrocinadores en la ciudad de San Sebastián.

La radio le iba animando, y los cafés que fue tomando a lo largo del camino lo mantenían despierto. Sin embargo, el cansancio empezaba a ser evidente después de toda una jornada de trabajo.

—¡Venga, venga..., ya va quedando poco! Ah... mira... ésta me la sé... en la Puertaaaa del Sooooool como el año que fueeee... ¡Joder, ya me he equivocado! He cogido la salida que no era... ¡Derecho a Bilbao que voy!

Al fin y al cabo, el despiste no había sido muy grande, y al llegar a Bilbao pudo incorporarse a la N-634, que le llevaría a Donosti. Para celebrar que ya iba por el buen camino, se paró a tomarse el café número tropecientos. Mientras degustaba el café, se acercó una chica de unos treinta años, con los cabellos largos, que le preguntó si la podía acercar hasta San Sebastián.

—¡Eso está hecho! ¿Cómo te llamas? —preguntó Fidel.

La chica no contestaba. Mantenía la mirada como perdida.

Fidel se puso en marcha. La chica prefirió acomodarse en el asiento de atrás donde, según ella, estaría más cómoda. Fue curioso que todos los intentos por charlar con ella resultaban infructuosos.

Fidel apretaba el acelerador para llegar cuanto antes, y así, poder disfrutar de dos o tres horas en el hotel antes de la reunión. A unos quinientos metros de la curva llamada de *La Pólvora*, la chica suplicó:

—Por favor, baja un poco la velocidad, esta curva es muy peligrosa, la conozco bien.

Fidel aminoró la velocidad, y pudo comprobar que la curva era muy cerrada, y que de no ser por aquella muchacha hubiera tenido problemas. Al mirar por el espejo retrovisor para darle las gracias, comprobó aterrorizado que la misteriosa mujer ya no estaba. Paró el coche en el arcén y se bajó para comprobar que no estuviera tumbada en el suelo de los asientos traseros.

—¡Nada, se ha esfumado! ¡Esto es alucinante!

Fidel paró en el puesto de la Guardia Civil que había a escasos kilómetros para relatar lo sucedido. Los agentes le enseñaron la fotografía de una joven.

—Sí, es ella, interpuso Fidel. Pero... ¿Cómo lo sabían? —preguntó agobiado.

—Pues muy sencillo, por muchos testigos que como tú han llegado hasta este cuartelillo relatando cómo había desaparecido una mujer del asiento trasero justo después de aconsejarles que tuvieran cuidado con la curva de *La Pólvora*.

—¿Y la conocían?

—Sí, se trata de una joven de un pueblo cercano que curiosamente murió en un accidente de coche en esa misma curva, su novio había consumido esa noche gran cantidad de alcohol. ¡Una pena!

Fidel no podía dar crédito a lo que escuchaba. Volvió a su coche y continuó camino. Eso sí, aminorando la velocidad en cada curva que se encontraba.

. . .

Datar el origen de esta leyenda (o de cualquier otra) es algo complicado. Algunos hablan de que se extendió por Estados Unidos a comienzos de la década de 1960. Lo único cierto es que, casi con total seguridad, en cada pueblo aseguran tener una historia muy parecida. Aquí, en España, cobra mucha fuerza una curva llamada de *La Pólvora*, en la zona del Bajo Deva, en la carretera N-634 que va de Bilbao a San Sebastián, donde se registraron muchos casos. Se habla incluso de algún suceso con denuncia incluida ante la Guardia Civil en la década de 1980.

También en Catalunya se han narrado varios incidentes parecidos. Lo que está claro es que existen cientos de curvas de la muerte: la de Garraf en Barcelona, la de Torreseca en Cáceres, las Siete Revueltas en Navacerrada (Madrid), y cómo no, en sitios tan dispares como Sudáfrica, Australia o Brasil. Ésta puede ser una de las leyendas más antiguas que se conocen, porque ya se contaba con carruajes y con una extraña mujer que solía esperar en alguna posada para que la llevaran de un lugar a otro. De ella existen también múltiples versiones. En algunos casos, la aparición no llega a entrar en el vehículo. A veces, la mujer va vestida de novia (al parecer murió junto a su novio en la noche de bodas). En otras ocasiones se deja algún objeto en el asiento trasero, como un bolso, una foto, etc. Incluso se han dado casos en los que se encuentra un charquito con agua (si ha muerto ahogada cerca). En la década de 1990, en Pensilvania se habló de un hombre con largos cabellos morenos y barba, que hacía autostop, y que en medio del trayecto le decía al conductor: «El mundo se acaba mañana».

Antonio circulaba por aquella carretera que bordeaba la playa. Había hecho innumerables veces aquel trayecto, y aun así siempre procuraba evitarlo. No le gustaban nada las curvas que una y otra vez se dibujaban en el asfalto.

—¿Te he dicho alguna vez que esta carretera me da muy mal rollo?

—Sí mi amor, cientos de veces, pero también sabes que a mí me apasiona poder ver el mar a lo lejos y oler la brisa del mar... ¡Uhmmm! ¡Me encanta! —le contestó Ana divertida.

—¡Antonio, frena!

El grito de Ana, a los pocos metros de aquella conversación, hizo que todo su cuerpo se tensara, y que apretara el pedal del freno con todas sus fuerzas. No podían creer lo que veían... Saliendo a la carretera se veía una mujer totalmente cubierta de sangre que hacía gestos con los brazos para llamar la atención.

—¡Por favor, ayúdenme! Mi coche ha caído por el terraplén y mi hijito se encuentra atrapado... ¡Corran, por favor!

Antonio salió a toda velocidad del vehículo. Pidió a Ana que lo esperara en el coche y que llamara con su móvil a la policía. Sin pensárselo dos veces comenzó a bajar por el terraplén a la altura de las marcas de un frenazo dibujadas en el asfalto.

A los pocos metros lo vio... Un coche rojo humeante, totalmente abollado y con la parte delantera empotrada en un árbol. Antonio echó un rápido vistazo a través de los cristales. Distinguió la figura inmóvil de un niño sentado en su sillita, fuertemente atada con el cinturón de seguridad trasero. Abrió la puerta, lo desenganchó y lo cogió en brazos... Gracias a Dios el niño estaba ileso.

Con el niño apretado contra su cuerpo, abrió la puerta delantera del vehículo, y casi se desmaya al descubrir horrorizado que la conductora yacía muerta en su asiento, totalmente ensangrentada...

Lo peor fue descubrir que aquella mujer era la misma que minutos antes había reclamado su ayuda en la carretera...

SORPRESA ENTRE LAS LLAMAS

El sargento Moreno tenía miles de incendios sofocados a sus espaldas y siempre había encontrado su origen. Es por eso, por lo que cada día se hacía más imprescindible en la brigada contra incendios forestales. Aunque rayara con lo macabro, le gustaba encenderse un puro Cohíba mientras sus botas militares paseaban sobre los rescoldos aún humeantes de alguna zona a la que las llamas habían devorado. En esta ocasión, sus subordinados estaban asombrados de verle consumir los minutos frente a un árbol quemado, mientras daba caladas y caladas a su enorme puro.

Por fin, se acercaron a ver lo que ocurría...

—Sargento, ¿va todo bien?

—No lo sé, estoy alucinado. No salgo de mi asombro.

Aquellos tres hombres también se quedaron boquiabiertos. En las ramas del árbol se veía el cadáver calcinado de un hombre. Lo más extraño de todo era que iba vestido con un traje de buzo y aún tenía en la espalda la bombona de oxígeno.

El sargento estuvo toda la jornada en su despacho realizando llamadas e intentando dar una solución coherente a lo que sus ojos habían presenciado. Después de muchas investigaciones, llegó a una conclusión: una de las avionetas que se utilizan para la extinción de los incendios, y que supuestamente había recogido el agua en una presa que se encontraba a varios kilómetros de la zona incendiada, había succionado a un hombre rana que se encontraba en ese momento buceando. Al soltar el agua sobre el foco del incendio, también cayó el desafortunado buceador.

Las pruebas realizadas a los restos del cadáver dieron con los familiares de la víctima, y tras la identificación pertinente, se confirmó la hipótesis barajada por el sargento que, una vez más, concluyó con éxito otra investigación.

. . .

Esta leyenda circula en Internet desde mediados de la década de 1980. Desde luego nunca ha habido constancia de que este hecho sea real, y son múltiples las versiones que existen de este luctuoso suceso (en algunos casos, en el incendio se encuentran los restos de un pescador). Las avionetas que se utilizan en los incendios y que recargan sus depósitos por ejemplo en una presa, un lago o un estanque utilizan aberturas demasiado pequeñas para que pueda colarse una persona y, obviamente, están protegidas con rejillas. Lo que sí es cierto es que en algunos países ha habido constancia de algún que otro incidente producido por estos aviones en bañistas, eso sí, sin consecuencias mortales. Como en otras ocasiones, esta leyenda ha inspirado varios libros y películas. A casi todos los lectores les siguen apasionando las formas extrañas de morir, así como los accidentes macabros. Aquí se puede hablar también del miedo que nos produce morir en extrañas circunstancias y en un lugar incorrecto, y del divertimento que nos provoca que las autoridades aparezcan como incompetentes con alguna incomprensible investigación.

MOVIMIENTO EN LAS ALCANTARILLAS

Aquellas Navidades eran diferentes. Paseaba por las calles como si fuera un niño pequeño. ¡La de veces que había visto en las películas los escaparates adornados con motivos navideños, o las aceras nevadas de la ciudad de Nueva York!

El remate fue cuando observé en la puerta de unos grandes almacenes un Papá Noel que hacía sonar su campana: ¡Jo, jo, jo jo! Simplemente, parar y observar a la gente pasear, me parecía algo fascinante. Así estaba, absorto en mis pensamientos, cuando me fijé en una de las alcantarillas que había en la calle de cuyo interior brotaba vapor.

—¡*Beware of the crocodiles!* —me dijo un barrendero con rasgos latinos.

—Lo siento, no hablo inglés —le contesté algo avergonzado.

—¿Cubano? —preguntó el barrendero sorprendido.

—No, no... ¡Español!

—Ah... ¡Me encanta España! Yo también hablo su idioma.

—¿Qué me decía? —le pregunté curioso.

—Nada, como le he visto mirar la alcantarilla le he dicho que tuviera cuidado con los cocodrilos —me contestó con cara de divertirse.

—¿Cocodrilos en las alcantarillas?

—¡Venga ya! No me diga que no conoce esas historias.

—¿Historias? Por favor, ¡cuente, cuente!

—Pues verá, hay compañeros míos que cuentan que ahí abajo hay una ciudad paralela. Se habla de cocodrilos enormes que deambulan a sus anchas comiendo todo lo que pillan, al parecer los echaron de pequeños por el inodoro y han ido creciendo. Aquí, en Nueva York, hubo una auténtica moda con los caimanes y no había niño que no tuviera uno en casa, lo malo era cuando iban creciendo y cre-

250

ciendo, entonces era cuando los tiraban. Ha habido muchos casos de operarios que les han devorado un brazo o una pierna.

—¡Bufff, parece increíble! —dije sorprendido.

—¡Pues eso no es nada! Se rumorea que también existen centenares y centenares de kilómetros de pasadizos y galerías que están habitados por indigentes, una ciudad paralela gobernada por los más fuertes y donde sólo se rigen por la ley del «todo vale». Bueno, señor, le dejo que tengo que seguir trabajando, ha sido un placer charlar con usted.

—Igualmente. ¡Ah! Mil gracias por sus historias.

El hombre se fue alejando mientras limpiaba la acera. Yo me quedé absorto mirando la alcantarilla.

¡Tolón, tolón! La campana del Papá Noel me sacó de mi aturdimiento. Levanté las solapas de mi abrigo. La temperatura seguía bajando. Me dirigí hacia el hotel. Aquella noche no fui al baño por si acaso emergía un ser de las alcantarillas por el inodoro.

. . .

Esta historia circula desde hace muchos años por Internet, sobre todo referida a la ciudad de Nueva York, aunque también se atribuye a otras metrópolis, como Londres, París, y en España, a Barcelona o Madrid. Pero no sólo han sido cocodrilos (incluso se hablaba que eran de una raza denominada albina), también se habla de serpientes o tortugas, animales de compañía que pronto alcanzan dimensiones descomunales, y que no se han podido mantener en el hogar.

Un buen número de historias tienen su parte de realidad. Lo que sí aparenta ser cierto es que en un colector de Madrid, concretamente el bautizado como «la china», se encontró un burro vivo por la década de 1970. También se habla de perros o de gatos que van perdiendo la vista hasta asilvestrarse.

UN ROBO EN LAS VEGAS

Piiiii, piiiii, piiiiii... ¡Jamás pensé que los sonidos que iba a escuchar serían los de este aparato infernal que me mantiene con vida! Yo imaginaba mi viaje muy diferente: fantaseaba con el ruido de las máquinas tragaperras, las monedas cayendo a borbotones, o el bullicio de la gente apostando en la ruleta rusa... Al menos ésas eran las imágenes y los sonidos que llegaban a mi cabeza mientras preparaba mi partida hacia la ciudad de Las Vegas, y no las de esta habitación en la unidad de cuidados intensivos.

Mi empresa me ofreció la oportunidad de realizar un curso en nuestra central de Las Vegas, y lo tomé casi como un premio. ¡Un viaje sin mujer, hijos, suegra, ni perro! Iba a estar una semana fuera, y justo ayer era mi primer día en este país desconocido. Tenía el día libre y decidí meterme de lleno en el bullicio. Acudí a uno de los casinos más solicitados de la ciudad; cambié monedas y ¡a darle a la manivela! A los pocos minutos se acercó un camarero ofreciéndome algo de beber... ¡gratis! ¿Cómo me iba a negar? El primer trago del *bourbon* que me sirvieron me sentó genial. Desabroché el nudo de la corbata y me desprendí del primer botón de la camisa. ¡Esto ya era otra cosa! Por cierto... «¡Hay que ver cómo está aquella rubia de espectacular!... ¡Y no deja de mirarme!».

No sé cómo lo logré, pero a los pocos minutos estaba en la barra del casino tomándome otra consumición con aquel monumento. ¿Y yo que pensaba que ya no atraía a las mujeres?

Aquella explosiva mujer me invitó a una fiesta en la que estarían unos cuantos amigos, y claro..., ¡no me pude negar! Sobre todo cuando comenzó a pasear lentamente su lengua por mi oreja... ¡Dios mío! La fiesta se celebraba en un lujoso apartamento, y todos los que allí se encontraban parecían pertenecer a la alta sociedad. La rubia me susurró al oído que se aburría y que tomáramos una copa en una de las habitaciones, donde estaríamos más cómodos. Pensé que aquello era como un sueño.

Subí las escaleras como si ascendiera al paraíso, y nada más entrar en la habitación me plantó un beso de los que quitan el sentido. Enseguida abrió un minibar y me sirvió otra copa. Yo la rechacé y ella insistió. Le dije que ya había bebido mucho, pero comenzó a usar sus «artes de seducción» y terminé por acceder a beberme la copa. ¡Ya no recuerdo más!

Cuando desperté me encontraba en la bañera de mi habitación del hotel, rodeado de cubitos de hielo y con una nota pegada en la pared que ponía algo así como: «Si quieres vivir llama al 911» y un teléfono cerca de la bañera al que podía llegar estirando el brazo.

A pesar de lo absurdo de la situación, y del dolor de cabeza y espalda que tenía, llamé al número 911, que resultó ser el de urgencias. Cuando les comenté mi situación, lo primero que me dijeron es que no me moviera, y que observará si por la espalda tenía un tubito o catéter. Al contestar afirmativamente, me pidieron que mantuviera la calma y que les indicara dónde me encontraba. A los pocos minutos llegaron los servicios de emergencia y me ingresaron en esta unidad.

¿Diagnóstico? Sólo me dijeron que me habían extraído los dos riñones. Al parecer, por aquí es más habitual de lo que nos pensamos. Se trata de una banda organizada que obtiene grandes beneficios con la venta de órganos; auténticos profesionales, entre los que se encuentra algún cirujano que realiza su trabajo con gran precisión.

¡No quiero pensar! Sólo sé que me pasaré pegado a esta máquina hasta que encuentren algún donante... ¿Días? ¿Meses? ¿Años? Mejor no planteárselo. Es la única manera que conozco para no volverme loco.

. . .

Esta leyenda es bastante antigua y está centrada en Estados Unidos (y durante algún tiempo, en la ciudad de Las Vegas, precisamente una ciudad conocida por sus excesos). Ha tenido varias versiones ubicadas en ciudades diferentes. En 1995 se hablaba de la India y de los robos de órganos que allí se sucedían. En 1997 se localizó en Nueva Orleans, donde el gobierno tuvo que poner diferentes anuncios tranquilizando a la población y desmintiendo la noticia. De unos años a esta parte se han encontrado diferentes versiones donde sitúan la historia también en algún país iberoamericano.

Es curioso, porque en este relato se entremezcla ficción y realidad. Sólo hay que darse una vuelta por Internet y escribir las palabras «robo de órganos» en cualquier buscador. Los cientos de noticias que acudirán hasta nuestra pantalla nos harán al menos dudar.

El objetivo de esta leyenda urbana es bien claro: atemorizarnos y jugar con nuestros miedos. Miedo de viajar a ciudades lejanas. Miedo a que nos hagan daño, a estar enfermos y desesperados. Y sobre todo nos alerta del peligro que corremos si somos infieles o si nos dejamos llevar por vicios como el alcohol o el juego.

Existe otra versión de esta historia que se hizo casi tan popular como la anterior. La trama transcurre de la misma manera: un tipo de viaje decide tomarse una copa, liga y al final despierta en su habitación sin acordarse de nada. Lo único que cambia es el final. En este caso, en vez de encontrarse en una bañera con cubitos de hielo, se despierta en su cama. Eso sí, la rubia explosiva ha desaparecido. Acude al baño a lavarse la cara y descubre horrorizado que en el espejo han escrito una frase con pintalabios: ¡Bienvenido al club del sida!

Estas leyendas tienen antecedentes en la realidad y posiblemente se encuentren en el caso de Mary Mallon, una cocinera norteamericana de ascendencia irlandesa que contagió el tifus de forma intencionada en la ciudad de Nueva York a principios de 1900. Infectó a cuarenta y siete personas, de las que tres fallecieron. Se la bautizó popularmente con el nombre de *María la tifosa* o *María tifoidea*.

¡VAYA UNA SORPRESA!

Febrero de 1999. Juan desayunaba como cada día en la cafetería de su trabajo. En unos minutos aparecería su amigo Adolfo. Juntos tomaban café a diario.

—¡Buenos días, Juan! —Adolfo aparecía sonriente como cada mañana.

—¡Buenos días, amigo! ¿Cómo va todo?

—¡Genial! ¡Mario, ponme un cafelito si eres tan amable!

—Juan, ¿viste ayer el programa «Sorpresa sorpresa»?

—No, ¿por qué?

—¡Uffff! No sabes lo que te perdiste.

—No seas malo y cuenta —le reprochó Juan, un tanto intrigado.

—Pues verás, ayer le daban la sorpresa a una quinceañera, al parecer fanática de Ricky Martin. Sin que ella lo supiera escondieron al cantante dentro del armario de su habitación con un ramo de flores para que cuando entrara la niña se lo entregara.

»Pues bien no te puedes imaginar la que se armó. Toda la familia pendiente de la escena, un par de cámaras situadas estratégicamente y la niña que entra en la habitación con su perro (un pastor alemán enorme).

»La chavala —que vestía aún el uniforme escolar— abre la mesilla y saca un tarro de mermelada y justo antes de que Ricky fuera a salir dispuesto a darle la sorpresa... la chiquilla se sube la falda del uniforme, se baja las braguitas y comienza a untarse la mermelada en sus partes. El perro, que ya debía de tener costumbre, se pone a lamerla como loco y en ese momento sale Ricky Martin del armario con el ramo de flores encontrándose con todo el pastel, y nunca mejor dicho.

»La cara de la chavala era un poema y la de Isabel Gemio era otro; no sabía qué hacer y rápidamente dieron paso a publicidad. Bueno... ¡Fue la pera!

—¡Venga ya! ¿Pero se vio todo? —preguntó Juan escéptico.

—¡Y tan cierto! Creo que ya empieza a circular la cinta de vídeo por ahí.

. . .

Ésta ha sido una de esas leyendas que calan con fuerza entre la gente y el boca-oído funcionó mejor que nunca. Una historia inventada que cientos de personas atestiguaban como cierta, e incluso alguno llegaba a jurar estar en posesión del vídeo en cuestión. Lo cierto es que puso en un gran aprieto a los directivos de la cadena televisiva Antena 3, que se vieron forzados a realizar una rueda de prensa, e incluso un pase con el material gráfico de aquel programa en cuestión. Tan lejos llegó el rumor que hasta intervino la fiscalía de menores.

El director del programa, Giorgio Aresu, ante la repercusión del bulo ofreció un millón de las antiguas pesetas a la persona que le proporcionara la grabación en cuestión. Hasta hoy la cinta no ha aparecido, y el millón de pesetas seguirá en la cuenta de Aresu. Lo que muchos no sabían, incluido el director, es que habían sido embaucados por una leyenda urbana que provenía de Estados Unidos, concretamente del año 1994. En esta ocasión, la joven del pastor alemán era sorprendida por sus familiares, que la preparaban una fiesta sorpresa de cumpleaños.

Aquí, como en todas, el objetivo es bien claro: mandar el mensaje a los jóvenes de que no es bueno masturbarse, porque cualquier día pueden ser sorprendidos en el momento en que menos se lo esperen. Ya de paso se les alecciona acerca de lo «peligrosos» que pueden resultar los «jueguecitos» extraños y depravados.

Entrevista del autor con Giorgio Aresu (productor televisivo)

Pregunta.– *Usted era director de Sorpresa, sorpresa en 1999, justo cuando comenzó a circular el falso rumor del incidente de una niña con Ricky Martin y mermelada de por medio. ¿Cómo recuerda aquellos días?*

Respuesta.– Fueron los días más sorprendentes y más incrédulos del programa. En las primeras horas del falso rumor me lo tomé como si fuera una broma de mal gusto, el programa tenía mucho éxito y llegué a pensar en una maniobra de nuestra competencia.

P.- *Surgieron cientos de testimonios asegurando que habían visto aquellas imágenes. ¿Qué pensó?*

R.- No fueron cientos, fueron miles y miles. Tuve que organizar urgentemente con mi equipo un visionado del programa, que se emitió en vivo, por si se nos había escapado ver a la niña con el perro.

P.- *Ustedes se vieron incluso obligados a realizar una rueda de prensa para desmentir lo sucedido...*

R.- Sí, organicé una rueda de prensa y ofrecí un millón de pesetas a quien me entregara las imágenes. Por supuesto, eso nunca ocurrió.

P.- *Han trascurrido más de siete años desde que surgió aquel rumor. ¿No le parece increíble que la famosa leyenda sea una de las más conocidas?*

R.- La verdad que sí, aunque creo que en aquel momento le hizo daño a la imagen del programa.

P.- *También en otros países han circulado historias, más o menos parecidas, ¿Tenía constancia de ello?*

R.- Sí, recuerdo que en los años sesenta en Estados Unidos, en un programa radiofónico, Orson Welles narraba una historia de unos marcianos que habían aterrizado en Estados Unidos. Al día siguiente el pueblo americano se despertó con el miedo en el cuerpo creyéndose de verdad la historia de los extraterrestres.

UN VIAJE INESPERADO

Buenos Aires, mayo de 1968.

—¿Té queda mucho? —El señor Vidal se ajustaba el nudo de la corbata frente al espejo, mientras increpaba a su mujer— ¡Vamos Raffo! ¿Estás ya?

—¡Siempre igual, Gerardo, qué manera de meterme prisa! ¿Tan mal vamos de tiempo? —gritó angustiada la señora Vidal desde el baño de la habitación.

—¡Sííííí! Venga, date prisa. ¡Ya te has cambiado tres veces de vestido!

Sin apenas hablarse, los Vidal se dirigieron al coche. Hoy tocaba acercarse hasta la casa de un familiar en un pueblo cercano. La reunión se celebraría en Chascomús, a unos 120 kilómetros de su domicilio en Buenos Aires.

—Recordá que si queremos ir a casa de Pedro y Elisa tenemos que salir pronto —Raffo Vidal intentaba romper el hielo.

—Sí, ya lo sé. Creo que hay unos 150 kilómetros hasta Maipú —afirmó el Dr. Vidal—. ¿Sabes si van a venir con nosotros Marta y Esteban?

—Creo que sí, aunque ellos llevarán su coche. ¡Lo pasaremos bien! —Raffo le dirigió a su marido esa sonrisa que a él tanto le gustaba (y con este sencillo acto) ella ya sabía que el enfado se daba por terminado.

La tarde fue entretenida y se pusieron al día de todos los cotilleos familiares (que si fulanito no se hablaba con menganito, que si tal, que si cual...). Después de que anocheciera, la señora Vidal le hizo una de esas señas inconfundibles a su marido. Quería decir: ¡Nos vamos!

Raffo fue la más decidida:

—¡Bueno, señores nosotros nos tenemos que marchar que todavía tenemos otro trecho largo! ¿Marta, viene con nosotros?

—¡Sí, por supuesto! —sus amigos, Marta y Esteban, se encontraban realizando el mismo viaje que ellos.

Y llegaron las despedidas... Marta y Esteban partieron con su coche hacia Maipú. A los pocos minutos, el matrimonio Vidal a bordo de su Peugeot 403 hacía el mismo itinerario.

—¿Lo has pasado bien? —preguntó la señora Vidal con la intención de tener entretenido a su marido.

—Sí, no ha estado mal. A ver si cuando lleguemos a Maipú lo pasamos igual. Por cierto, ¿ves a Esteban y a Marta?

—No, y eso que han salido tan sólo cinco minutos antes que nosotros. Gerardo, ¿cuánto hemos recorrido ya? —el señor Vidal miró hacia la cuneta para intentar localizar algún cartel indicador.

—¡No tengo ni idea, creo que llevaremos unos treinta kilómetros! Bueno, y ahora lo que nos faltaba: ¡niebla! —respondió.

—Pues qué quieres que te diga, a mí me parece rarísimo, —objetó Marta.

Hacía más de una hora que se encontraban en Maipú, y los Vidal aún no habían dado señales de vida. En casa de los familiares, les confirmaron que salieron detrás de ellos a escasos cinco minutos.

—¿Quieres que regresemos con el coche por si los encontramos a mitad de camino? ¡A lo mejor están en apuros! —le comentó a Marta un Esteban angustiado.

Marta y Esteban hicieron el camino de vuelta sin encontrarse con sus amigos, y volvieron nuevamente a Maipú. Allí no había ni rastro tampoco de los Vidal. Los amigos empezaron a preocuparse. Comenzaron a servir café porque la noche iba a ser larga.

Cuando se divisaron las primeras luces de la mañana, decidieron volver a llamar a comisaría para conocer las últimas novedades. El sargento tampoco había descansado aquella noche:

—Siento no tener buenas noticias, los señores Vidal siguen sin aparecer, ¡es como si la tierra se los hubiera tragado! No hay ninguna huella de accidente en ese tramo de carretera, ninguna llamada a la grúa, ningún ingreso en urgencias con esos nombres. Todo esto es muy extraño.

Los amigos andaban ya descorazonados. ¿Qué podía haber ocurrido aquella noche? La desesperación fue interrumpida momentáneamente por una llamada telefónica. Nadie se atrevía a descolgar el teléfono. No querían ser partícipes de la mala noticia.

—¿Dígame? —al final, el dueño de la casa se alzó como portavoz.

—Un momento por favor, —le ordenó una voz con acento mexicano—, les llamo del Consulado Argentino en Ciudad de México, tienen una llamada.

—Buenos días, soy Gerardo Vidal, ¿con quién hablo?

—¡Gerardo, qué alegría! Soy Martín, tu amigo —los demás, que escuchaban atónitos, comenzaron a arremolinarse en torno al teléfono—. ¿Qué os ha pasado?

—Martín, amigo, es una larga historia. Aunque suene increíble nos encontramos en México, estamos bien, dentro de dos horas tomamos el vuelo rumbo a Argentina. Si queréis hablamos allí, ahora estamos demasiado cansados.

—¡No hay problema! En unas horas nos vemos, tened cuidado y buen viaje.

Los amigos alucinaban cuando Martín les habló de que los señores Vidal se encontraban... ¡A 6.500 kilómetros de su domicilio!

—Pero... ¿Cogieron un avión o qué? Es que yo creo que ni para eso hubo tiempo, hace un rato estaban con nosotros —apuntó Esteban incrédulo.

A las pocas horas los cuatro amigos esperaban ansiosos la llegada del avión que transportaba al matrimonio Vidal. La primera en aparecer fue Raffo, la esposa, a pocos pasos su marido, el señor

Vidal. Comenzaron los abrazos y Raffo se derrumbó. Los agentes de policía que les esperaban la acompañaron para una revisión en una clínica cercana, el señor Vidal, junto con sus amigos, se dirigieron inmediatamente hacia la clínica. En el coche de Marta y Esteban el señor Vidal comenzó a contar lo que les había sucedido...

—Pues como te digo, Esteban, todo fue extrañísimo. Llevábamos como veinte kilómetros recorridos cuando comencé a ver una niebla espesa que terminó envolviéndonos y a partir de ese momento todo es muy confuso. Casi podría jurar que perdimos el conocimiento, porque cuando empezamos a ser conscientes de lo que nos ocurría ya había amanecido. Nos dolía muchísimo el cuello y teníamos la sensación de haber dormido durante varias horas. Raffo todavía no se había terminado de desperezar cuando yo salí del coche, la carrocería estaba como si la hubieran calentado con un soplete, como si el coche se hubiera puesto a doscientos grados. Volvían a entrar al coche e intenté arrancar. Parecía que el motor no tenía ningún problema, por lo que decidimos buscar el pueblo más cercano, imaginaos nuestra sorpresa cuando en la primera gasolinera que encuentro me empiezan a hablar con acento mexicano y me comentan que me encuentro en Ciudad de México. Lo primero que pensé fue que me estaban gastando una broma de mal gusto. ¡Imagínate, en tan sólo unas horas más de 6.000 kilómetros! ¡Era una locura!

Pasados unos días, los señores Vidal se pusieron en contacto con los amigos y familiares. Explicaron que les habían devuelto un vehículo como el suyo, pero sin estrenar, y que les habían obligado a guardar silencio. Debieron de ser muy convincentes, porque los señores Vidal no volvieron a hablar de aquel misterioso incidente.

. . .

Esta historia se convirtió en uno de los casos más importantes de teletransportación, y ha sido, hasta hoy en día, un clásico de fenomenología OVNI. Surgida a mediados de la década de 1970, tuvieron que transcurrir más de treinta años para que se conociera toda la verdad. Al parecer, todo fue un montaje realizado para promocionar la película *Che, OVNI*, del director Aníbal Uset. En esta película argentina la trama era muy similar, y parece ser que no encontraron mejor manera para publicitarla. Lo cierto es que la película pasó sin pena ni gloria por las carteleras, pero la leyenda urbana sigue vigente, y en muchos casos creída, hasta nuestros días.

En España, como no podía ser de otra manera, también hemos tenido algún famoso caso ocurrido. Por ejemplo, en Granada, o en la carretera de Toledo. Personas que al ir a pagar en la primera gasolinera que encontraban descubrían que estaban en otro país, incluso el programa de televisión *Inocente, inocente* recreó la situación y le jugó una mala pasada a la presentadora Ivonne Reyes. ¡Y vaya si coló!

Como siempre, la carretera y sus peligros. Aunque en este caso se va un poquito más allá, y se intenta crear angustia con la idea de encontrarnos solos en un país que no conocemos. En esta leyenda se juega, como en muchas otras, con el miedo a lo desconocido.

MI FIEL PERRITO

Alicia se sintió la chica más feliz del mundo cuando le regalaron un perrito... ¡Su sueño cumplido! Fue en la celebración de su décimo cumpleaños, y aunque habían pasado siete años, todavía lo recordaba como si fuera hoy. Su padre entrando por la puerta de la casa con una caja enorme con un precioso lazo rojo... ¡Aún guardaba aquella caja!

Hoy sus padres habían salido a cenar y a una fiesta con otros amigos y no volverían hasta tarde. Alicia tuvo que tomarse un par de infusiones tranquilizantes para dormir bien. Estaba algo preocupada por el examen del día siguiente.

Después de un baño relajante, se acostó en su cama, e instintivamente, dejó su mano colgando. Enseguida, su gran perro se la lamió. Era la señal que necesitaba para saber que todo iba bien. Había repetido esta operación miles de veces durante estos siete años.

Alicia cayó en un sueño profundo. En un par de ocasiones, le pareció escuchar algo extraño, pero enseguida, bajando la mano notó que se la lamían... ¡Todo tranquilo!

De madrugada, y casi *zombi*, bajó a la cocina para tomar un vaso de leche. Abrió la nevera y escuchó el sonido como del grifo goteando: *plic, plic, plic*... Instintivamente miró hacia el fregadero, pero el grifo estaba bien. Prestó más atención: *plic, plic, plic*... El ruido parecía provenir de la despensa. Medio dormida, se acercó a la salita contigua y cuando abrió la puerta se quedó horrorizada: El cadáver de su perro colgaba de una argolla, en la pared, y pintada con sangre había algo escrito. Alicia, cayó redonda...

«Los humanos también sabemos lamer».

. . .

Esta leyenda nos llega de Estados Unidos, y a lo largo de estos últimos tiempos se han conocido varias versiones. La más escalofriante puede ser la de la chica ciega que necesita que su perro guía le lama la mano para saber que todo está en orden. También en alguna ocasión ha cambiado el escenario de la historia, y se ha relatado explicando que había sido en una fiesta de quinceañeras y que sólo habían dejado viva a la protagonista.

Bibliografía

Libros

Brunvand, Jan Harold: *Tened miedo... mucho miedo. El libro de las leyendas urbanas de terror.* Alba, Madrid, 2004.
—: *El fabuloso libro de las leyendas urbanas.* Alba, Madrid, 2005.
Camacho, Santiago: *Leyendas urbanas, ¿Qué hay de verdad en ellas?* Edaf, Barcelona, 2005.
—: *Calumnia que algo queda, bulos mentiras y fraudes.* La esfera de los libros, Madrid, 2006.
Carre Alvareños, Leandro: *Leyendas tradicionales gallegas,* Espasa Calpe. Madrid, 2007.
Halperín, Jorge: *Mentiras verdaderas: cien historias de lujuria, horror y sexo que alimentan la mitología popular.* Atlántida, Madrid, 2000.
Jean, Peter D: *Mitos y leyendas del mar.* Editorial Juventud, Barcelona, 2007.
Pedrosa, José Manuel: *La autoestopista fantasma y otras leyendas urbanas españolas,* Páginas de Espuma, Madrid, 2004.
Ortí, Antonio, y Sampere, José: *Leyendas urbanas,* Martínez-Roca, Barcelona, 2006.
Tangir, Osvaldo: *Tradiciones irlandesas, un viaje a través de sus mitos, leyendas y cuentos populares.* Círculo Latino, Barcelona, 2005.
Varios autores: *Fantasmas en la carretera, inquietantes leyendas urbanas del mundo del volante.* Cuentamiedos, 2004.
—: *Historias y leyendas celtas,* Los cuadernos de Uro, 2004.
—: *Leyendas españolas,* Rialp, Madrid, 2004.
—: *Leyendas y cuentos del mundo,* Libros Certeza, 2006.

PÁGINAS WEB

en español:
www.estasmuerto.com/leyendas
http://vsantivirus.com/hoaxes.htm
www.kruela.ciberanika.com/leyurb.htm
www.itmspain.com/Leyendas
www.lo-paranormal.com.ar/leyendas
www.leyendasurbanas.org/
www.microsiervos.com/archivo/leyendas-urbanas/
www.cibersociedad.net/archivo/articulo.php?art=194

en inglés:
http://hoaxbusters.ciac.org/
http://urbanlegends.about.com/
www.snopes.com/
www.warphead.com/urbanlegends/
http://urbanlegendsonline.com/

Agradecimientos

A Carmen Porter e Iker Jiménez, gracias por haberme dejado un asiento en vuestra «nave del misterio», espero que surquemos juntos muchas historias rodeadas de misterio.

A Paula y Roberto, mis pequeñajos y una parte de mi corazón, que me llenan con su amor y su sonrisa.

A Sonia, mi vida, otra parte de mi corazón, gracias por tu paciencia y por los días que te he dejado «sin salir» por estar frente al ordenador.

A mi familia de Cuarto Milenio y en especial a los «300» los que han dejado de ser compañeros para convertirse en hermanos. Gracias.

A mi equipo de *Ser Curiosos*, gracias por dejarme aprender cada día de vosotros, especialmente a mi querido y amado Fernando Berlín, *crack* entre los *cracks*.

A los maestros de leyendas urbanas como el gran Jan Harold Brunvand, el insuperable «teniente» Santiago Camacho o los grandes Sampere, Orti y Pedrosa.

A mi familia y hermanos, especialmente a Chema, que se conoce ya a la perfección el libro, al gran Rafita, mi amigo del alma, a Frattini, a Teo, a mis *compis* de PNL e Inteligencia Emocional y en definitiva a todos aquellos que, como Mariano Revilla, alguna vez apostaron porque dentro de mí existía un periodista.

Contacto

El autor atenderá gustoso sugerencias, comentarios
o aportaciones sobre este tema en la dirección de correo
electrónico: tusleyendasurbanas@yahoo.es